이주여성의 상호문화 소통과 정체성 협상

사회통합 총서 6

이주여성의 상호문화 소통과 정체성 협상

2020년 3월 25일 초판 인쇄
2020년 3월 30일 초판 발행

지은이 | 김영순
펴낸이 | 이찬규
펴낸곳 | 북코리아
등록번호 | 제03-01240호
주소 | 13209 경기도 성남시 중원구 사기막골로 45번길 14
우림2차 A동 1007호
전화 | 02-704-7840
팩스 | 02-704-7848
이메일 | sunhaksa@korea.com
홈페이지 | www.북코리아.kr
ISBN | 978-89-6324-697-0(94300)
978-89-6324-636-9(세트)

값 20,000원

* 이 저서는 2019년도 인하대학교 지원에 의한 것입니다.

사회통합 총서 6

이주여성의 상호문화 소통과 정체성 협상

김영순

북코리아

서문:
불평등한 사회에서 '평등한 공동체' 만들기

2020년 2월에 봉준호 감독의 영화 〈기생충〉이 오스카상을 수상했다. 이 영화 속에서는 빈부 격차를 표출하는 10명의 캐릭터가 제각기 한 편의 드라마와 같이 각자의 주체성과 욕망에 따라 다양한 삶을 드러내고 있다. 무엇보다 이 영화는 비영어권 '변방'의 영화가 영어권 주류 문화계에서 주목받았다는 것 자체에 큰 의의가 있다.

필자가 이 책 《이주여성의 상호문화 소통과 정체성 협상》의 서문에 영화 〈기생충〉을 언급한 것은 변방성의 중심 이동과 차별받는 소수자의 주체성과 다양성에 주목했기 때문이다. 이주에 의해 형성된 차별은 다문화 사회에서도 심화되어 가고 있다. 이주민이 급증하고 있는 작금의 우리 사회에서 정주민과 이주민은 '주는 존재 대 받는 존재', '가진 자 대 못 가진 자', '다수자 대 소수자' 프레임으로 정형화되어 있다. 정주민은 다수자이자 가진 자로, 이주민은 소수자이자 못 가진 자로서 '받는 존재'로 규정되어 있다는 말이다. 누가 주고 누가 받는다는 것인가? 이런 프레임을 누가 만든 것인가? 이주민을 소수자로 판단하는 내 안의 '타자화' 인가? 아니면 이주민 정책을 만들어 내는 정부와 전문가인가? 이 책은 이런 의문점으로부터 출발하게 되었다.

유럽에서는 이주민들이 해당 정주국의 언어를 모르기 때문에 언어적 장애인으로 대우하여 이들에게 '기회의 평등'을 넘어 '조건의 평등'을 위한 정책들을 펼친다고 한다. 이것이 누구에게나 열려진 '희망의 사다리'인 셈이다. 진정한 의미의 민주주의는 사회계층 이동이 '귀속 지위'보다 '성취 지위'에 의해 가능하여야 하며 보편적 복지가 작동하는 세상이다. 누구도 차별받지 않는 세상, 함께 삶의 질을 향상시키는 복지가 실현되는 나라여야 한다.

이런 생각을 지닌 필자에게 주변의 지인들은 "왜 그들에게 마냥 퍼주기만 하느냐?" "우리나라 사람들도 힘들고 가난한 사람이 얼마나 많은데…"라는 이야기를 자주 한다. 보편적 복지 체계를 바탕으로, 조건의 평등으로 이주민을 생각해 보자. 세계시민의 입장에서 그들을 다시 생각해 보자. 우리는 그들에게 무엇인가를 주는 것이 아니라 그들과 함께 살아가는 것이다. 그들이 우리 사회에서 함께 살아가기 위한 조건을 구성하는 것은 당연한 것이 아닌가. 이것은 민주주의를 살아가는 모든 시민이 지켜야 할 윤리인 것이다. 인간은 누구나 숭고하며 존엄성을 갖는다. 그러므로 민족이 다르다고 문화가 다르다고 차별해서는 안 된다.

차별은 국가나 민족 등을 근거로 우리 스스로 울타리를 만들고, 이주민 대 정주민, 다수자 대 소수자 프레임을 형성하는 데 기여한다. 그들을 주체로서의 개인으로 본다는 것은 그들의 숭고함과 존엄성을 지켜 주는 것이다. 더불어 그들을 주체 대 주체의 정당하고 평등한 관계로 볼 수 있다는 것이다. 민주주의의 자유경제 체제에서 경쟁은 불가피하고 빈부의 격차는 당연하다. 이런 빈부의 차이는 차별 혹은 갈등으로 이어지는 현실을 드러낼 수밖에 없다. 모든 차이에 의해 차별이 나타나며 차별의 대상으로 타자가 탄생하게 된다. 그래서 더욱 타자를 존엄한 '개인'으로 보아야 주체로서의 지위를 획득하고 그들의 인정투쟁을 용인하게 되는 것이다.

필자는 에스노그라피 연구를 수행하는 질적연구자이다. 질적연구자에게는 적어도 '가장 개인적인 것이 가장 진실하다.'라는 믿음이 있다. 그 이유는 주체로서의 개인 간의 관계가 경험을 만들어 내고 그 경험으로부터 의미를 구성하기 때문이다. 질적연구자는 개인의 경험에서 의미를 탐구하고 그 의미를 가지고 세상을 해석하는 사람들이다. 그래서 필연적으로 사회로부터 소외 받은 헐벗고 굶주린 자인 약자의 편에 설 수밖에 없다. 그들이 경험하는 인간관계와 세상은 진실하고 절실하기 때문이다.

이 책은 이주민들의 진실함과 절실한 삶을 담고자 했다. 이 책에서 우리는 37명의 결혼이주여성들을 만나게 된다. 그녀들이 체험한 삶의 내러티브를 경험하게 된다. 그들이 우리에게 타자가 아닌 주체로서의 개인으로 인정될 때 이들의 이야기는 멈추게 될 것이다. 그러나 그런 바람은 즉시 현실로 나타나지는 않는다. 단지 그 바람이 현실을 바꾸는 기회를 만들 뿐이다. 그래도 좋다. 이 책을 접하는 독자들이 이주여성들의 존재와 이야기에 귀를 기울이고, 그들을 개인으로 인정하고 다양성과 주체성을 이해하면 된다.

이 책은 이주민 특히 결혼이주여성들의 다양성과 주체성에 주목한다. 기존의 연구들이 이들의 존재를 보호받아야 할 타인, 도와주어야 할 타인으로 규정해 왔다. 그렇지만 이 저술에서는 상호문화 소통과 초국적 유대관계, 정체성 협상의 개념을 토대로 결혼이주여성들의 다양성과 주체성을 설명하고자 한다. 이를 통해 우리가 경계해야 할 대상은 밖에 있는 것이 아니라 타자를 주체로 인정하지 않는 바로 우리의 마음속인 '내 안'에 있다. 필자는 이들의 목소리를 통해 우리 안의 프레임을 제거하고자 한다.

이 책을 집필하는 데 있어서 활용한 자료들은 필자가 연구책임자로 수행한 두 개의 프로젝트에서 도출한 연구결과와 전사록 아카이브의 자료들이다. 첫 번째 프로젝트는 2014년부터 2016년까지 3년간 수행했던 한국연구재단의 학제간 융합연구과제 '지속가능성 활용 다문화가정 케어 시스템 연구'이다. 두 번째는 2018년부터 2020년 현재까지 3년간 수행해 오고 있는 인문사회 토대연구 '다문화 생활세계에 관한 에스노그래피 연구'이다. 이 두 프로젝트는 필자의 연구팀 구성원들에게 이주민을 바라보는 시각을 전환시키는 계기가 되었다.

이러한 배경 하에 이 책은 1부 '이주여성의 연구 담론과 배경'과 2부 '상호문화 소통과 정체성 협상' 이렇게 두 부분으로 구성되었다. 1부는 이주여성을 학문적으로 이해할 수 있는 이론과 개념들을 소개하고 논의하였다. 1부는 세 개의 장 '결혼이주여성의 현황과 연구 담론'(1장), '상호문화주의와 상호문화 소통'(2장), '초국적 이주와 이주여성의 정체성'(3장)으로 이루어졌다.

1장 '초국적 이주와 상호문화 이해'는 국제결혼을 계기로 한국에 이주한 결혼이주여성의 증가 추세, 거주현황 등을 제시하고 이들을 위한 다문화가족 지원정책과 서비스 실태를 살펴본다. 또한 최근까지 이주민 및 다문화 연구 분야에서 이루어져 왔던 결혼이주여성에 관한 다양한 연구들을 유형화하여 그 경향을 제시한다.

2장 '상호문화주의와 상호문화 소통'에서는 상호문화주의와 상호문화 소통의 이론적 배경과 관련 개념들을 다룬다. 상호문화주의는 서로 다른 문화들 사이의 역동적인 상호작용을 중시하는 이념 또는 철학이라고 볼 수 있다. 상호문화주의의 핵심은 바로 '소통'에 있다. 이 장에서는 결혼이주여성이 행하는 상호문화 소통의 다양성과 주체성을 다루기 위한 개념들을 기술한다.

3장 '초국적 이주와 이주여성의 정체성'에서는 결혼이주여성들의 정체성을 기술하기 위한 이론과 개념들을 살펴본다. 이들은 결혼과 동시에 자신이 태어나고 자란 고향과 모국을 떠나 낯선 나라로의 이주와 동시에 새로운 문화를 접하게 된다. 새로운 문화는 그녀들에게 삶의 도전이며 자신의 정체성을 끊임없이 협상해 나가는 장을 제공한다. 이 장에서는 결혼이주여성들의 문화적응 과정에서 나타난 정체성 협상을 설명하기 위한 이론과 개념을 만날 수 있다.

2부 '상호문화 소통과 정체성 협상'은 실제로 결혼이주여성의 일상에서 나타나는 삶과 소통의 이야기를 기술하고자 한다. 2부에서는 생애사 이야기를 수집하는 데 체계를 제공한 '상호문화 소통과 정체성 협상 연구 설계'(4장)와 결혼이주여성들의 이야기를 담은 '문화집단별 상호문화 소통의 다양성'(5장), '초국적 유대 관계와 정체성 협상의 경험'(6장)이 자리한다.

4장 '상호문화 소통과 정체성 협상 연구 설계'는 연구방법을 기술한 장으로서 연구자가 결혼이주여성에 관한 기존의 접근 방법들을 지양하기 위한 현상학적 사례 연구방법을 제공한다. 다시 말해 이 장에서는 5장과 6장을 이해하기 위한 연구방법 개요, 연구참여자, 자료수집 및 분석 등의 연구방법을 기술한다.

5장 '문화집단별 상호문화 소통의 다양성'에서는 중국 한족계, 재중동포계, 중앙아시아 고려인계 결혼이주여성 집단의 구성원들이 국제결혼이라는 초국적 이주를 선택하고 한국의 일상에서 경험한 상호문화 소통을 기술하고자 한다. 상호문화 소통은 상호주관성을 인정하는데서 출발한다. 이 장에서는 결혼이주여성들이 상호문화 소통을 통해 자신들의 주체성과 다양성을 어떻게 표출하고 교환하는지를 읽을 수 있다.

6장 '초국적 유대 관계와 정체성 협상의 경험'에서는 결혼이주여성들이 구성하는 초국적 유대 관계에 주목한다. 아울러 개인적 차원의 '초국적 개인', 대인적, 사회적 차원의 '초국적 공동체', 그리고 이들 개인 간, 공동체 간을 연결하는 '초국적 연결망'을 핵심 범주로 제시한다. 이번 장을 통해 우리는 결혼이주여성들이 초국적 유대 관계를 어떻게 맺고, 그 속에서 어떻게 정체성을 재구성하고 있는가를 살펴볼 수 있다.

이 저술은 또한 최근 이주학 연구에서 새롭게 주목받는 '이민의 역설(immigration paradox)' 이론을 지지하는 데 기여할 것이다. 이 이론은 실증분석을 통해 동화 위주의 정책이 이민자 가정에게 최선이 아니라는 점을 제시한다. 새로운 국가에 깊이 동화된 이민자들이 상대적으로 덜 동화된 이민자들보다 오히려 더 부정적인 현상들을 드러내고 있었기 때문이다. 이 지점에서 이민자들에 대한 지원정책 변화의 필요성을 언급하고자 한다. '이민의 역설' 이론을 빌려 말하자면, 이민국가에 이민자들을 동화시키는 정책 외에 이민자들이 가진 본국의 문화나 가치관들을 존중하는 상호주의 정책의 필요성을 강조한다.

이 책에서 기술한 결혼이주여성의 진실들은 향후 사회통합 정책을 수립하는 데 있어서 민족성에 기인한 정책으로 견인해 줄 것을 기대한다. 앞서 밝힌 두 가지 프로젝트 모두 결혼이주여성들이 이주민 사회의 주요 정보제공자의 한 그룹이며 본 집필을 위한 연구참여자의 역할을 수행하였다. 집필을 마무리하면서 두 가지 프로젝트에 정보제공자 및 연구참여자로 참여했던 300여 분의 이민자 분들, 특히 결혼이주여성 분들께 진심으로 감사드린다.

그리고 두 개의 공동연구를 함께 수행했던 인하대 다문화융합연구소의 전임연구진들께도 감사드린다. 아울러 공동연구원이셨던 오영훈, 정기섭, 이훈제, 손영화, 박수정, 박종도 교수님께 진심으로 감사드리는 바이다. 이 분들은 6년간 이 프로젝트들을 진행하면서 연구의 일선에서 수고해주신 분들이다. 또한 이 책의 집필을 위한 설계와 집필 과정에서 이주여성의 특성을 이해하는 데 전문가로서 도움을 준 이미정, 김기화, 오정미 교수님, 인천 남동구 하모니센터 신숙자 소장님께 진심으로 감사함을 전하고 싶다. 그리고 집필하는 데 있어서 관련 문헌을 찾아주고 정리해 준 이춘양, 김수민 박사과정 연구생과 이현주 석사과정 연구생에게도 감사를 표하고 싶다.

마지막으로 필자가 수행했던 프로젝트에서 얻어낸 자료들을 구슬을 꿰듯 책을 만들 수 있도록 안식 학기를 허락하고 저술비를 지원한 저의 '연구터'인 인하대와 시장성 없는 학술적인 책을 내는 데에 있어 흔쾌히 출판을 허락해주신 북코리아 이찬규 대표님께도 감사드린다.

다시 한 번 이 저술을 통해 독자들에게 강조하고 싶은 것은 우리 안의 '이주민-소수자'라는 편견을 없애고, 그들과 상호문화 소통의 주체적 관계를 맺으라는 것이다. 그렇게 된다면 불평등한 사회에서 모두가 평등한 공동체를 함께 만들어 낼 수 있을 것이다. 이 졸저가 바로 그런 사회를 만드는 데 일조하기를 기대하는 바이다.

인천 논현동 서재에서

김영순 삼가 씀

CONTENTS

TABLE CONTENTS

PICTURE CONTENTS

1부

이주여성의 연구 담론과 배경 이론

1장

초국적 이주와 상호문화 이해

정보화와 교통 및 통신의 발달은 국가 간의 경계를 허물며 하나의 지구촌이라는 일상의 현실적인 생활세계를 만들어 냈다. 이 세계는 초국적 이주가 보편화되어 기존의 사회에서 경험하지 못한 다양성이 증폭된 사회이다. 그러므로 이 사회의 구성원들에게는 이전의 사회보다 문화적 다양성은 새로운 도전이며 지금까지와는 다른 관점과 삶의 방식이 요구된다.

이런 초국적 이주 사회에서 결혼이주여성은 상호문화 소통의 주체로서 자신이 본국과 이주국인 한국 사이에서 문화매개자 역할을 수행한다. 결혼이주여성은 결혼이라는 일생의 중요한 통과의례를 자기 문화권이 아닌 타문화권과의 접촉을 온 몸으로 수행하는 주체이다.

이 책에서는 결혼이주여성을 상호문화 소통의 주체자로서 간주하고 이들의 경험을 통해 주체성을 살펴보고자 한다. 이를 위해 이번 장에서는 결혼이주여성의 현황과 다문화가족 지원정책의 실태를 살펴보고, 결혼이주여성에 관한 연구 경향을 살펴볼 것이다.

1. 결혼이주여성의 현황

한국 사회는 2000년대에 들어와서 외국인 100만 시대를 맞이했다. 이후 꾸준히 이민자의 수가 증가하고 있는 데 이와 같은 인구 변화는 이주노동자, 결혼이민자, 외국인 유학생, 난민 등 다양한 형태의 이민자들의 유입에 의해서이다. 이렇게 외국인들이 급격히 증가한 것은 2007년 3월 외국 국적을 가진 동포에 대한 방문취업제를 시행하면서부터라 볼 수 있다. 2019년 6월 현재 체류외국인* 수는 242만 명이며 최근 10년간 이들의 증감 추이는 [그림 1-1]과 같다.

2009년부터 2019년 현재까지 10년간 125만 명 이상이 증가되었다. 이들은 실제 120여개 국에서 유입되지만 이민자들의 주요 출신국은 중

* 체류외국인이란 출입국관리법 제31조의 규정과 재외동포의 출입국과 법적지위에 관한 법률 제6조의 규정에 따라 입국한 날부터 90일을 초과하여 체류할 목적으로 출입국 · 외국인관할부서의 장에게 외국인등록이나 국내거소신고를 한 자 및 90일 미만 체류할 목적의 단기체류자를 포함한 국내 체류외국인 의미한다.

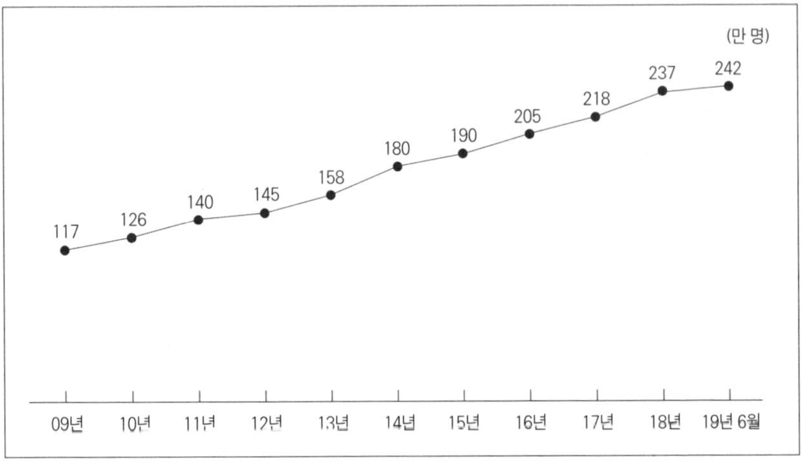

[그림 1-1] 체류외국인의 증가 추이

출처: 법무부 출입국 · 외국인정책본부 통계월보, 2019. 06.

〈표 1-1〉 등록외국인 국적별 현황

(단위:명)

국적별	중국	베트남	우즈베키스탄	필리핀	캄보디아	네팔	기타	계
인원	552,376	178,738	53,628	44,414	44,163	39,308	344,739	1,257,366
비율	43.9%	14.2%	4.3%	3.5%	3.5%	3.1%	27.4%	100%

출처: 법무부 출입국 · 외국인정책본부 통계월보, 2019. 06.

국, 베트남, 우즈베키스탄, 필리핀, 캄보디아, 네팔 순이다. 구체적인 등록외국인의 국적별 현황은 〈표 1-1〉과 같다.

〈표 1-1〉에서와 같이, 2019년 6월 현재 체류외국인 중 외국인등록자는 125만명으로, 국적별로 살펴보면 중국이 55만 여명으로 전체의 43.9%를 차지하고 있으며, 베트남이 17만 여명으로 14.2%를 차지하면서 2위이고 그 다음은 우즈베키스탄, 필리핀, 캄보디아 순이다. 여기에서 중국은 재중 동포를 포함하고 있으며, 우즈베키스탄은 고려인들을 포함한다.

〈표 1-2〉 등록외국인 거주지역별 현황

(단위:명)

경기	서울	경남	인천	충남	경북	부산	충북	계
411,798	284,430	74,230	70,244	74,200	57,363	45,280	39,671	1,257,366
전남	울산	대구	전북	광주	제주	대전	강원	100%
33,519	20,058	28,305	32,353	23,420	25,374	18,413	18,708	

출처: 법무부 출입국 · 외국인정책본부 통계월보, 2019. 06.

등록외국인의 거주지별 현황은 수도권인 경기, 서울, 인천 등지에 집중적으로 거주하고 있다. 이들의 거주지별 현황은 〈표 1-2〉와 같다.

〈표 1-2〉와 같이 등록외국인은 경기도에 가장 많이 살고 있지만, 지역에 따른 인구 밀도를 살펴보면 당연히 서울이 가장 높다. 서울을 비롯하여 경기, 인천 등 수도권에 등록된 외국인은 약 74만명으로 전체 국내 등록 외국인의 65% 정도를 차지하고 있다.

이런 이주민들 중에서도 한국에서 가정을 가꾸고 한국에 영구 정착할 의향이 있는 집단은 결혼이민자 그룹이다. 소위 결혼이주여성이라 불리는 이주노동자, 외국인 유학생과 다른 특성을 지니는 이주민 집단군이다. 국제 결혼이주여성이 한국으로 대량 유입하게 된 것은 1980년대부터 종교단체를 통한 국제결혼에서 유래한다. 당시에 한 · 미 혹은 한 · 일 국제결혼이 이루어졌다.

이후 1990년대 초 한 · 중 수교이후 한국인 남성과 재중 동포인 조선족 여성의 결합으로 국제결혼이 확산되었다. 이어서 베트남, 필리핀, 미얀마 등 동남아시아와 몽골, 우즈베키스탄 등 중앙아시아로 국제결혼이 확대되었다. 이런 국제결혼은 2005년에 정점을 찍었다가 점차로 줄어드는

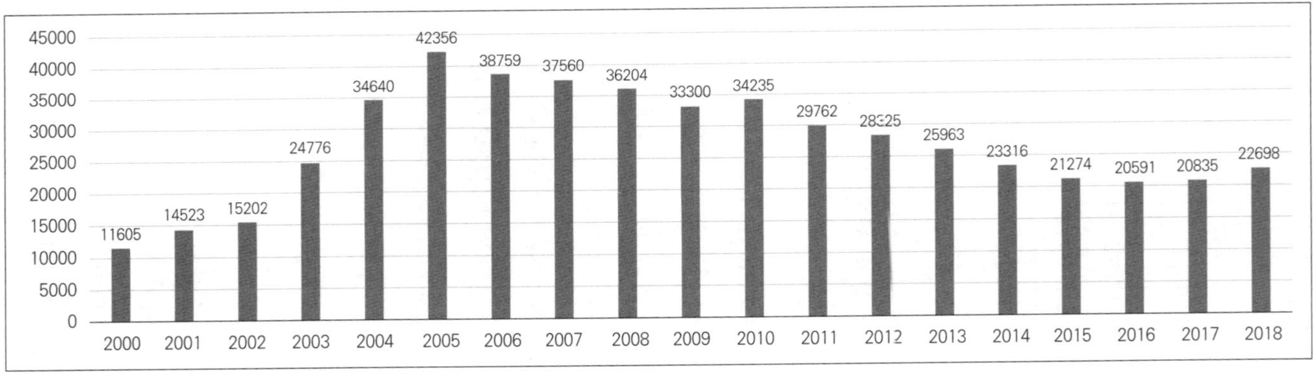

[그림 1-2] 외국인과의 혼인 추세도

출처: 통계청(2019) 인구동태통계연보 재구성

〈표 1-3〉 외국인과의 혼인건수 추이(1998-2018)

	2008	2009	2010	2011	2012	2013	2014	2015	2016	2017	2018	구성비	전년대비증감률
총 혼인건수	327.7	309.8	326.1	329.1	327.1	322.8	305.5	302.8	281.6	264.5	257.6	100.0	-2.6
외국인과의 혼인	36.2	33.3	34.2	29.8	28.3	26.0	23.3	21.3	20.5	20.8	22.7	8.8	8.9
한국남자+외국여자	28.2	25.1	26.3	22.3	20.6	18.3	16.2	14.7	14.8	14.9	16.6	6.4	11.7
한국여자+외국남자	8.0	8.2	8.0	7.5	7.7	7.7	7.2	6.6	5.8	6.0	6.1	2.4	2.1

출처: 통계청(2019) 인구동태통계연보

상황이다. [그림 1-2]는 2000년부터 2018년까지의 국제결혼의 추세를 나타낸 것이다. [그림 1-2]는 통계청이 제시한 '다문화인구동태' 통계 자료를 활용하여 재구성하였다. 이 추세에서 보는 것처럼, 국제결혼의 수치가 2005년의 42,356건으로 최고에 이르렀다가 2018년도에는 22,698건으로 절반 정도 줄어졌다.

〈표 1-3〉은 2008년부터 2018년까지 외국인과의 혼인 건수의 추이를 나타낸 것이다. 외국인과의 혼인은 22,700여건으로 전년 대비 1,900건(8.9%)이 증가했으며, 외국인 여자와 혼인은 16,600 건으로 전년 대비 11.7% 증가했다. 또한 외국인 남자와 혼인은 6,100건으로 전년 대비 2.1% 증가했다. 전체 혼인 중 외국인과의 혼인 비중은 8.8%로 전년보다 0.9% 증가했다. 이를 구분하여 살펴보면 외국인과의 혼인 중 외국 여자와 혼인 비중은 73.2%, 외국 남자와 혼인 비중은 26.8%를 차지했다. 그럼에도 이런 수치는 국내의 전체 결혼 건수 중 8.8% 정도로 여전히 큰 비중을 차지하고 있는 사실이다.

〈표 1-4〉는 2008년부터 2018년까지의 국제결혼 총 건수와 배우자들의 출신국을 정리한 것이다. 〈표 1-4〉에 따르면 외국인과의 혼인은 전년(2017년)보다 8.9%(1,863건) 증가하였다. 이 중 외국인 여자와 혼인은 16,608 건으로 전년대비 11.7% 증가, 외국인 남자와 혼인은 6,090 건으로 전년대비 2.1% 증가하였다. 이런 국제결혼의 수치는 전체 혼인 중 8.8%로 전년보다 0.9% 증가한 것이다. 외국인과의 혼인 중 외국 여자와 혼인 비중은 73.2%, 외국 남자와 혼인 비중은 26.8%를 차지하였다. 따라서 결혼이주여성의 수가 결혼이주남성의 수에 비해 월등히 높게 나타났다. 외국인 아내 국적은 베트남(38.2%), 중국(22.1%), 태국(9.4%) 순이며, 외국인 남편 국적은 중국(24.4%), 미국(23.6%), 베트남(9.6%) 순이다.

한국 남자와 혼인한 외국 여자의 국적은 베트남(38.2%), 중국(22.1%), 태국(9.4%) 순으로 베트남이 1순위이다. 또한 전년대비 외국 여자와의 혼인 건수는 태국(53.4%), 베트남(18.2%)은 증가한 반면, 중국(-5.4%), 캄보디아(-5.2%)은 감소하였다. 한국 여자와 혼인한 외국 남자의 국적은 중국(24.4%), 미국(23.6%), 베트남(9.6%) 순이며, 전년대비 외국 남자와의 혼인건수는 미

〈표 1-4〉 국제결혼 총건수와 배우자 출신 국가

구분	2008	2009	2010	2011	2012	2013	2014	2015	2016	2017	2018
한국男+외국女	28,163	25,142	26,274	22,265	20,637	18,307	16,152	14,677	14,822	14,869	16,608
베트남	8,282	7,249	9,623	7,636	6,586	5,770	4,743	4,651	5,377	5,364	6,338
중국	13,203	11,364	9,623	7,549	7,036	6,058	5,485	4,545	4,198	3,880	3,671
태국	633	496	438	354	323	291	439	543	720	1,017	1,560
일본	1,162	1,140	1,193	1,124	1,309	1,218	1,345	1,030	838	843	987
필리핀	1,857	1,643	1,906	2,072	2,216	1,692	1,130	1,006	864	842	852
미국	344	416	428	507	526	637	636	577	570	541	567
캄보디아	659	851	1,205	961	525	735	564	524	466	480	455
기타	2,023	1,983	1,858	2,062	2,116	1,906	1,810	1,801	1,789	1,902	2,178
한국女+외국男	8,041	8,158	7,961	7,497	7,688	7,656	7,164	6,597	5,769	5,966	6,090
중국	2,101	2,617	2,293	1,869	1,997	1,727	1,579	1,434	1,463	1,523	1,489
미국	1,347	1,312	1,516	1,632	1,593	1,755	1,748	1,612	1,377	1,392	1,439
베트남	61	49	67	93	180	279	283	432	565	586	587
캐나다	371	332	403	448	505	475	481	465	398	436	402
일본	2,743	2,422	2,090	1,709	1,582	1,366	1,176	808	381	311	313
호주	164	159	194	216	220	308	249	254	197	203	189
기타	1,254	1,267	1,398	1,530	1,611	1,746	1,648	1,592	1,388	1,515	1,671

출처: 통계청(2019) 인구동태통계연보

국(3.4%)는 증가한 반면, 중국(-2.2%), 캐나다(-7.8%)는 감소하였다.

[그림 1-2]와 〈표 1-4〉에서와 같이 국제결혼의 건수는 2005년에 최고치를 나타낸 후 감소하는 경향이 있다가 2018년부터 다시 소폭의 증가세를 보이고 있다. 그렇지만 이러한 결혼 건수와 달리 가정해체로 나타나는 이혼율 또한 꾸준한 유지세를 보이고 있다.

〈표 1-5〉는 국제결혼의 이혼 건수와 종류를 나타내고 있다. 이 표에서는 2018년 현재 국제결혼 22,698건 대비 이혼 건수 7,140건(외국인 아내 5,174건+외국인 남편 1,966건)을 기록했다.

이는 국제결혼 건수 대비 이혼 건수가 30%에 이르고 있는 데, 이 수치는 2018년 한국의 전체 국민 이혼건수 108,700건 대비 15%에 이르고 있어서 전체 국민 대비 다문화 가정의 이혼율은 대단히 높은 편이라고 할 수 있다.

국제결혼가정의 이혼은 7,140건으로 전년대비 0.1% 증가했으며, 이 중 외국인 여자와 이혼은 5,174건으로 전년대비 0.6% 감소하였고, 외국인 남자와 이혼은 1,966건으로 전년 대비 2.2% 증가하였다. 전체 이혼 중

〈표 1-5〉 국제결혼가정의 이혼 현황

이혼 종류별	2014		2015		2016		2017		2018	
	외국인 아내	외국인 남편	외국인 아내	외국인 남편	외국인 아내	외국인 남편	외국인 아내	외국인 남편	외국인 아내	외국인 남편
계	6,998	2,756	5,743	2,494	5,610	2,055	5,206	1,924	5,174	1,966
협의이혼	2,687	1,672	2,454	1,538	2,643	1,236	2,492	1,143	2,625	1,148
재판이혼	4,301	1,079	3,281	947	2,957	804	2,709	765	2,527	769
미상	10	5	8	9	10	15	5	16	22	49

출처: 통계청(2019) 인구동태통계연보 재구성

외국인과의 이혼 구성비는 6.6%로 전년보다 0.1% 감소하였다. 외국인과의 이혼 중 외국인 여자와 이혼 비중은 72.5%, 외국인 남자와 이혼 비중은 27.5%를 차지하였다. 이와 같이 국제결혼가정의 이혼에 관한 현황은 〈표 1-6〉과 같다.

〈표 1-6〉 에서와 같이 한국 남자와 이혼한 외국 여자의 국적 구성비는 중국(44.0%), 베트남(30.3%), 필리핀(5.0%) 순이며, 한국 여자와 이혼한 외국 남자의 국적 구성비는 중국(41.5%), 일본(24.9%), 미국(11.6%) 순으로 나타났다.

이러한 이혼의 원인은 김영순 외(2019c)에서 밝힌 바와 같이 결혼 동기와 현실 경혼 생활의 괴리, 경제적인 어려움, 의사소통과 자녀양육의 어려움, 문화 간의 차이 등 다양하다. 정부에서는 다문화가족의 안정적 정착 및 자녀에 대한 맞춤형 지원 확대 등을 중점적으로 추진하고 있으며 사회통합정책을 통해 모든 사회 구성원들의 다문화에 대한 이해를 증진하는 데 힘을 모으고 있다. 다음 절에서는 사회통합을 위한 결혼이주여성의 문화적응 및 자립 지원과 다문화가족 지원정책이 어떻게 정책적으로 실천되고 있는지를 살펴볼 것이다.

〈표 1-6〉 국제결혼가정의 이혼 추이

구분	2008	2009	2010	2011	2012	2013	2014	2015	2016	2017	2018
한국男+외국女	7,901	8,246	7,852	8,349	7,878	7,588	6,998	5,743	5,610	5,206	5,174
중국	5,398	5,562	4,705	4,783	4,204	3,797	3,402	2,830	2,703	2,351	2,275
베트남	1,078	1,292	1,552	1,931	1,992	2,057	1,821	1,480	1,570	1,575	1,570
필리핀	268	285	299	328	395	435	449	366	298	242	257
일본	205	227	259	292	254	259	290	235	186	172	180
캄보디아	178	109	167	192	180	152	155	137	157	134	157
태국	85	113	128	137	129	133	107	101	107	132	143
우즈벡	160	174	174	133	141	158	169	102	113	109	117
기타	529	484	568	553	583	597	605	492	476	491	475
한국女+외국男	3,079	3,227	3,236	3,146	3,009	2,892	2,756	2,494	2,055	1,924	1,966
중국	1,041	1,064	1,025	1,139	1,051	1,080	1,025	992	919	843	816
일본	1,556	1,628	1,638	1,466	1,396	1,196	1,108	893	505	442	490
미국	238	263	277	240	233	249	250	230	230	214	229
베트남	5	16	18	17	18	19	25	36	62	61	81
캐나다	34	29	43	32	52	48	54	32	49	47	49
파키스탄	32	35	38	51	49	55	54	54	33	49	43
기타	173	192	197	201	210	245	240	257	257	268	258

출처: 통계청(2019) 인구동태통계연보 재구성

2.
결혼이주여성을 위한 다문화가족 지원정책

1) 사회통합정책으로서 다문화가족 지원정책

다문화가족 지원정책은 처음에 외국인정책의 차원에서 시작되었다. 외국인 정책은 2007년 5월에 「재한외국인처우기본법」으로 제정되어 법무부장관이 5년 단위로 '외국인정책 기본계획'을 수립하고, 외국인정책위원회의 심의를 거쳐 확정된다. 제1차 외국인정책 기본계획(2008-2012년)은 '외국인과 함께하는 세계 일류국가'를 비전으로 외국인을 대상으로 우수인재 유치, 이민자 사회적응 지원 등의 새로운 정책을 추진하였다. 제2차 기본계획(2013-2017년)은 '세계인과 더불어 성장하는 활기찬 대한민국'을 비전으로 제1차 기본계획의 가치를 지속적으로 추진하고 우리 사회 발전을 위한 이민자의 책임과 기여를 강조하는 방향으로 추진되었다. 정부의 사회통합정책은 외국인을 위한 정책이지만, 심층적으로 살펴보면 등록외국인인 이민자들이 한국 사회에 적응을 바람직하게 할 수 있도록 지원하는 정책이다. 또한 이를 넘어 이민자들을 포용하기 위한 한국 사회의 모든 시민들이 이들의 문화다양성을 존중하고 나아가 세계시민으로서 살아갈 수 있는 역량 함양을 요구하는 것으로 이해할 수 있다.

초국적 이주로 인해 구성된 한국의 다문화 사회는 이제 단일 민족과 국가라는 근대적 획일성에서 벗어나 다문화주의를 기반으로 하는 사회통합을 위해 노력해야 한다. 다문화 사회는 초국적 이주에서 시작된 다양한 사회변화의 모습이며, 그 과정에서 이주민과 정주민의 새로운 관계가 설정되고 사회 경제적, 정치적 요인이 작용해 갈등이 유발되기도 한다. 그렇지만 이주민뿐만 아니라 선주민 모두를 위한 상호문화 소통을 위한 정책을 도입하고 이를 시행함으로써 새로운 통합의 길을 모색한다(김영순 외, 2016). 또한 다문화 사회에서 결혼이민으로 구성되는 다문화가족으로 인해 문화 차이가 빈번히 발생할 수 있고 이로 인해 갈등을 유발하기도 한다. 그렇지만 다양한 문화를 수용하여 문화다양성을 경험할 수 있다는 긍정적인 면도 있다. 이주민 중에서 특히 결혼이주여성의 경우 대부분 가능한 한국의 국적을 희망하고 한국에서 단란한 가정을 이루고 행복하게 살아가기를 희망한다. 결혼이주여성과 다문화가족을 위해 정부에서는 사회통합정책의 일환으로 다문화가족정책을 수행하고 있다.

다문화가족정책은 다문화가족지원법 제3조 4의 규정에 따라 설치한 '다문화가족정책위원회'에서 총괄 및 조정하고 관련 중앙부처와 지방자치단체를 통해 전달되고 지방자치단체에 소재한 다문화가족지원센터에서 수행된다. 다문화가족정책위원회는 다문화가족을 지원하기 위한 기본적인 계획은 물론 시행계획을 주기별로 수립하고 시행했으며, 추진 실적을 점검하고 평가한다. 또한 이 위원회에서는 다양한 다문화가족지원사업을 조정하고 관련 부처 간의 협력을 수행하는 데 있어서 이를 심의하고 조정하는 컨트롤 타워로서의 기능을 한다.

다문화가족정책의 주관 부처로서 여성가족부는 법무부 및 교육부 등 중앙 행정기관 및 시 · 도지사 등과 협의하여 기본 계획과 부처별 시행 계획을 수립하고 시행한다. 또한 매 해 추진 실적을 평가하는 등 다문화가족 정책을 실무적으로 총괄하고 있다. 전국의 다문화가족지원센터는 각 지방자치단체로부터 다문화가족을 위한 지원 업무를 위탁받아 결혼이주여성들의 초기 적응 및 자립을 위한 한국어교육, 가족사업, 성평등 및 인권사업, 사회통합, 상담, 홍보 및 지원연계 등 필요한 사업을 수행하고 있다.

실제로 다문화가족정책은 2006년 4월에 대통령 자문기구인 빈부격차 · 차별시정위원회에서 시작되었다. 이 위원회는 여성가족부 포함 12개 부처, 2개 위원회 공동으로 '여성결혼이민자 가족 및 혼혈인 · 이주자 사회통합 지원대책'과 '혼혈인 및 이주자의 사회통합 기본방향'을 발표하였다. 이런 노력들을 기반으로 여성결혼이민자 지원정책이 수립되었다. 특히 여성과 가족을 중심으로 한다는 정책의 특성상 주관 기관을 여성가족부에서 맡게 된다. 여성가족부는 당시 다문화가족지원센터의 전신인 결혼이민자가족지원센터 21개소를 지자체별 지정하여 시범적으로 운영하였다. 2007년 12월에 결혼이민자에 대한 가정폭력* 등이 사회적 문제로 대두되자 건전한 결혼문화의 형성에 기여하려는 목적으로 '결혼중개업의 관리에 관한 법률'이 제정되었다.

2008년 3월에는 정보제공과 사회적응교육 등을 중심으로 다문화가

* 2007년 6월에 충남 천안에서 베트남 출신 결혼이주여성이 입국 한 달만에 남편에게 무차별 폭력을 당해 갈비뼈 18대 부러져서 사망에 이르는 사건이 있었음.

족정책을 체계화한 '다문화가족지원법'이 제정되고 시행되었다. 그럼으로써 다문화가족을 위한 정책 서비스 전달체계인 결혼이민자가족지원센터는 그 명칭이 다문화가족지원센터로 변경되었다. 2008년 10월에는 보건복지가족부가 다문화가족의 사회통합을 지원하기 위한 '다문화가족 생애주기별 맞춤형 지원강화대책'을 발표했다(보건복지가족부, 2008). 이 대책이 현실화됨으로써 결혼이민자 당사자뿐만 아니라 그 자녀와 가족 구성원들을 포함한 다양한 차원의 복지정책이 실천되었다.

2010년 3월에 정부는 흩어져 있던 다문화가족정책 추진체계를 여성가족부로 이관하도록 하여 다문화가족정책 추진제계를 정비하였다. 이는 다문화가족 지원 관련 정책을 총괄하고 조정 기능을 강화하기 위함인 것으로 판단된다. 그리고 같은 해 5월 제2차 다문화가족정책 위원회에서는 기존의 결혼이민자 중심 사업에서 가족 중심의 관점으로 접근한 '제1차 다문화가족 지원정책 기본계획(2010-2012)'을 국무총리 및 관계부처들이 합동으로 확정하였다. 주요 내용은 다문화가족에 대한 지원을 점진적으로 강화하고 결혼 및 입국 과정을 엄격하게 관리하는 것을 포함한다. 이는 결혼이주여성의 생애주기별 사회적응을 지원하고 주기별 적합한 복지 서비스를 제공하는 것을 목적으로 한 것이다.

2010년 7월 다문화가족정책위원회 규정을 국무총리 훈령 552호로 개정하여 실무위원장을 국무총리실장에서 여성가족부장관으로 변경하였다. 이에 따라 여성가족부가 다문화가족 지원정책에 관한 시행계획 수립, 사업의 조성 및 협력 등 다문화가족정책위원회의 운영을 주도하게 되었고, 국무총리실은 부처 간 이견조정과 지원기능을 담당하게 되었다. 여성가족부에서는 결혼이민자가 한국 생활에 안정적으로 정착하고 편안하게 생활할 수 있도록 다문화가족지원을 통한 정책 추진체계를 구축하고 관계부처 합동 기본계획을 수립하고 추진하였다. 핵심 내용은 다문화가족을 위한 가족 교육을 활성화하고 상담과 문화 프로그램을 제공하는 등 생애주기별 맞춤형 서비스를 제공한다는 것이다. 이를 통해 결혼이민자의 한국 사회 조기적응 및 다문화가족의 안정적인 가족생활을 지원해야 함을 강조하고 있다.

여성가족부의 다문화가족의 생애주기별 정책과제는 모두 4단계(결혼준비기, 가족형성기, 자녀양육기 및 정착기, 역량강화기)로 주요 내용은 다음과 같다. 첫째, 결혼준비기는 국제결혼중개업 건전화 및 사전 정보 제공 활성화를 목적으로 국제결혼중개업의 사회적 책임 강화 및 체계적 관리, 결혼이민예정자 현지 오리엔테이션 내실화, 한국 예비 배우자 결혼 준비 교육 등의 지원내용이 주를 이룬다.

둘째, 가족 형성기로 결혼이민자의 조기 적응 및 안정적 생활 지원, 다양한 매체를 통한 한국어 교육, 위기개입 및 가족통합교육 실시 등이 주요 내용이다. 세부 사항으로는 가정폭력 피해 상담과 보호를 위해 이주여성 긴급전화 및 전용 쉼터 제공, 법률 구조기관 등 관련기관 간 연계강화, 다문화가족지원센터 및 방문교육지도사의 남편교육 · 상담 기능 강화, 결혼이민자와 배우자 및 시댁의 가족 관계, 부모자녀 관계 증진을 위한 가족통합교육을 추진하는 것이다.

셋째, 자녀 양육기 및 정착기이다. 이 시기의 정책 지원은 다문화가족 자녀의 양육 · 교육 지원이 주를 이룬다. 주요 세부내용을 살펴보면 부모의 자녀 양육 능력 향상을 위해 아동양육을 위한 가정방문 실시, 다문화가족의 자녀 언어발달 지원, 센터 내 다문화 언어 교실 개설, 다문화가족 자녀 이중언어 역량 개발 등이다.

넷째, 역량강화기로 결혼이민자의 경제적, 사회적 자립을 지원하는 것이다, 주요 내용으로는 결혼이민자의 직업교육 실시, 통번역 요원 및 다문화강사 등 결혼이민자 적합 직종 개발, 국가별 결혼이민자 자조모임 지원 등이다.

2011년 4월에 정부는 다문화가족지원법을 개정하여 다문화가족의 범위를 확대시키고, 다문화가족 지원을 위한 기본계획을 수립하며 연도별 시행계획의 수립 근거를 마련하였다. 처음에 다문화가족정책 서비스의 범위는 국제결혼을 통해 형성된 다문화가족에 한정되었다. 그 이유는 다문화가족정책이 처음부터 국제결혼에 대한 관심에서 논의가 시작되었기 때문이다. 그러나 그 서비스 대상이 귀화 및 인지에 의한 국적취득자와 결혼이민자 등으로 이루어진 가족으로 확대되었다.

2011년 6월에 여성가족부는 다문화가족정책 실무위원회 제1차 회의를 열고 '16개 시 · 도 다문화가족지원 종합계획'을 수립하여 발표하였다. 이 계획에서는 다문화가족 자녀의 바람직한 성장을 지원하기 위한 사업의 규모가 가장 큰 것으로 나타났다. 그리고 다문화가족지원법 제3조 '다문화가족 지원을 위한 기본계획 수립'이 실행되면서 다문화가족정책 기본계획의 시행 기간은 5년으로 규정되었다.

2012년 12월에 개최한 제6차 다문화가족정책위원회에서 '제2차 다문화가족정책 기본계획'을 심의하여 확정하였다. 이 정책의 적용 기간은 2013년부터 2017년까지 5년간이다. 이 계획에 따르면, 다문화 가족정책이 단순히 결혼이민자를 위한 정책이 아니라 다양한 문화를 배경으로 하는 다민족으로 구성된 가족들에 대한 정책으로 자리매김 되었다. 또한 2013년 2월에 '2012년 전국다문화가족실태조사' 결과를 발표 하였는데 이 결과는 다문화가정 구성원이 단순노무직, 일용직 등 저소득층 일자리에 집중되는 현상, 이들에 대한 사회적 차별의 심각성, 사회적 네트워크 약화 등을 보여주었다. 이로써 정부에서는 다문화가족에 관한 새로운 정책을 모색해야 하는 도전의 기회를 얻었다고 본다.

2014년 1월에 정부는 제 8차 다문화가족정책위원회를 개최하여 '다문화가족정책 개선방안'을 논의하고 확정했다. 주요 내용은 이미 2013년 4월에 개최된 제 7차 다문화가족정책위원회의 내용에 대한 실제적인 추진 방향을 논의한 것이다. 내용의 핵심은 다문화가족 지원정책을 위한 부처 간 유사사업 혹은 중복사업을 조정하고, 효율적인 다문화가족정책 추진방안을 마련하기 위한 대책이다.

이를 위해 7개 부처가 합동으로 개선방안을 내놓았는데 첫째, 부처 간 협업을 통한 유사 · 중복 조정 및 협업시스템 구축, 둘째, 수혜자를 중심으로 한 전달체계 효율화(2014~2017), 셋째, 정착 단계별 맞춤형 지원강화, 넷째, 이주관리정책과 다문화 가족육성정책 역할의 정립을 통한 지원체계 확립이다. 이 네 가지 개선방안 중 '수혜자 중심 전달체계 효율화'에 따라 통합적 가족정책 전달체계가 요구되었다. 이에 정부는 다문화가정지원센터(211개소)를 건강가정지원센터(151개소)와 통합하여 '가족통합지원센터'로 개편 추진하겠다는 계획을 발표했다.

2016년 4월에는 전국의 다문화가족 27,120가구를 대상으로 조사한 '2015년 전국다문화가족실태 조사' 결과를 발표했다(여성가족부, 2016). 이 결과를 바탕으로 여성가족부는 다문화가족의 사회적 관계 개선을 위한 정책을 제안하고 자녀의 성장배경 및 성장주기별 맞춤형 정책을 강화하기로 했다. 그리고 같은 해 5월 다문화가족정책의 실효성을 높이기 위해 결혼이민자가 정책수립 및 추진과정에 주체적으로 참여하도록 하는 방안을 모색했다. 이로써 2016년 제 1차 다문화가족 참여회의를 정부서울청사에서 개최하였다. 다문화가족 참여회의는 정책 서비스 공급자 중심에서 벗어나, 정책수혜자 입장에서 다문화정책의 실효성을 높일 수 있는 중요한 계기라고 볼 수 있다.

2017년 4월에 정부는 '2017년도 다문화가족정책 시행계획'을 확정하였다. 여기서 다문화가족정책은 해당 다문화가족이 한국 사회의 초기 정착단계를 넘어 사회구성원으로서의 소속감과 역량을 발휘할 수 있도록 지원하는 데 중점을 둔다고 하였다. 이와 더불어 다양한 형태의 이주 배경 가족으로 지원 대상을 확대하고 지원 정책의 효과성을 제고하기 위해 다문화가족정책 추진체계를 정비하였다. 그리고 정부 3.0협업을 통해 한국생활에 필요한 정부의 각종 서비스를 한곳에서 받을 수 있도록 '다문화이주민 플러스센터'*를 12개소를 설치하였다. 또한 출입국관리사무소 5개소에 다문화상담 전문인력을 배치하여 다문화가족, 외국인근로자, 유학생 · 재외동포 등이 한국생활에 필요한 각종 서비스를 한 곳에서 받을 수 있도록 하고, 초기 이민자들이 사회적응을 위한 정보공유를 원활히 할 수 있도록한 조치이다. 이것은 기존의 운영자 중심에서 정책수혜자 중심으로의 변화를 의미한다. 아울러 관련 부처가 협업하여 통합적인 정책 서비스를 연계하여 운영하는 것으로 평가할 수 있다. 따라서 다문화이주민 플러스센터는 외국인정책과 다문화가족정책이 접점을 찾는 정책이라고 볼 수 있다.

2018년 2월에 제21차 외국인 정책위원회 및 제15차 다문화가족정책

---

* 다문화가족은 물론 외국인근로자, 유학생, 재외동포 등도 한국 생활에 필요한 정부의 각종 서비스를 받을 수 있는 기관을 말함. 이 기관의 설치는 2016년 12월에 행정자치부에서 국무조정실 외국인 · 이민정책 태스크포스(TF) 논의 등을 거쳐 관계부처 합동으로 '다문화가족 · 외국인 서비스 전달체계 효율화 방안'의 일환으로 설치되었다. 다문화이주민플러스센터'는 하나의 공간에 여러 기관이 입주하거나 기존 기관이 추가적 기능을 수행하는 방법으로 '원스톱 서비스'를 제공하게 되는데, 별도의 신규 센터를 설치하는 것이 아니라 기존 집행기관을 활용할 계획이다. 2017년 3월에 충남 아산을 시작으로 12곳으로 확대되었다.

위원회의 연석회의를 통해 제3차 다문화가족정책 기본계획을 확정하였다. 이 계획의 기간은 2018년부터 2022년까지 5년간이다. 주요 내용은 폭력 피해 이주여성의 문제를 원스톱으로 지원하는 전문상담소 설치를 추진했고, 가정폭력으로 피해를 당한 이주여성의 보호시설을 확대하고, 이들 여성들에 대한 임대주택을 지원하는 것을 골자로 하고 있다. 또한 가정폭력피해 이주여성들이 보호 시설을 퇴소한 이후 생계를 도울 수 있는 자립지원금 신설을 추진했다. 아울러 베트남에 국제 결혼이민관을 파견하였으며, 다누리콜센터와 소비자원 그리고 법률구조공단 등과 협업하여 국제결혼으로 인한 피해구제를 지원하였다. 또한 다문화 한부모 가정에 자녀 장려금을 지원하였고, 자립지원 패키지 프로그램을 확산하였다. 이 밖에도 이중언어 인재 양성, 글로벌 브릿지 사업의 지속적인 추진 등이다(국무조정실 · 국무총리비서실 보도자료, 2018.2.12.). 이와 같이 다문화가족정책은 다문화가족의 인권을 보호하고 이들의 생활 적응을 돕는 한편 한국 사회의 일원으로 참여할 수 있는 주체로 성장할 수 있도록 방향을 설정하고 있다. 게다가 이들의 가족의 자립과 상호문화 이해를 돕도록 하는 한편 자녀 성장에 관한 정책을 개발하는 데 노력하고 있다.

지금까지 정부가 추진해 온 다문화가족 지원정책은 현재 주관부처인 여성가족부의 주도로 이루어지고 있지만 여러 부처가 관련 사업을 추진하고 있다. 이 때문에 여전히 여성가족부의 조정역할이 미흡하고 각 부처 간의 협력을 통한 포괄적인 지원이나 정책은 제대로 시행되지 못하고 있다. 따라서 효율적인 정책의 추진을 위해서는 상호역할 분담 및 협력체계가 강화되고 지역 특성에 적합한 정책, 수혜자가 참여하고 공감하는 정책이 제정되고 실천되어야 한다. 이와 더불어 다문화가족의 변화 추이에 따른 중장기 정책 과제가 개발되고 추진되어야 할 필요가 있다. 다문화가족정책은 정책의 추진 주체자인 중앙정부, 지방자치단체, 민간단체 등을 비롯하여 정책 운영자, 정책 이해관계자, 정책 수혜자들이 거버넌스 체계를 구축하고 함께 해결해 나갈 과제이다.

2) 다문화가족정책 서비스 기관과 추진 사업

다문화가족 지원정책의 주무부서는 여성가족부이다. 여성가족부는 다문화가족정책위원회의를 운영하며 위원장을 장관이 겸직한다. 여성가족부의 가장 중심이 되는 다문화가족 서비스 기관의 현장은 바로 지자체 단위에 위치한 다문화가족지원센터이다. 이번 절에서는 여성가족부에서 현장의 다문화가족지원센터에 이르기까지 다문화가족정책 서비스 전달 체계상의 기관들을 살펴볼 것이다. 이 기관들은 한국건강가정진흥원, 다문화가족지원거점센터, 다문화가족지원센터 등이다.

첫째, 한국건강가정진흥원은 여성가족부 산하 특수법인으로 다문화가족지원 정책의 서비스 전달기관인 전국의 거점센터와 시 · 군 · 구 다문화가족지원센터를 총괄하고 있는 기관이다. 또한 거점센터, 시 · 군 · 구 다문화가족지원센터에서 시행하는 사업에 대한 프로그램 및 업무 매뉴얼을 개발하고 보급하는 것은 물론 직원 및 사업별 전문인력 양성, 특성화 사업 관리, 실적 관리, 정보제공, 홍보, 현장 및 평가지원 등 전국 센터의 관리 및 총괄 등의 기능을 하고 있다. 특히 이중언어 가족환경 조성사업, 언어발달, 방문교육사업, 통번역 서비스사업, 지자체 한국어사업, 다문화가족 사례관리사업, 결혼이민자 멘토링사업, 전국다문화가족 네트워크 대회, 다문화가족 자녀성장 지원사업, 다누리콜센터 지원사업 등을 주관하는 데 기획, 평가, 교육 등의 업무를 맡고 있다.

둘째, 다문화가족지원거점센터는 2018년 현재 전국으로 16개의 광역 거점센터가 운영되고 있다. 센터 설치지역을 광역단위로 구분하여 지자체별 특성에 맞는 다문화가족프로그램 개발, 권역 내 다문화가족지원센터의 다양한 사업 관리, 이를 테면 지원교육, 방문교육지도사 직무 지식 평가실시, 센터 운영지원 및 현장지원, 슈퍼비전 지원 및 실시, 만족도 조사 지원 등 권역 내 센터와 관련기관 간 네트워크 구축 및 운영, 한국건강가정진흥원과 권역 내 센터와 연계 역할을 수행하기 위해 지정 · 관리하고 있다. 거점센터의 주요사업은 시 · 도별 특성에 맞는 다문화가족 지원 프로그램 개발 및 보급 등의 특성화사업, 권역내 센터 직원 교육, 방문교육지도사 직무지식평가, 센터 운영 지원 및 현장지원, 슈퍼비전 지원 및 실시, 만족도 조사 지원 등 다문화가족지원센터 사업을 지원하고 관리의 의무를 가진다.

셋째, 다문화가족지원센터이다. 이 기관은 다문화가족 지원정책 서비스 전달기관의 최전선에 위치하는 기관이다. 전국의 다문화가족지원센터는 지역 거점센터를 중심으로 다문화가족 구성원에게 직접적인 상호관계 속에 계획된 서비스를 전달하고 있다. 전국의 다문화가족지원센터는 해당 기초자치단체의 상황에 따라 직접운영 또는 민간에 위탁의 유형으로 운영되고 있다.

다문화가족지원센터의 출발은 2006년 결혼이민자가족의 사회문화적 적응지원체계 구축을 위하여 결혼이민자가족지원센터를 기초 지자체인 시 · 군 · 구별로 21개소를 지정하여 운영한 것이다. 2007년에는 결혼이민자 아동 양육지원 방문교육 시범사업이 29개소에서 추진되었고,

2008년에는 한국어교육 및 아동양육 방문교육 사업을 통합하여 전국 서비스 전달체계 구축하였다. 2008년에 다문화가족지원법이 제정되면서 결혼이민자지원센터는 다문화가족지원센터로 이름이 바뀌었다. 2009년에는 다문화가족자녀 언어발달지원사업, 결혼이민자 통번역서비스 실시되었고, 사회복지사업법의 개정으로 다문화가족지원센터는 사회복지시설로 전환되었다.

2011년 1월에 부모 나라 언어 습득 지원을 위한 언어영재 교실 사업이 추진되었고, 같은 해 4월 다문화가족지원법 개정으로 다문화가족의 범위가 확대되었다. 2012년에는 다문화가족 자녀 생활서비스 정책이 추가되어 수행되었고, 그해 2월에 다문화가족지원법 개정으로 다문화가족지원센터 설치 및 시설 위탁운영의 법적, 제도적 근거가 마련되었다. 그리고 2013년 8월에 다문화가족지원법 개정으로 이혼 등의 사유로 해체된 다문화가족 자녀에 대한 지원 특례규정을 마련하였다.

2014년 3월에 한국어교육 운영 지원체계 개편하였으며, 7월에는 다문화가족 이중언어환경조성사업 실행방안을 마련하고 시범사업을 실시하였다. 10월에는 다문화가족 방문교육서비스 개선방안을 마련하고 자녀생활 서비스 소득수준별 자기부담금 적용제도를 도입하였다. 이후 다문화 가족지원사업 사업영역(가족, 성평등, 인권, 사회통합, 상담, 홍보 및 자원 연계) 개편으로 다문화가족에 대한 성평등, 인권교육을 강화하였으며, 다문화가족 이중언어환경조성사업을 전국으로 확대하였다. 2015년 12월에는 다문화가족지원법 일부 개정으로 방문교육 비용을 차등 지원하는 근거를 마련하였다. 2019년 현재 전국의 다문화가족지원센터 218개소 가운데 44개소가 일반형 센터로 운영 중이다.

다문화가족지원센터는 다문화가족지원법에 근거하여 다문화가족구성원의 삶의 질 향상과 사회통합을 이루기 위해 운영되는 다문화 가족서비스 핵심적인 서비스 전달체계이다. 다문화가정지원센터는 현재 두 가지 형태로 운영되는 데 일반형은 다문화가족지원법 제12조에 따라 다문화 가족지원사업을 수행하는 기관이고, 확대형 센터는 일반형 센터의 임무를 포함함에 따라 기타 법령에 의한 가족지원 사업을 수행하는 건강가정 지원 및 다문화가족 지원을 위한 통합서비스 기관이다.

넷째, 건강가정지원센터와 다문화가족지원센터의 통합 기관인 가족지원센터이다. 다문화가족지원법 제6조와 12조, 건강가정기본법 제21조와 35조에 기반한 다문화가족지원사업 및 기타 법령(한부모가족지원법)에 의한 가족지원사업을 수행하는 정책 일선에는 건강가정 · 다문화가족지원 통합서비스 운영기관이 존재한다. 이 기관은 다문화가족 지원사업 중심으로 통합되어 있는 가족센터이다. 통합기관의 사업목적은 가족 유형별로 이원화되어 있는 가족지원서비스를 가족의 유형에 상관없이 한 곳에서 다양한 가족에 대한 보편적이고 포괄적 서비스를 제공하자는 데 있다. 또한 수혜자 중심의 서비스를 확대하고 접근성을 제고하며, 지역 여건 및 정책 수혜자의 특성에 적합한 맞춤형 서비스를 강화하고, 모든 가족에 대한 안정성 강화 및 가족관계를 증진하는 데 있다. 뿐만 아니라 결혼이민자가 안정적으로 정착하고 가족생활을 지원하기 위해 가족 및 자녀 교육 · 상담, 통 · 번역 및 정보제공, 역량 강화지원 등 종합적인 서비스를 제공하는 것이다. 또한 기존의 다문화가족지원센터의 주요 업무였던 다문화가족의 정착단계 및 생애주기에 따른 맞춤형 서비스 제공, 다문화가족 대상 통합교육 및 부모교육, 사회참여 지원 확대, 다문화가족 자녀의 건강한 성장지원 및 글로벌 인재육성, 결혼이민자 맞춤형 일자리 참여 확대 등 사회경제적 자립지원 등을 포함하고 있다.

이 센터의 사업 방향은 가족 유형과 상관없이 다양한 가족에 대한 보편적이고 포괄적 서비스 제공과 다문화가족을 위한 종합적 서비스를 제공하여 다문화가족이 한국사회에 조기적응을 하도록 하며 사회경제적 자립을 지원하는 것이다(여성가족부, 2019). 일반 · 다문화가족 중심에서 일반, 다문화, 한 부모 · 조손 가족, 맞벌이 가정, 1인 가구, 북한이탈가족 등으로 지원 대상을 확대하고, 주간 · 주중 야간 · 주말까지 지원시간을 확대한다. 그리고 지역 여건 및 정책 수혜자 특성에 맞는 맞춤형 서비스를 제공한다. 먼저 기본사업으로 가족관계, 가족 돌봄, 가족생활, 가족과 함께하는 지역공동체 4개 영역으로 구성되어 있다. 또한 별도예산에 의한 센터 추진사업은 아이돌봄 지원 사업, 취약 · 위기가족 돌봄 지원(가족역량강화지원)사업, 권역별 미혼모 · 부자 가정 기관 운영지원 사업, 공동육아나눔터 사업, 다문화가족 자녀언어발달 지원 사업, 다문화가족 사례관리 사업, 결혼이민자 멘토링 사업, 한국어교육 사업 등이 있다.

3. 결혼이주여성 연구의 경향

이주여성 연구 동향을 분석하기 위하여 RISS에서 2000년부터 2019년 11월까지 '이주여성', '결혼이주', '결혼이민(자)' 등을 주요 키워드로 하여 한국연구재단 KCI 및 KCI 후보지에 게재한 한국어 논문을 검색해 보았다. 최종적으로 1,570여 편의 연구가 있다는 것을 확인하였다. 먼

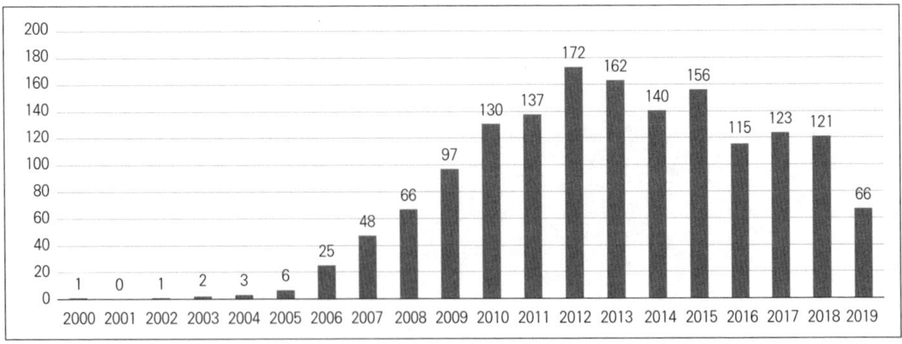

[그림 1-3] 이주여성 연도별 연구 동향(2000년-2019년 11월)

저 연도별로 분석한 결과는 [그림 1-3]과 같다.

이지석 외(2002)의 연구에서는 이주여성 연구 지형에 관한 탐색 연구를 통해 2000년도에 시작하여 2005년까지 13편의 관련 연구가 있었다. 이와 관련하여 김혜순 · 주은우(2006)는 이주여성 집단이 사회과학 연구 분야에서 연구 대상으로 주목을 받기 시작한 것은 2006년 이후의 일이라고 강조한다. 실제로 국제결혼 건수는 1.1절의 [그림 1-2]에서와 같이 2005년에 가장 높은 수치를 보이고 있다는 것과 관련이 있다.

2007년 및 2008년이 이주여성 연구의 발전기라면, 2009년부터 이주여성 연구의 전성기라 할 수 있을 정도로 많은 분야에서 연구가 활발히 이루어져 왔다(김선정, 2007; 차승은 · 김두섭, 2008; 이승우, 2008; 이경애, 2009, 이복희 · 이잠숙 외, 2009 등). 이어서 2010년에는 130편(이혜경, 2010; 구효진 · 김량희 · 나경화, 2010 등), 2011년에 137편(권명희, 2011; 권복순 · 임보름, 2011; 이미정 · 강현민, 2011; 박수정 · 윤채빈 · 김민규, 2011 등), 2012년에 172편(강현자 · 김선정, 2012; 서덕희, 2012; 오영훈 · 김성영, 2012; 이지민 · 최연희, 2012 등), 2013년에 162편(김영순 · 이미정 · 최승은, 2013; 곽혜란 · 장유진, 2013; 김미정 · 이명현 · 이경은, 2013; 이혜영 · 박기철 외 2013 등), 2014년에 140편(김영순 · 임지혜 외, 2014; 남혜경 · 이미정, 2014; 박연희, 2014 등), 2015년에 156편(김두섭 · 이지원, 2015; 조항록, 2015; 황해영 · 이미정, 2015 등), 2016년에 115편(김현숙 · 김희재, 2016; 김도헌, 2016; 나영이 · 홍용희, 2016 등), 2017년에는 123편(전리상 · 조홍중, 2017; 천지아 외, 2017; 황미혜, 2017a?b? 등), 2018년에 121편(기준성, 2018; 송재현, 2018; 이혜진, 2018 등) 그리고 2019년 11월 조사 당시 66편(이춘양, 조지형, 2019; 박인옥 · 박응임 · 이은경, 2019; 박기태 · 김두섭, 2019 등)의 연구들이 있었다.

연구 제목을 중심으로 결혼이주여성의 출신 나라를 분석한 결과 가장 많이 출현한 나라로는 베트남 출신 이주여성(강미옥 · 이정애 · 최은경, 2019; 김선희, 2015; 김종숙 · 김현기 · 신효근, 2014 등)이 가장 많았고, 그 다음은 중국 출신 이

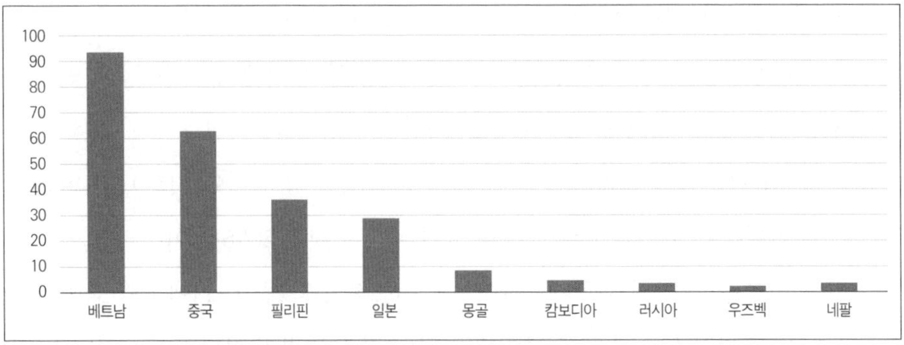

[그림 1-4] 이주여성 출신 나라별 연구 동향(2000년-2019년 11월)

주여성(강란숙, 2017; 아사노가나 · 윤지현 · 류시현, 2015; 이춘양 · 박미숙, 2018 등), 필리핀 출신 이주여성(홍영숙, 2019; 김성수 · 이상경 · 안효자, 2011; 박은민 · 김성수 · 박순희, 2011 등), 일본 출신 이주여성(이정선, 2018; 정선주, 2018; 윤수현, 2015 등)이 그 뒤를 이었다. 그 외의 연구가 몽골 출신 이주여성(서승현, 2019; 신난딩, 2014; 난딩체첵 반츠락츠, 2011), 캄보디아 출신 이주여성(김민지, 2019; 이홍성 · 이연숙, 2013; 채옥희 외, 2012), 러시아 출신 이주여성(서승현, 2015; 문석우, 2010), 우즈베키스탄 출신 이주여성(갈라노바딜노자 · 박미숙 · 김영순, 2016; 아지조바피루자 외, 2016; 오종진, 2008), 네팔 출신 이주여성(김경학 · 윤밀알, 2017; 이기연, 2015; 김태원, 2014)을 다룬 연구가 있었다. 앞서 기술한 연구들에서 주목할 만한 점은 결혼이주여성 최다 출신국인 베트남, 중국, 필리핀 출신 이주여성에 관한 연구가 [그림 1-4]에서와 같이 다수를 이루었다는 점이다.

다음은 결혼이주여성의 연구 주제를 분석하기 위하여, 논문 제목과 키워드를 검토하였다. 그 결과, 지난 20년 동안 관련 학계에서 진행한 결혼이주여성 연구의 주요 연구주제는 [그림 1-5]와 같이 18가지의 주제 유형(적응, 정책법규, 교육 · 학습, 삶의 질, 정서, 양육 · 교육, 복지 · 건강, 직업 · 진로, 프로그램, 범

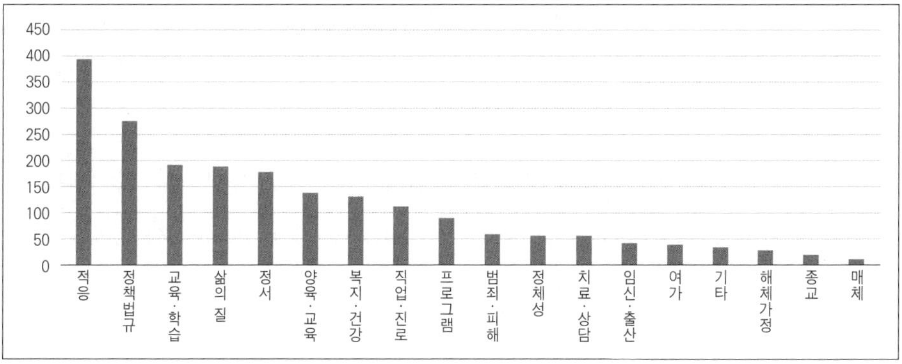

[그림 1-5] 이주여성 주제별 연구 동향(2000년-2019년 11월)

죄 · 피해, 정체성, 치료 · 상담, 임신 · 출신, 여가, 기타, 해체가정, 종교, 매체)으로 구분할 수가 있다.

[그림 1-5]에서와 같이 18개의 연구 유형 중 직업 및 진로에 관한 연구 유형까지가 100편이 넘는 경향을 보인다. 이 여덟 번째 연구 유형까지 주요 연구 유형으로 보고 하위 키워드 분석을 해 보았다. 첫째, 가장 많은 연구 빈도를 보인 적응에 관한 연구 유형이다. 이주여성의 적응과 관련된 주제 키워드는 적응 이외의 공동체(남순현, 2010; 양순미, 2011; 김영경, 2015; 김은정, 2019), 네트워크 및 관계망 형성(박순희 · 이주희 외, 2010; 정유리, 2014; 이소영, 2015; 최병두 · 정유리, 2015), 사회적 지지(김순규 · 이주재, 2010; 주미연 · 정성배, 2014; 안순태 · 이하나, 2016; 김세현 · 이혜수, 2019), 사회적 지원(문순영, 2007; 양옥경 · 김연수 · 이방현, 2007; 박순희, 2011; 최승범 · 김춘미 · 이홍자, 2018) 등의 총 396편의 연구가 있었다.

둘째, 정책 법규 관련 연구 유형이다. 여기서는 결혼이주여성 정책 일반(민가영, 2011; 남지민, 2012; 박영민, 2015; 이병렬 · 김희자, 2017), 정책 및 지원 체계와 방법(김렬, 2011; 신영진, 2017; 이화신 · 이소영, 2018), 정책 현황(이호경, 2010; 성창환, 2014; 정상우 · 최보선, 2014; 이성순, 2017), 정책 실태(김진욱, 2007; 문석우, 2010; 김우찬, 2015), 법과 인권(손영기, 2011; 조규철, 2011; 이정향, 2013; 오태곤, 2018), 국적과 시민권(신기영, 2009; 이재홍 · 박영주 · 김원진, 2012; 박미숙 · 김영순 · 이진영, 2015; 김남진, 2017) 등의 문제를 다룬 277편의 연구를 찾아볼 수 있다.

셋째, 결혼이주여성의 교육 및 학습에 관한 연구 유형이다. 많이 나타난 키워드로는 언어(장승심, 2009; 정지은, 2014; 최은정 · 최신인, 2015; 차윤정, 2015), 한국어 및 한국어교육(구지은, 2007; 석주연, 2012; 황민철, 2016), 교재(김선정, 2009; 김경희, 2009; 이정숙, 2016; 심혜령 · 조옥이, 2017), 어휘(전영옥, 2010; 김성수 · 이상경 · 안효자, 2011; 한지현, 2013; 강란숙, 2017), 쓰기(정성미, 2011; 최권진 · 송경옥, 2014; 김영옥, 2014; 박봉수 · 박덕유, 2015), 문화교육(황인교, 2008; 양민정, 2010; 김은영, 2012; 윤은주, 2017), 중간언어(박은정, 2013; 주월랑, 2017), 이중언어(공수연 · 양성은, 2014; 김도헌, 2016; 황미혜, 2017b) 등이 있다. 이주여성 교육 · 학습 관련하여 그 동안 196편의 연구가 발표되었다.

넷째, 삶의 질을 중심으로 한 연구 유형이다. 만족도(장은애 · 최영, 2010; 그레이스정 · 임지영, 2011; 서선숙 · 백진아, 2017; 권태연, 2018), 삶의 질(권도경 · 이지영, 2010; 함정현 · 이상엽, 2010; 권구영, 2012; 이홍자 · 김춘미 · 박명숙, 2015), 결혼 안정성 및 건강성(김은경, 2010; 조원탁, 2011; 이성희 · 김현수 · 조성경, 2012; 이주리 · 박현남, 2012; 주미연 · 정명혜, 2018), 자기효능감 및 자아존중감(정정애 · 박영숙, 2009; 김진 · 이종운 · 김영숙, 2015; 김미영, 2017; 박현식 · 최미영 · 이옥진, 2018) 등의 키워드들이 포함된 183편의 연구가 있었다.

다섯째, 정서에 관한 연구 유형이다. 정서(이경혜 · 김경원, 2011; 서성민 · 강희양 · 김태호, 2013; 주소희, 2014; 이미경 · 안상근, 2018), 심리(함정현 · 정혜경 · 권명희, 2009; 이민아, 2010; 박상훈 · 문상정, 2012; 오수정 · 강수경, 2014), 정신(김오남, 2007; 윤황 · 이영호, 2010; 임혁, 2010; 이성순 · 이종복, 2013), 우울(김도희 · 이경은, 2010; 김현실, 2011; 하주영 · 김윤지, 2013; 전경숙, 2017), 스트레스 및 불안(이경순 · 연영란, 2012; 손의성, 2012; 문상정, 2017; 이미경 · 안상근, 2018)의 키워드를 포함한 이 유형의 연구는 181편에 이른다.

여섯째, 자녀 양육 및 교육에 관한 연구유형이다. 자녀 양육(박은민 · 김성수 · 박순희, 2011; 정선영 · 정현숙, 2012; 김은희 · 노병일, 2013; 홍은미 · 신승연, 2015; 오혜정, 2017), 자녀 언어 학습(최현욱 · 황보명, 2009; 이성순, 2009; 신주철, 2012; 김종숙 · 김현기 · 신효근, 2014), 모어 학습(박세희, 2016; 천지아 · 이영선 · 김영순, 2017; 황미혜, 2018; 이춘양 · 박미숙, 2018), 이중언어 학습(갈라노바딜노자 · 박미숙 · 김영순, 2016; 이승숙, 2015; 이승숙 · 배지희, 2015), 부모교육(성용구 · 김근이, 2014; 임은미 · 김종운, 2014; 임현숙, 2017; 김경옥, 2014) 등 이 유형의 연구가 142편을 기록하였다.

일곱 번째, 복지 · 건강에 연구 유형을 들 수 있다. 이에 관련된 연구에서 자주 등장한 키워드는 보건(김혜련, 2009; 김춘미 · 박명숙 · 김은만, 2011; 이성순 · 이종복, 2013), 의료(김윤영 · 조일동, 2016; 고진강 · 고선강, 2009; 박지경, 2014; 황민철 · 장익현, 2017), 건강(변성원, 2013; 이연옥 · 장덕현, 2015; 안현미 · 김미옥, 2016), 영양 및 영양교육(김지은 · 서선희 · 김지명, 2011; 김지명 · 이희승 · 김민화, 2012; 정미정 · 정은경 · 김애정, 2012; 양은주 · 길진모, 2016), 음식문화(이지선 · 이솔지 · 류보경, 2015; 김현미 · 한경수, 2015; 이정숙, 2017; 최병두, 2017), 식생활(아사노가나 · 윤지현 · 류시현, 2015; 김정현 · 이명희, 2016; 양은주, 2016; 김혜원 · 김민화 · 김지명, 2018), 건강검진(최나연 · 이병숙, 2015; 정혜숙 · 최소영, 2013), 서비스 이용(이용재 · 배화숙, 2008; 김기현, 2010; 성향숙, 2010; 김안나 · 최승아, 2012) 등을 들 수 있다. 이 유형 복지 · 건강에 관련한 연구는 133편에 이른다.

여덟 번째, 직업 및 진로에 관한 연구유형이다. 이주여성의 진로(곽혜란 · 장유진, 2012; 알기르마 · 김영순 · 박미숙, 2015; 남혜경 · 이미정, 2016; 정지현 · 김영순, 2018), 취업(장명선 · 김선욱, 2017; 염지숙, 2017; 황해영 · 김영순, 2019), 고용 및 창업(손기영, 2010; 신은주, 2013; 황정은 · 다와수랭, 2018; 김현숙 · 이진석, 2019), 직업적응(김병숙 · 안윤정 · 송혜령, 2010; 이정희 · 이수분, 2013; 정경자 · 양의주 · 김인규, 2016), 통 · 번역 역량 개발(김경희 · 허영숙, 2014; 이지은, 2014; 임선우 · 윤황, 2017)등을 중심으로 다루었다. 이 유형의 연구는 모두 115편이 있었다.

그 외에도 각종 프로그램 교육 개발 및 척도 개발 및 효과 긍정을 키워드로 설정한 연구가 92편(소병숙, 2009; 김지욱 · 전미경, 2014; 김선정, 2018 등)이 있으며, 가정 폭력 및 범죄 · 피해 등을 다룬 연구가 60편(장명선, 2009; 정현미, 2010; 고기숙 · 정미경, 2012 등)이 있다. 결혼이주여성의 정체성에 관한 연구가 55편(최인이, 2016; 강미옥 · 이정애 · 최은경, 2019; 홍영숙, 2019 등) 존재하며, 치료 · 상담 관련 연구가 55편(이숙경 · 김민, 2018; 김주연, 2019; 송윤선 · 이미나, 2019; 정의용 · 문지영, 2019), 임신 · 출산에 관련한 연구 45편(김경원 · 백성희 · 정금희, 2014; 김선희, 2015; 배지현 · 박정숙, 2018; 정금희 · 김경원 · 백성희, 2019 등), 여가 활동에 관한 연구 41편(이진형, 2019; 김재은, 2019; 이정 · 김홍범, 2019; 이명선, 2019 등), 가정 해체에 관한 연구 30편(오혜정, 2017; 이진석, 2018; 송재현, 2018; 김태량, 2019 등) 이 있다. 이렇듯 결혼이주여성을 대상으로 해서 다양한 연구가 활발히 이루어지고 있음은 주지할 만한 사실이다.

지금까지 선행연구를 통해 알 수 있는 것은 이 책에서 논의하고자 하는 결혼이주여성의 문화적응 과정에서 정체성 협상과 상호문화 소통을 다룬 연구물은 미흡하다는 사실이다. 물론 열한 번째 연구유형으로 정체성에 관한 연구가 존재한다. 그렇지만 대부분의 선행연구가 언어 습득과정에서의 문화와 관련한 정체성을 다루는 경향이 나타난다. 그렇지만 이 책에서 다루는 초국적 연대 관계에서의 정체성 협상을 다룬 연구는 드물게 나타난다. 특히 상호문화 소통을 개인적 차원과 대인적 차원에서 논의한 연구는 전무한 것으로 조사되었다.

4. 마무리

결혼이주여성은 다양한 이주민 유형 중에서도 이 땅 한국에서 우리 이웃이 되어 아이를 낳고 뿌리를 내릴 공존의 대상자들이다. 이들에 대한 정책은 그들의 특성을 반영한 다문화주의적 정책 실천이어야 하며 그들의 연구는 좀 더 그들의 생활세계에 근접해야 하는 방법으로 이루어져야 할 것이다.

이 번 장에서 결혼이주여성들의 이주 현황과 실태, 이들을 위한 다문화가족 지원정책의 현주소를 살펴보았다. 또한 결혼이주여성을 다룬 연구들의 경향을 유형별로 짚어 보았다. 이 번 장을 통해 과거 10년간 결혼이주여성의 이주 현황을 반영한 다문화가족 지원정책이 진보되어 발전해 왔음은 부인할 수 없다. 1차에서 3차에 이르기까지 정부의 '다문화가족정책 기본계획'의 세부사항들은 우리 사회를 지속가능한 다문화 사회로 견인할 수 있기에 충분하다. 문제는 정책의 멋진 모습이 아니라 이 정책의 서비스 수혜자인 이주여성들의 삶의 질에 대한 부분이다. 다시 말해 정책을 위한 정책인지 실질적으로 그들이 사회통합의 장에서 주체적으로 실천할 수 있는 정책인지가 중요하다는 이야기이다.

이런 정책을 수립하고 실행하는 데 학문적 연구들이 토대를 이루어야 한다. 정책을 수립하고 시행하는 과정에서의 효과에 집중하는 연구보다 이주여성들의 삶에 주목해야 한다. 그들의 삶을 읽어내야 하는 연구가 필요한 시점이다. 그럼에도 기존의 결혼이주여성에 관한 연구에서는 질적연구를 드물게 볼 수 있었다.

필자는 문화기술지 방법을 활용해 이주민의 현장을 연구하는 질적 연구자이다. 그래서 당연히 이주민 정책 개발을 위해서 질적연구의 필요성을 강조할 수 밖에 없다. 그렇다고 양적연구를 간과하거나 폄훼할 생각은 없다. 정책을 개발하는 데 양적연구가 당연히 중요하고 결정적인 것을 모르는 바가 아니다. 단지 그렇게 쏟아진 양적연구의 틈을 질적연구가 메움으로써 바람직한 정책 수립의 참고자료가 되길 바래서이다. 향후 결혼이주여성들이 그들의 일상생활에 근거한 행위와 소통이 질적연구 방법을 통해 심층적으로 관찰되고 분석되어 이들 연구의 결과들이 지속가능한 다문화 사회를 실현시킬 바탕이 되길 희망하는 바이다.

2장

상호문화주의와 상호문화 소통

이번 장에서는 상호문화주의와 상호문화 소통의 이론적 배경과 이에 근거한 관련 개념들을 다루게 된다. 상호문화주의는 서로 다른 문화들 사이의 역동적이고 쌍방향적인 상호 작용을 중시하는 이념 또는 철학이라고 볼 수 있다. 이 상호문화주의는 여러 나라와 민족을 하나의 울타리 연합체로 구성된 유럽 연합의 중요한 문화적 어젠다 가운데 하나이다. 이번 장에서 언급되겠지만 서로 다른 문화들의 복수적 공존을 주장하는 다문화주의와는 구별된다.

상호문화주의의 핵심은 바로 '소통'에 있으며, 소통을 위한 '상호문화적 기술(intercultural skill)'이 강조된다. 다문화 사회에서 학교와 지역사회 공동체는 문화 간 소통 기술을 배우는 데 중요한 기관이다(Wood & Landry, 2008). 상호문화 소통은 개인은 물론 사회에서도 그 의미가 크지 않을 수 없다. 이번 장에서는 우리 사회의 소수자인 결혼이주여성이 행하는 상호문화 소통의 다양성과 주체성을 살펴보고자 한다.

1. 상호문화주의와 상호문화교육

상호문화 소통은 상호문화주의와 상호문화교육의 개념과 내용의 테두리를 이해해야 접근할 수 있는 개념이다. 우선 이 들을 이해하기 위해서는 우선 다문화주의와의 비교가 필요하다. 그 이유는 한국에서 이미 다문화 사회의 사회통합과 교육적 방향으로서 다문화교육이 주류를 형성했으며, 다문화교육의 기저에 다문화주의가 배경으로 등장했기 때문이다. 아울러 대다수 교육학적 문헌들에서 다문화교육의 이론, 실천, 프로그램 등을 다루고 있다. 이런 이유로 교육학계에서는 아직 상호문화주의를 기반으로 한 상호문화교육은 어색한 새로운 신조어처럼 여겨지고 있다.

김영순(2017)과 김영순 외(2020)에서는 이미 다문화주의와 상호문화주의, 다문화교육과 상호문화교육을 대조하여 반추하고 이들이 우리 사회에 기여할 학문적 대안을 모색하였다. 구체적으로 그는 다문화주의에 토대를 둔 다문화교육의 취약점을 상호문화교육이 메워주는 보완적이며 대안적인 입장을 취하고 있다. 마치 다문화주의와 상호문화주의가 선택적 입장으로 부각되어 있다는 것에 동의하고 있지 않다. 그의 연구에서는 개념상의 차이는 있지만 실천의 차원에서 여전히 유사한 맥락을 가지고 있다고 본다.

우선적으로 다문화주의와 상호문화주의의 대립적인 측면을 이해해야 왜 상호보완적이어야 하는가를 파악할 수 있다. 이를 위해서 우리는 '다문화성'과 '상호문화성' 개념을 검토할 필요가 있다. 킴리카(Kymlicka, 2002)는 '다문화성'을 한 사회 속에 공존하는 소수 민족, 이주민 집단, 토착민 등 어떤 다수 집단 문화 속에 다른 문화를 가지고 있는 집단들에서 그 개념을 찾는다. 사실 다문화성은 바로 이런 상황으로 인해 여러 문화가 병존하는 현상을 기술적으로 표현하는 개념으로 정의하였다. 다문화성 개념을 바탕으로 하는 다문화주의는 소수 집단들의 권리를 인정하고 사회통합을 이루고자 하는 데 이념을 제공한다. 다문화주의의 맥락 하에서는 같은 사회에 살고 있는 상이한 문화 집단에 속한 구성원들에 대한 관용이 중요한 역할을 한다.

오킨(Okin, 1999)에 의하면, 다문화주의에서는 소수집단에게 그들의 고유 언어를 사용하게 하고, 적극적인 정치참여를 보장한다. 또한 소수집단의 독립 매체, 즉 민족 미디어를 운영하는 데 있어서 재정을 지원하고, 과거사에 대한 진상 확인은 물론 보상을 비롯하여 현재의 특정 상황에 대한 배려 및 보상 등의 다양한 권리를 갖고 있음을 보장한다. 이와 같이 다문화주의의 기본 구상은 소수집단들의 다양성과 차이에 관용의 해결책을 제시하여 그들의 권리를 인정해줌으로써 사회통합을 실현하고자 하는 것이다.

안토어(Antor, 2006)와 최현덕(2009)에서 다문화성은 여러 다양한 문화의 존재를 현상적으로 기술하지만, 상호문화는 여러 문화들의 상호관계성을 전제한다. 또한 다문화성은 다문화적 존재를 관용적으로 인정하기 때문에 문화상대주의에 빠질 염려가 있다. 또한 다문화성을 근거로 한 문화를 바라보는 관점은 여러 문화들 간의 긴밀한 연결고리 없이 단지 병존하고 있는 상태를 기술하는 데 머무르고 있다는 비판을 받기도 한다. 반면에 상호문화성은 문화 간의 접촉보다는 다양한 문화 내 존재하는 구성들 간의 대화와 소통 등을 통한 상호작용에 주안점을 두고 있다. 이 때문에 대화와 소통을 통한 규제적 역할을 행할 수 있는 기회를 갖고 있다. 그러므로 상호문화성은 상이한 문화 구성원들 간의 서로를 변화시키는 소통과 문화 간 존재하는 경계와 장애물을 극복하려는 의지를 담고 있다.

정기섭(2011)의 경우 다문화성은 어떤 하나의 사회 내에서 다양한 문화들이 공존하고 있는 현상으로서의 사회적 구조를 적절하게 기술하는 데 기여하는 개념이라고 한다. 이에 반해 상호문화성은 다문화 사회에서 문화적 배경이 상이한 구성원들 간 함께 살아가는 과정에서의 역동적인 상호작용에 의해 발생하는 영향들을 설명하는 기초적인 개념임을 의미한다.

또한 최재식(2006)과 김태원(2012)의 경우 상호문화성은 어떤 하나의 문화가 다른 문화와 긴밀한 상호 관계를 맺고, 이 들 문화 속에 살고 있는 구성원들이 또 다른 문화와 관계를 맺음으로써 상이한 문화 간 수평적 관계 형성뿐만 아니라 구성원들 간 접촉과 소통을 설명하는 데 적절한 개념으로 상정한다. 아울러 상호문화성은 단순한 접촉이나 교류의 차원을 넘어서 어떤 문화 속에 내재하는 보편적 특성과 문화 간에 존재하는 내적 연관성을 드러내는 개념으로 파악한다.

압달라-프렛사일(Abdallah-Pretceille, 1999)의 경우 상호문화주의를 논의할 때 핵심적인 개념은 상호작용이라고 하였다. 다문화주의가 다른 문화들 간의 다양성을 이해하고 인정하는 것이라면 상호문화주의는 문화 간은 물론 각기 다른 문화 내 구성원들 간 상호작용에 중점을 두고 있다. 또한 상호문화주의는 집단성이라기 보다 개별성에 기반을 두고 있다. 중요한 것은 서로 다른 문화 간의 관계는 물론 그 안에 있는 각 개인의 상호작용도 고려하고 있다는 점이다. 상호문화주의적 시각에서 볼 때 각 개인은 문화의 산물이 아닌 문화를 창출하는 생산자로서 여겨진다.

이는 곧 구성원들이 상호문화를 이해하고 서로를 존중하는 환경을 만드는 것이다. 다문화성과 상호문화성을 기초로 하는 다문화주의와 상호문화주의로 좀 더 논의를 확대하여 보면, 다문화주의는 다양한 인종과 민족 등으로 구성된 다문화 사회 환경을 지닌 국가들에서 사회통합을 위한 방법으로써 동화 정책이 현실적으로 어려워지자 새로운 사회통합 정치 이데올로기로 제시된 것이다.

대부분의 다문화성과 상호문화성에 관한 논의들은 마치 대립적인 개념 쌍 내지는 경쟁적인 개념으로 이해할 수 있다. 그렇지만 이 두 개념의 정의에 있어서 공통적인 맥락은 소수이건 다수이건 간에 사회에 존재하는 모든 문화는 그 권리를 동등하게 존중받아야 할 평등한 관계라는 것이다. 우리가 삶을 만들어가는 세계에는 보편성과 개별성이 적적하게 뒤섞여 존재하며 상이성과 동질성이 혼재해 있다. 그러므로 우리는 다양한 문화 내에 살고 있는 인간 개체들, 즉 개인들 간의 차이점과 공통점을 균형있는 시각을 가지고 살펴보는 것이 필요하다. 다문화성과 상호문화성의 공통점은 모두 특정한 문화, 특히 지배적인 문화를 흡수하거나 다른 문화를 동화시켜 획일화시키려는 것이 아니라, 문화상대주의점 관점을 견지하고 서로 간의 관용적 태도를 바탕으로 인정을 하는 것이다.

홀츠블레허(Holzbrecher, 2004)는 상호문화주의를 사람들이 접하는 일상적인 현실의 차원으로 대입하여 한 문화내의 구성원들 간의 '만남'과 '관계'가 역동적으로 이루어지게 하는 동인으로 상정한다. 이러한 역동성은 '나의 것'과 '낯선 것'을 동시에 혹은 중첩시켜 표현하며, '낯선 것'과의 접촉은 언제나 나 자신의 지각 모델에 따라 성찰이 이루어진다고 했다. 그에 의하면 성찰한다는 것은 타인과 낯선 것을 깊게 이해하고자 하는 시도이자 자기 자신을 이해하는 기회가 될 수 있다고 한다.

이러한 상호문화성의 역동성에 관해 최승은(2015)에서는 상호문화적 관점으로 타자를 바라보는 것으로 이해한다. 상호문화적 관점을 지니고 세계를 바라보는 것은 다문화 사회를 살아가는 우리에게 필요한 역량으로 간주되어 왔다. 뿐만 아니라 이 관점을 견지하는 것은 자아와 타자 사이의 개인적 차원의 문제를 넘어서는 문화와 문화 간에서 역동적으로 이루어져야 하는 성찰의 과정을 보여준다. 따라서 '상호문화성'은 문화 간 경계를 허물고, 문화집단의 특성에 중점을 둔 다문화성을 보완하거나 극복할 수 있다고 본다. 아울러 상호문화성을 기반으로 한 상호문화주의는 문화적 상호작용을 허용하는 다문화 사회의 기본적인 행동 철학으로 설정해야 한다.

김창근(2015)의 경우 다문화주의가 소수집단에 대한 인정과 배려를 강조하는 '인정'의 차원으로 발전되지 못하고 각 소수집단의 문화들이 단일 민족적 관점을 유지한 채 모자이크식으로 나열될 뿐이라는 한계를 지적했다. 그렇기 때문에 경계와 배제가 불거지고 이로 인해 갈등이 우발되며, 이런 연유로 진정한 사회통합을 이루는데 제한요소로 작동한다. 단일문화가 지닌 단점을 '상호문화'적 시각을 지님으로써 극복될 수 있다. 상호문화의 개념을 이해하기 위해서는 어원 '상호(inter)'라는 접두어를 살펴볼 필요가 있다. '상호'는 관계가 있어야만 성립하는 하는 용어이다. 또한 압달라-프렛사일(1999)에서 '상호(inter)'는 사이를 뜻하며, 타인과 자신을 보는 방법에 관한 용어로서 사회 구성원들이 관계를 맺는 역동성과 관련이 있다고 본다.

정기섭(2011)의 경우 상호문화성은 '다문화성'이 추구하는 상이한 문화들 간의 공존을 넘어서 다문화 사회를 구성하는 다양한 집단 구성원들 간의 상호작용에 중심을 둔 개념으로 본다. 나아가 상호문화성은 상호 간의 교류와 평등한 상호 관계를 지향하는 개념이기도 하다. 상호문화성의 개념적 차원을 넘어 이병준 · 한현우(2016)의 경우 상호문화주의를 다문화적 상황에서 서로 상이한 문화집단의 구성원들 간 적극적으로 상호작용을 하기 위한 실천적 차원으로 자리매김해야 한다고 주장한다.

상이한 문화를 가진 사회 구성원들이 서로 상호접촉을 하거나 상호대화를 행할 때, 또한 상호작용을 수행하거나 상호융합 활동에 역동적으로 참여할 때 새로운 혼종문화(hybrid culture)가 생겨난다. 이렇게 생겨난 새로운 문화는 두 문화 간의 통합이나 공통성 발견의 차원을 넘어서는 창조적 공간으로서 의미를 갖기도 한다, 그래서 상호문화성을 기반으로 보자면 상이한 문화내 구성원들은 문화향유자, 문화참가자, 문화소통자를 넘어서 문화창조자의 지위를 획득할 수 있다.

몰(Mall, 2010)은 상호문화교육을 기반으로 제안한 '질서'는 다름 아닌 차이 속에서, 차이를 통해서, 차이와 더불어 존재하는 질서라고 기술했다. 아울러 상이한 목소리들의 합창이 창출되기 위한 공간을 만드는 질서라고 상호문화주의를 설명한다. 상호문화주의에서 일컫는 '공간'이란 것은 다문화 환경을 맞이하고 있는 사회의 구성원들에 의해 만들어진 공간이다. 이 공간은 바로 지배적인 중심주의가 배제된 통일성 없는 통일의 공간으로 다양한 집단과 사회 구성원들이 더불어 살아갈 수 있는 사회를 의미한다. 상호문화주의는 여러 상이한 문화 간의 교류와 상호작용을 통해 새로운 문화를 창조하고 공유할 수 있는 공간을 함께 만들어 나가는 것을 목표로 한다.

위에서 기술한 바와 같이 상호문화성은 문화와 문화 간의 접촉 및 만남을 통해 이루어지는 개별 문화의 변화를 비롯하여 이에 수반되는 상호 융합과 결합의 현상과 가능성으로 정리할 수 있다. 허영식(2015)은 상호문화성을 이미 주어진 언어적 · 문화적 다양성을 인정하면서 '서로 다른 문화 사이의 소통'을 강조하고 있다. 특히 이 저술에서 강조하는 상호문화 'inter-culture'는 앞서 밝혔듯이 어떤 문화의 내부자적 관점 및 상대주의적 문화 관점에서 서로 다른 문화적 배경을 지닌 사람들 간에서 발생하는 이질성에 기반을 둔 상호교류적인 개념으로 에믹(emic)의 관점을 지닌다. 이에 반해 '상호문화적(cross-cultural)'의 의미는 한국어로 '교차문화간'이라고 번역되며 대조문화를 의미하기도 한다. 교차문화는 보편문화적 관점을 기반으로 보자면 두 개 이상의 문화권에서 유사점으로 발견되는 공통적인 개념 및 요인에 관련된 현상으로 에틱(etic)의 관점을 가진다.

에믹적 관점과 에틱적 관점은 인류학에서 차용한 개념으로 유물론적 입장을 반영한 것이다. 관점이란 실재의 기초가 관념인가 물질인가하는 문제로부터 출발하기에 인식론적 문제라기보다 존재론적 문제의 영역에 속한다. 특히 존재의 판단을 '실재' 혹은 '비실재'에 중심을 둔 문제가 아니라 정신적 사건과 물질적 사건, 그리고 에믹적 사건과 에틱적 사건의 구분으로 다루어야 져야 할 것이다. 정신적 사건의 경우 관찰자는 해당자에게 의미가 있고 적합한 개념과 구분을 채택한다. 이에 반해 물질적 사건의 경우 관찰자는 자신에게 의미가 있는 개념과 구분을 선택한다. 관찰자의 선택을 '객관적' 및 '주관적'이라는 말에서 비롯하는 개념상의 혹은 관점상의 혼란을 피하고자 '에믹(emic)'과 '에틱(etic)'이라는 말을 쓰기 시작했다고 본다.

에믹적 방법의 특징은 현지 제보자가 관찰자의 서술 및 분석의 적합성에 대한 최종적인 판단자로 된다는 것이다. 에믹적 분석이 적합한지 또는 적합하지 않은지의 여부는, 현지인이 실제적이며 의미 있고 적절한 것이라고 인정할 수 있는 서술을 관찰자가 만들어낼 수 있는가의 여부에 달려 있다. 이에 반해 에틱적 방법은 관찰자가 서술 및 분석에서 사용된 범주와 개념에 대하여 최종적인 판단자가 되는 것이다. 에틱적 설명이 적합한지 아닌지의 여부는 순전히 사회문화적 차이점과 유사성의 원인에 대한 과학적인 측면에서 이론을 창안해 내는 관찰자의 능력에 달려 있다.

앞에서 볼 수 있듯이 '상호문화적(intercultural)'이란 용어는 상호 교류를 전제로 하기 때문에 단위 집단이나 다른 문화권 차원에서 발생하는 문화적 현상과 차이점이 있다. 구디쿤스트(Gudykunst, 2002)에서는 용어 '상호문화적'을 통해 구성원들 간 이루어지는 '대면'(face-to-face) 상황을 염두에 두고 있다. 이 현상은 특정 문화 내에서 발생하는 것이 아니라 다양한 문화권 사람들의 접촉으로 발생하는 개념이다. '상호문화적'을 표현하는 데 있어서 '문화간', '이문화간'은 이미 구별적인 문화라는 특징이 강조된 것으로 보인다. 그래서 최근 국내 문헌에서는 상호문화 라는 표현을 주로 사용하는 경향이 있다.

장한업(2014)에서는 상호문화교육의 역사와 전통이 언급되어 있는데, 상호문화라는 개념을 처음 도입한 연구자를 독일의 사회학자인 짐멜(Simmel)로 보고 있다. 짐멜은 타자, 이방인 또는 이주민이 어떤 사회에 미치는 긍정성 및 사회적 필연성을 연구하였다. 그는 19세기 말과 20세기 초의 유럽에서 성행된 초국적 이주현상을 분석하였으며 이주가 일시적, 우연적 현상이 아니라 필연적인 현상이기 때문에 이를 기술하기 위한 철학적 및 인식론적 접근이 필요하다고 했다.

이어 장한업(2014)은 1924년부터 1945년까지 미국에서 설립된 행정 기관인 상호문화교육국을 언급한다. 이는 미국 연방정부가 이주민을 위한 기존의 동화주의 정책을 수행하기 위해 설립한 기관이다. 그러나 당시 미국에서는 다문화주의에 기초한 다문화교육이 성행하면서 상호문화 개념은 더 이상 개발되거나 확대되지 못하였다고 지적한다. 그러나 1970년대에 독일이나 프랑스 등 서유럽 국가들에 유입하게 된 외국인 근로자 및 그 가족을 통합하는 가운데서 다시 상호문화 개념이 주목받게 되었다.

우리는 상호문화 개념의 한국 도입 배경을 설명하고 있는 박인철(2015)의 설명을 접할 수 있다. 상호문화교육 개념의 한국 도입 배경이 독일이나 프랑스와 유사하다고 본다. 인력 부족으로 인하여 유입이 늘어난 외국인 근로자, 고령화로 인하여 증가하고 있는 결혼이주여성이 경우가 그러하다.

또한 2001년과 2004년에 한국 정부가 내놓은 '외국인 유학생 유치확대 종합방안'으로 인하여 학문 목적으로 한국에 유학 온 외국인 학생 등이 증가했다. 이런 연유로 한국 사회에는 다양한 인종과 민족 그리고 이들의 종교들이 혼합되고 있다. 이처럼 한국 사회가 다문화 사회로 변모하면서 언어 및 문화적 문제를 비롯한 다양한 사회문제들이 발생하고 있다. 그리고 한국 사회에서는 이런 문제들을 해결하고자 다문화 및 상호문화라는 개념을 정책이나 교육 프로그램 등에 사용하기 시작하였다.

앞서 기술한 바와 같이 상호문화성의 핵심은 어떤 문화가 다른 문화와의 관계 맺음에 있어서 상호작용이 있다는 것이다. 상호문화성은 문화와 다른 문화의 단순한 접촉 및 교류가 아니라 문화 속에 내재한 보편적 성격과 문화 사이에 존재하는 깊은 유대감, 또는 내적 연관성에 기인한다.

다시 말해 상호문화성은 개방성을 가지고 자기가 공유하는 문화와 같은 자리에서 타문화를 바라보고 공감하며 인정하고 존중하는 것을 의미한다. 따라서 상호문화성의 본질을 탐구하려면 우선적으로 인간에 대한 철학적 성찰이 전제되어야 한다.

이후 상호문화의 개념은 1980년대 말과 1990년대 초에 이르러 자기 중심성을 비판하며 문화들 간 동등한 가치의 만남 및 소통을 강조한다. 최현덕(2009)에 따르면 상호문화는 문화간 접촉하는 데서 성립되며, 상호문화성 개념을 중심으로 이루어진 현상이다. 상호문화 이해의 주요 목적은 다른 문화의 내용과 전통을 대상화시키며 그들이 가진 고유성을 배제하는 것을 비판하고 다양한 문화들의 사유가 평등한 권리를 지니며 진정한 세계 철학으로 발전하고 확개시키고자 하는 기획으로 파악한다. 상호문화성은 1990년대 들어서면서 전지구적 현상으로 등장한 교통 및 인터넷 등의 통신 발달, 초국적인 경제 교류의 확장, 세계화의 급격한 진행으로 인하여 주목받게 되었다.

상호문화성을 바탕으로 상호문화에 대한 논의를 이끌고 있는 핵심 연구자 가운데 한 명인 몰(1996)은 상호문화 개념을 유럽 문화이건 비유럽 문화이건 간에 특정한 문화의 보편화에 반대하는 것으로 보았다. 그 때문에 상호문화성은 초문화적, 종교적, 정치적, 교육적 관점 등을 모두 포함한 태도 혹은 관점을 가리키는 것이다.

몰(1996)이 언급한 상호문화 개념을 쉽게 이해하려면 철학적 관점에서 보았을 때 하나의 철학을 어느 누구도 독점할 수 없다는 것을 의미하며, 종교적 관점에서는 하나의 종교를 특정 종교가 절대적 혹은 배타적으로 간주하거나 소유할 수 없다는 의미를 지닌다. 종교적 측면에서 선에 이르는 길이 여러 방법의 종교적 진리로 설명되지만 상호문화성은 여러 이름을 가진 하나의 진리로 귀결하는 상호종교성으로 인식할 수 있다. 정치적 관점에서의 상호문화성은 정치적 권력을 어떤 특정 정당, 정치 집단 및 이데올로기가 독점적으로 소유하는 것을 허용하지 않는 것을 의미하며 이는 다원주의적 민주주의의 태도를 의미한다.

또한 교육적 관점에서 바라보는 상호문화성은 유아교육기관에서 고등교육기관인 대학에 이르기까지 세 가지 다른 관점, 즉 종교, 정치, 교육 등을 통찰할 수 있으며 비판적 사고를 통한 판단이 가능할 수 있게끔 한다. 그러므로 교육적 관점의 상호문화성 즉 학교 단위에서 수행되는 상호문화교육은 매우 중요한 의미를 지닌다. 상호문화교육은 열린사회를 실현시키며 다원적 민주주의의 이상에 근접할 수 있는 통로를 열어준다.

또한 몰(1996)이 주장한 동일성 모델에서는 지배적인 자문화적 전통을 보편적으로 설정하여 그 방향으로의 통합하려는 시도에 의해 다른 문화의 고유성이 말살된다고 비판한다. 또한 차이의 모델은 타자 인정을 우위에 두고 개발하였음에도 불구하고 문화들 간의 차이를 전제하기에 대화와 소통이 가능하지 않고 상호관계성을 상실하게 된다고 비판한다. 이러한 두 모델들을 비판하는 것을 통해 문화의 '동일성' 또는 '차이성'을 넘어 문화의 유비적 '겹침'으로 상호문화관계성을 찾아야 한다고 강조한다.

그러나 주광순(2016)은 몰(1996)의 유비적 해석학 논의에 대해 비판을 하고 있다. 유비적 해석학은 타자와 차이의 파악을 방해하며, 대화 및 소통 또는 상호 변혁을 추구하는 상호문화의 필수적 조건이다. 그러나 유비 및 겹침의 해석학은 아직 미완의 논의이라 한계점이 있으며, 해석학의 겹침은 '추론들의 논거를 마련하려는 노력'이지만 사실상 이 겹침은 모호하고 발전시킬 필요가 있다고 본다.

포네-벳앙쿨(Fornet-Betancour, 2009)은 문화 간 철학적 소통을 위해 철학이 이론 및 사상을 형성하는 데 기여하는 것 보다 인간의 일상적인 삶과 세계에 대한 지혜로서의 앎으로 전환되어야한다고 언급한다. 그러면서 구체적 맥락 및 세계에 대한 앎을 나누는 상호문화적인 철학의 범주에서 자기 방법을 찾게 된다고 주장한다. 다시 말해 그에게 있어서 상호문화철학은 문화의 다양성을 가능하게 해주는 조건에 대한 탐구이다.

또한 그에 따르면 문맥성이란 다양한 사고방식 간의 내용이 풍부한 대화의 조건을 의미한다. 다양성은 문맥성에서 파생하는데 이는 곧 다양성이이 대화를 가능하게 하고 필요하게 만드는 문맥으로부터 구성된다. 아울러 대화의 또 다른 조건으로 시간성을 제안한다. 그는 대화나 타자를 이해하기 위해 소유된 시간과 이 시간을 통해 얻었던 배움이 중요하다고 피력한다. 포네-벳앙콜(2002)에게 있어서 배움은 타인이나 타인의 문화에 대해서 배우고 이해하는 것만이 아니라 자기가 공유하고 있는 문화에 대해 타인의 입장이 되어 타자의 시선으로 바라보는 것을 뜻한다.

빔머(Wimmer, 1988)는 최근 들어 상호문화에 대한 논의를 중심적으로 이끌고 있는 주요 연구자 중 한명으로서 폴리로그(Polylog)의 모델을 세웠다. 빔머(1988)는 객관성을 제한한다는 이유로 서구 중심주의뿐만 아니라 '종족 철학(Ethnophilosophie)'에도 거리를 두었다. 그는 문화적, 역사적, 사회적, 정치적 문맥으로부터 벗어나서 객관적이며 상황에 맞게 되기를 원한다. 주광순(2016)은 빔머의 폴리로그 모델을 특유의 형식주의라고 여겼으며, 폴리로그과 비슷한 대화 및 소통, 또는 상호 영향을 주고 받는 상황이 오면 그때 상호문화의 이해가 가능하다고 주장한다. 위에 기술한 상호문화를 논의한 몰(1996), 포네-벳앙콜(2002), 빔머(1988)의 주장을 살펴보면 다음과 같다. 몰은 상호문화에서 해석의 문제, 빔머는 대화의 방향성 문제, 포네-벳앙콜은 문맥성 및 현실 변화의 문제에 천착한다.

이상의 논의들에 관한 소개에 등장한 세 명의 학자들은 상호문화의 이해가 제대로 이루어지 위해서는 자기중심주의를 제한시키거나 혹은 타파해야 하고 타자의 입장에서 자기 자신을 타자의 시선으로 보아야 한다고 주장한다. 상호문화성은 개별문화가 지니는 각각의 고유함을 인정하는 동시에 문화적 보편성을 제시하고 자기가 속한 사회의 문화뿐만 아니라 상이한 문화적 배경을 지닌 타자가 지닌 언어 및 문화에 대해서 편견이나 고정관념이 없는 태도를 갖거나 행동하는 것을 의미한다.

따라서 상호문화성은 초국적 이주가 보편화된 세계화 시대에서 필수적이며 특정한 문화가 다른 문화들을 지배하거나 혹은 동화시키거나 획일화하는 것을 비판하고 전 세계의 문화가 상호 균등한 위치에서의 접촉과 교류를 가능하게 한다. 그러므로 상호문화성은 자신이 속한 문화에서 볼 수 없거나 느낄 수 없는 다른 세계관 및 문화를 접하고 배울 수 있게 한다. 최근에 들어서는 굳이 해외에 나가지 않아도 다양한 문화권 사람들을 우리 사회에서 용이하게 만날 수 있다. 그 때문에 한 사회 내에서 살고 있는 상이한 문화를 배경으로 지닌 구성원들이 갈등이나 소외 없이 공존과 평화로운 삶을 위해 상호문화성이 지닌 의미를 이해하고 파악해야 한다.

앞서 논의한 연구자들에 따르면, 상호문화주의가 다양한 문화에 대한 존중과 차이의 인정에 대한 논리에 중점을 두기 때문에 문화 간 경계의 구분 짓기를 하고 있는 다문화주의에 대한 비판으로 보일 수 있다. 다문화성과 다문화주의에 관한 비판을 통해 여기서 마치 한국 사회가 상호문화주의를 채택하게 되는 논리적 오류에 빠지게 된다. 어쩌면 우리 사회가 다문화성, 다문화주의를 표방했을 때, 실제 도입하여 추진하고 다문화교육의 실천 방향은 상호문화주의를 이미 채택한 것으로 간주할 수 도 있다고 본다.

필자는 다문화주의나 상호문화주의 모두 서로 다른 문화 간 경계를 허물고 다양성을 인정하는 것은 동일한 개념 축을 갖는다. 필자가 주장하는 보완적 논리를 다음의 논의에서 찾아볼 수 있다. 카를로(Carlo, 1998)의 상호문화주의에 관한 논의를 살펴보면 개인적인 차원뿐만 아니라 사회 차원 즉 문화적 집단을 언급한다. 그는 상호문화주의는 사람들이 개인적인 차원뿐만 아니라 사회적인 차원에서 타인과 맺는 관계 속에서, 그리고 세계라는 맥락에서 접할 수 있는 상징적 표상, 생활방식, 가치 등을 의미한다.

뿐만 아니라 몰(1999)에서는 상호문화적 사유를 어떤 특정한 문화권 중심주의에 반대 입장을 갖는다. 이를 테면, 유럽을 중심으로 하는 유럽 중심주의이건, 중국을 중심으로 하는 중화주의이던 간에 모든 형태의 중심주의로부터의 해방의 과정을 뜻한다. 상호문화적 가치 혹은 상호문화적 정신이란 다원주의나 다양성 혹은 차이를 가치로서 인정하는 것이지, 통일성이나 획일성의 결핍으로 보지 않는 경향이 있다. 다양성을 인정한다는 의미는 상호문화의 정신으로 자연스럽게 귀결되는 것이다. 이미 몰의 논리는 상호문화적 사유에 문화 다양성의 인정이라는 다문화주의의 가치를 포괄하고 있다.

상호문화주의 옹호론자들의 논의는 다문화주의에 비해 상호문화주의의 '상호문화성' 선택은 구성원 간의 대화 등을 통한 상호작용에 주안점을 두고 있다. 이 때문에 상호문화주의는 구성원들 간 소통과 대화를 통한 규제적 역할을 유지시켜 갈 수 있다는 것이다. 다른 한편 다문화성에 대해 이론적으로 혹은 실제적으로 여러 다양한 문화들 간의 단지 공존하고 있는 상태의 기술에 머무르고 있다고 비판한다.

그렇다면 필자는 다문화성 혹은 다문화주의를 폐기하는 것보다는 상호문화성 및 상호문화주의로 보완하는 것이 더욱 상생적 전략이라고 판단한다. 또한 상호문화주의는 상호 간의 넘나 듦을 허용하여 상호작용을 강조하고 타자와의 만남을 중요시 하는 개념으로 부각된다. 이런 논리로 보자면 상호문화주의는 다문화주의를 대체 혹은 선택적 개념의 이념이 아닌 것이다. 보완적 개념으로 충분히 양해될 수 있는 개념이다. 다시 말해 필자는 이미 판이 깔려 있는 다문화교육의 입지를 뒤집는 것이 아니라 서로 상생할 수 있고, 다문화학교가 완성될 수 있는 실천적 지표로 상호문화교육을 설정할 수 있는 가능성을 갖게 한다.

2.
타자철학과 상호문화교육

상호문화교육은 어떤 연유로 시작된 것일까? 상호문화주의를 배경으로 하는 상호문화철학이 상호문화교육의 이론과 실천의 방향을 제공했다면 상호문화주의와 상호문화철학의 기저에 있는 상호문화성의 핵심을 제공하는 타자성을 이해할 필요가 있다. 다시 말해 상호문화철학은 타자 이해를 위한 세계관이라 할 수 있는 타자철학에서 비롯한다. 이번 장에서는 상호문화교육의 흐름을 짚으면서 타자철학을 기술할 것이다.

상호문화교육은 1970년대 초에 독일과 프랑스에서 이민자를 위한 언어교육과 문화적응 교육의 차원에서 시작되었다. 1980년대부터 상호문화교육 개념은 점진적으로 외국어교육 영역으로 들어오기 시작하였다. 그럼으로써 외국문화 학습방법을 근본적으로 바꾸어 놓았다. 외국어 학습 및 글로벌 의사소통 능력을 습득하는 것은 학습자가 성장해 온 사회와 그를 둘러싼 사회적 환경 속에서 형성된 신념, 정의, 가치, 태도, 행동 그리고 모국어 습득과 관련되어 있다. 그 때문에 일부 언어학자들과 언어교육

연구자들은 외국인들에게 원어민의 문화 능력을 기대하는 것은 어렵다고 강조한다. 따라서 이주민 학습자들은 자신의 출신국 문화에 대한 이해를 바탕으로 자신이 접하는 새롭고 다른 문화에 속하는 기제를 통해 이해할 수 있다.

카를로(1998)에 따르면 이주민 학습자는 자신이 공유하는 문화의 암시적인 분류 기준을 잘 이해하는 것과 비례하여 외국 문화를 접할 때 그 시점에서 세계를 나누는 암시적인 원칙을 그만큼 깊이 객관화하여 파악할 수 있다. 이 관점에서 볼 때 상호문화교육은 학습자들로 하여금 낯선 미지 세계로부터 온 사람이 주는 불안감을 감소하게 하며, 다른 한편으로는 편견이나 고정관념에 엮이지 않고 외국 문화와의 접촉 경험을 일반화하게 한다. 이것은 외국어 및 외국문화 교수법이나 외국어문학 교육의 과제이기도 하다.

상호문화교육의 시작은 이주민과 이주민 자녀들을 위한 언어교육에서 출발했지만 이 교육의 특징은 학교 교육에서 학생들로 하여금 차이의 권리를 인정하도록 하는 데 초점을 두었다는 게 특징이다. 이 시도는 학교의 모든 구성원들이 다양한 문화권에서 온 구성원들과 그들의 출신 문화들을 존중하고 인정하는 데 초점을 두었다. 그럼으로써 이주민 출신 아동 및 청소년들이 자기의 문화 정체성을 유지하고 나아가 주장할 수 있게 해야 한다고 강조하였다. 상호문화교육은 어떤 사회의 구성원이 지닌 민족중심주의, 이국적인 취향, 범주화, 고정관념 그리고 선입견을 배제시키는 것을 목적으로 한다. 다시 말해 상호문화교육은 타인이 아니라 일단 자기 자신에게 교육의 초점을 맞추고 있다.

압달라-프렛사일(1999)에 따르면 상호문화교육은 우리 자신과 자신의 집단에 대한 활동이고 '너'나 '그들'만큼 '나'에 대해서도 성찰을 위한 질문을 제기하는 것이다. 그러므로 타자에 대한 모든 질문은 자기 자신에 대한 질문과 동일하거나 겹친다고 주장한다. 그는 상호문화교육의 필요성에 대해 다음과 같이 설명한다. 첫째, 최근의 초국적 이주에 따라 우리가 사는 대부분의 사회는 다문화 사회로 되었으며 이런 다문화 현상은 점진적으로 확대될 것이다. 둘째, 각 단위의 문화는 고유한 특수성을 지니고 있으며, 이 특수정은 다양성으로 인정되어야 하고 있는 그대로 존중되어야 한다. 셋째, 다문화주의는 잠재적으로 혹은 미래 사회에 풍요로움을 가져다주는 데 기여할 것이라는 믿음을 준다.

앞에서 이미 압달라-프렛사일(1999)이 주장하듯이 현재 우리 사회는 다문화 사회로 접어들었고, 다문화 사회에서 필연적으로 잡해야 하는 상이한 문화 간 상호작용이나 상호관계를 결코 회피할 수 없다. 이럴 때에는 해당 사회의 구성원들 간 원활한 상호관계를 설정하고 유지하는 게 중요하며 이를 위해서 모종의 학습 설계가 필요하다. 이러한 학습 설계가 바로 상호문화교육이다. 상호문화교육의 '목표', '내용' 그리고 '활동'에 대해서 여러 연구자들은 다양한 정의를 내렸다. 압달라-프렛사일(1999)은 상호문화교육을 일반적인 교육이라기보다 미래 사회를 위한 교육철학이자 평화로운 세계를 만들기 위한 지향점이라고 하고 다음과 같은 결론을 내렸다.

첫째, 현대 사회는 첨단 테크놀로지 개발과 교통 및 통신수단의 발전으로 인하여 인적, 물적 교류와 지적 교류가 활발히 이루어지고 있다. 이 결과로 개인은 일상생활 내에서 파편화되어 이질성을 느끼고 개인 간 다양성은 더욱 극대화 되었다. 둘째, 교통 및 통신수단의 발전은 초국적 이주로 이어졌고, 이로 인해 세계화가 가속화되었으며 문화다양성의 가치가 긍정적으로 작동해야 하는 다문화 사회가 확장되었다. 이런 변화는 우리 사회에서 하나의 단수 문화가 아니라, 다양한 복수적 문화들이 존재하며 공존하게 되었다. 그래서 이제는 문화적 배경이 상이한 타인에 대해서 '말하는' 것이 아니라 타인과 함께 더불어 '행동하기'가 요구된다. 셋째, 다른 배경의 이웃은 물론 이주배경을 지닌 타인과의 원만한 관계 형성을 위해서는 자기중심주의, 자민족중심주의 그리고 자문화중심주의를 탈피하고 문화상대주의를 견제해야 한다. 그러나 이러한 과제들은 저절로 이루어지는 것이 아니라 교육 및 학습을 통해서 이루어진다.

서종남(2012)은 21세기 교육에 관한 국제위원회(The International Commission on Education for the Twenty-First Century)의 상호문화교육의 주요 목표를 다음과 같이 인용하고 있다. 첫째, 알기 위한 배움의 과정이다. 이는 보편적으로 아는 지식을 활용하는 것이 배움이라는 것을 의미한다. 다시 말하면, 일반적으로 상호문화교육은 한 인간을 자신의 언어가 아닌 다른 언어 및 지식의 영역에 접근하도록 이끌어 주며 의사소통을 가능하게 해 주는 것을 말한다. 둘째, 행하기 위한 배움이다. 이 개념은 직업적인 기술의 영역뿐만 아니라 넓은 의미에서 다양한 상황에 유연하게 대처할 수 있는 능력을 습득하는 것을 의미한다. 또한 조직을 이루어 일할 수 있는 능력과 여기에서 요구되는 협동을 습득하기 위해 행동하는 것에 대한 배움을 말한다. 셋째, 함께 살기 위한 배움이다. 이는 다원주의의 가치를 이해하고 상호문화 이해와 평화를 경험하며, 나아가 문화적 다양성을 존중하는 것을 비롯하여 타자 이해 및 상호의존성에 대한 인식을 높임을 의미한다. 아울러 한 단위의 공동체 안에 갈등을 줄이고 평화롭게 함께 공존하는 것을 학습하는 것이다. 넷째, 존재하기 위한 배움이다. 이 개념은 높은 차원의 상호문화교육으로 배움의 주체로서 상호주관성의 주체로서 자신의 개성을 보다 더 개발시키고 보다 더 높은 자율성 및 판단력을 확보하는 것을 의미한다. 또한 책임감을 지니며 행동할 수 있는 능력을 갖추기 위한 방법을 배양하는 것을 의미한다.

이와 같이 상호문화교육은 넓은 의미에서 교육학의 목표와도 유사하다. 일반적으로 아는 지식을 어디에 어떻게 적용해야 하는지에 대해서 배우고 직접적인 체험을 통해 지식을 시험해 보는 것, 다문화 사회에 존재하는 다양한 문화와 접촉하는 데 원활한 의사소통을 가능하게 해주는 것, 그리고 이러한 다양한 문화들과 접하면서 함께 공존할 수 있는 상호의존성 및 공동체 의식을 만들어내는 것, 자기 자신을 발전시키고 자율성, 판단력 및 책임감을 가지고 이에 때라 행동할 수 있는 것 등을 배우는 것을 목표로 한다.

장한업(2015)은 클레멘트(Clement, 2001)의 네 가지 상호문화교육 방법을 행위의 차원으로 설명하고 있다. 첫째, 자기중심에서 벗어나기이다. 이는 자기 자신과 자기가 속한 집단과 거리를 두고 외부적인 시각으로 바라보는 것을 말한다. 즉 자기중심적인 문화와 자기자신이 인식 범위에서 벗어나 사물과 사건을 판단하는 것을 말한다. 둘째, 타인의 입장이 되어보기이다. 이는 역지사지의 입장으로 공감이나 감성이입 능력을 함양시키는 것을 말한다. 아울러 자기 문화와 다른 배경의 타인의 입장으로 전환하여 생각하고 다른 관점에서 바라보는 것을 뜻한다. 셋째, 서로 협력하기이다. 이는 고정관념이나 편견 없이 열린 마음으로 타인을 이해하고 타인과 협력하려는 것을 말한다. 넷째, 타인이 현실과 나를 어떻게 보는지 이해하기이다. 이는 문화적 배경이 다른 타인이 나에게 전달하고자 하는 메시지의 의미를 정확히 해독하는 것을 뜻한다. 특히 네 번째 행위 방법은 적극적인 리터러시가 필요함을 의미한다.

2000년대에 들어 유네스코(UNESCO)는 꾸준하게 상호문화교육 지침을 내놓고 이를 전세계 교육 현장에 실천하기 위해 노력하고 있다. 상호문화교육을 세계시민교육과 연계하여 유네스코(2013)는 상호문화교육을 확대시키고 국제적인 네트워과 실천을 위한 원칙을 다음과 같이 제시했다. 첫째, 상호문화교육은 특정한 규정과 지침을 정하고 이를 통해 학습자의 문화적 정체성을 존중하도록 한다. 또한 모든 학습자에게 문화적으로 적절한 교육, 변화를 빠르게 반영한 교육을 제공한다. 둘째, 상호문화교육은 모든 학습자에게 적극적인 사회참여를 위해 필수적인 문화적 지식, 태도 및 기술을 제공하도록 한다. 셋째, 상호문화교육은 모든 학습자에게 개인, 민족, 사회, 문화 및 종교 단체 및 국가 간의 상호존중, 상호이해, 연대, 협력 등에 기여할 수 있는 문화적 지식, 태도 및 기술 등을 제공하는 데 기여한다.

위에서 제시한 원칙은 교육의 세 번째 기둥과 직접적으로 관련되어 있다. '함께 사는 법의 배움'은 '다른 사람들을 이해하고 상호의존성을 인식하고 공동 프로젝트를 수행하며 갈등을 건설적으로 관리하는 법을 배우는 것'과 같다. 이런 가치와 행동은 다원성, 상호이해 및 평화의 가치를 존중하는 것과 관련이 된다. 또한 '모든 민족, 인종, 종교 단체 간의 이해, 구성원 상호간의 관용 및 우정을 증진해야 한다'고 언급한 인권 선언의 조항과 밀접하게 관련되어 있다.

이와 같이 상호문화교육은 다문화 사회에서 한 문화가 다른 문화와 접촉할 때 원활한 소통을 제공해주며 모든 학습자들을 대상으로 이루어져야 하는 필연적인 교육실천 행위이며 교육철학이기도 하다. 뿐만 아니라 상호문화교육은 한 개인이나 여러 다양한 집단들 간의 상호의존과 존중 그리고 상호 이해를 위해 필요한 요소인 문화적 태도와 능력을 함양시키는 미래 역량임이 틀림없다.

최근 들어 우리 사회는 인구적 다양성이 나타나면서 문화적 다양성이 확장되기 시작했다. 이런 다양성을 배경으로 해서 타자에 대한 인식의 전환과 교육 관점의 변화를 가져왔다. 교육은 타자를 존중하는 것과 타자를 깊이 있게 이해하는 차원, 다원화 및 다문화 사회에서 더불어 살아갈 수 있는 능력을 함양하는 역할을 담당해야 한다. 이러한 관점에서 실행된 교육이 바로 '상호문화교육'이다. 앞서 상호문화교육의 가치와 방향에 대한 포괄적인 내용을 기술했다면 다음은 상호문화교육에 관한 국제기구나 교육기관, 연구자들이 제시한 정의와 개념을 정리한 내용이다.

뮐러 · 하운(Müller & Haun, 1993)은 상호문화교육을 서로 다른 문화적 배경을 가진 사람들 사이에 이루어지는 상황적 학습과정이라 했으며, 케질 · 빈소뉴(Kerzil & Vinsonneau, 2004)는 상호문화교육을 교사가 단독으로, 좀 더 일반적으로는 학교 전체가 상이한 문화를 가진 학생들 사이에 상호작용, 협력, 이해라는 긍정적인 관계를 형성할 목적으로 행하는 일련의 조치라고 정의한다. 앞서 논의한 유네스코(UNESCO, 2006)는 소극적인 공존을 넘어서 다양한 문화집단들 간의 이해, 존중, 대화를 통해 다문화 사회에서 함께 살아가게 할 발전적이고 지속적인 방법을 찾아내게 하는 교육이라 했다.

뮤니어(Meunier, 2007)는 상호문화교육이란 모든 학습자를 대상으로 하며, 그들이 속한 문화와 접하는 문화에 대한 이해를 증진시켜 평소 그들이 지닌 편견을 줄이고, 그들로 하여금 인종주의, 차별, 문화적 불평등에 대해 비판적 시각을 가지게 하는 것이다. 나아가 민족중심주의에서 벗어나 문화상대주의 시각을 견지하고 상호 협력적으로 교류하도록 하는 것이다.

위의 여러 학자들로부터 정의된 상호문화교육의 개념에서 공통적으로 제시되는 키워드는 상호작용, 다양성, 함께 살아가기 등이다. 상호문화교육을 실행하기 위한 전제조건은 자기 문화에 대한 다른 관점을 높이고 다른 문화의 존재를 인식하는 것이다. 상호문화교육의 궁극적인 목표는 다문화 사회에서 더불어 살아가는 것으로, 이런 목표를 달성하기 위해서는 자기와 다른 민족과 문화를 이해하고 존중하며 이를 통해 사회 구성원들과 지속적으로 상호 소통을 하며 긍정적인 유대관계를 해나가려는 능력과 노력이 아울러 요구된다.

이러한 상호문화교육의 특성들을 종합하여 공통적인 정의를 도출하자면, 상호문화교육은 다문화 사회에서 다양성을 인식하고 자기와 다른 배경을 지닌 민족, 문화, 사람들에 대한 이해와 존중의 태도를 갖추는 것이다. 나아가 이를 바탕으로 해서 사회 구성원들과 지속적으로 상호작용하며 긍정적인 관계 유지를 행해 나갈 수 있는 능력을 준비하는 교육'인 것이다. 따라서 상호문화교육을 실행하고자 할 때 학습자가 자신의 참조기준을 자신의 문화나 수준에 맞추는 것이 아니라 상대적으로 이해할 수 있도록 하고, 낯선 것에 대한 불안감을 해소할 수 있어야 한다.

또한 자신의 문화와 타문화에 대해 가지고 있는 고정 관념에서 탈피해서 자신을 제대로 깊이 있게 성찰할 수 있는 능력을 길러 다른 문화 체계에 잘 적응하도록 돕는다는 목표를 지닌다. 이와 같이 상호문화교육의 개념 정의뿐만 아니라 상호문화교육 실행의 전제 원칙에도 관심을 가져야 한다. 상호문화교육의 원칙과 원리는 상호문화교육을 실행하는데 바탕이 되는 기본 방향이자, 방법적 내용들을 포함하기 때문이다.

유네스코(UNESCO, 2015)는 상호문화교육이 지향하는 세 가지 원칙을 제시한다. 이를 테면, 상호문화교육은 ① 모든 학습자가 지닌 문화적 정체성을 존중하여 각자에게 문화적으로 가장 적절한 양질의 교육을 제공하며, ② 학습자가 자신의 일상적인 사회생활에 적극적으로 참여하는데 필요한 문화적 지식, 태도, 능력을 신장시킨다. ③ 모든 학습자에게 개인, 민족집단, 사회집단, 문화집단, 종교집단, 구성원들 간의 존중, 상호이해와 연대에 필요한 문화적 지식, 태도, 능력을 제공하는 데 기여한다는 내용을 포함한다.

이와 같이 유네스코 원칙이 상호문화교육의 목표, 내용, 방법 등 실행의 방향과 관련된다면, 마르티뉴 외(Martineau, et.al. 2007)는 상호문화교육의 학습 실천과 교육 대상에 적용할 수 있는 일곱 가지 원리를 제시한다. ① 모든 인간을 똑같은 인간으로 평등하게 인정하기, ② 자기 자신을 알고 자기의 고유한 문화를 알아보기, ③ 차이에 대해 개방적인 태도를 지니기, ④ 자신과 타인의 차이를 받아들이기, ⑤ 자신의 판단을 잠정적으로 보류하기, ⑥ 자기 자신을 비판적으로 성찰하기, ⑦ 협상과 합의를 위해 노력하기이다. 이런 일곱 가지의 원칙은 인간성, 탈중심, 다양성, 타자, 감정이입, 이질성, 정체성, 상호작용 등을 강조한다. 마르티뉴의 원칙은 상호문화교육의 목표 달성을 위해 각각의 개인들이 갖추어야 할 역량 확보의 차원으로 이해할 수 있다. 사실상 상호문화교육을 위한 교수 및 학습 절차는 모두 상호문화역량을 확보하는 것과 연관이 있다.

파르툰(Partoune, 1999)의 상호문화교육적 교수 절차는 '사람에 대한 존중'을 전제로 하기에 '중심으로부터의 탈피'에서 우선 시작한다. 자신이 지닌 고유한 준거의 틀을 인식하고, 자기중심적 가치를 강요하는 태도로부터 벗어나야 하는 것이다. 이후 시각의 전환을 통해 타인의 관점에서 이해하는 '타인이 체계로 침투하는 것'이다. 최종적으로 협의라 할 수 있는 '협상' 단계인데 이 협상으로 모두가 수용할 수 있는 해결책을 탐색하는 단계이다.

클레멘트(Clément, 2001)도 상호문화교육의 체계적인 교수를 위한 4단계 방법을 제안한다. 첫 번째는 다른 관점의 존재를 인정할 수 있는 '자기 중심에서 벗어나기' 단계이며, 두 번째는 '타인의 입장이 되어보기'로 감정이입 능력을 함양하는 단계이다, 타인의 입장에서 바라보고, 그 입장이 되어보는 학습을 말한다. 세 번째는 '협력하기'로 자신이 지닌 선입견, 편견에서 벗어나 타인을 이해하기 위해 노력하는 단계이며, 네 번째는 '타인이 나를 보는 관점 이해하기'로 상대가 나를 어떻게 이해하는지 내 관점이 아닌 그의 관점 즉 상대의 행동과 관련된 사실을 이해할 수 있어야 한다.

파르튠(1999), 클레멘트(2001) 등이 제안한 상호문화교육의 교수 절차를 분석해 보면, 첫 번째 단계는 모두 자아 중심적 사고에서 탈피해야 함을 강조하고 있다. 이는 중심을 탈피하는 경향과 자신의 고유한 해석 체계에 대한 인식 등으로 표현되며, 자기 자신은 물론 자문화에 대한 성찰을 통해 민족과 집단 중심적인 사고에서 벗어나 문화상대주의적 시각을 가져야 함의 필요성을 제기하는 것이다. 중심 탈피 즉 탈중심적 사고는 타자에 대한 인식과 수용을 위해 반드시 선행되어야 하는 과정이다. 자아 성찰 단계 이후의 단계는 타인의 문화를 발견하고 수용하는 것이며, 최종 단계는 '협상'과 '상이한 문화 간의 관계 설정' 등 타자와의 관계적 요소로 소급될 수 있다. 이와 같은 파르튠, 클레멘트 등이 제안한 상호문화교육의 교수절차에 착안하여 윤현희(2019)는 상호문화교수 원리를 〈표 2-1〉과 같이 제안하였다.

〈표 2-1〉에서 보는 바와 같이 '상호문화교수의 원리'는 '상호문화성'에서 강조하는 타자성, 상호작용, 연대의 영역으로 구분된다. 이 영역들은 다시 두 가지 원리로 구성된다. '타자성' 영역의 원리 두 가지는 '타인 존중'과 '자아 성찰'이다. '타인 존중'은 타인을 나와 동등한 가치가 있는 존재로 인정하는 것이다. '자아 성찰'은 타인으로부터 분리되는 나 자신과

〈표 2-1〉 상호문화교수의 원리와 내용

상호문화성	원리	내용
타자성	타인 존중	타자의 동등한 인간적 가치에 대한 인정
	자아 성찰	나 자신과 내 문화에 대한 성찰
상호작용	차이 수용	차이에 대한 개방적 태도와 수용
	타인 이해	감정이입을 통한 타인 이해
	의사 소통	상호문화교육적 의사소통으로 관계 맺기
연대	상호 협력	상호관계를 통한 사회적 합의 도출

출처: 윤현희(2019: 34)

내가 속해 있는 소속집단에 대한 성찰을 뜻한다. 이때는 나 자신과 소속집단의 문화에 대한 분석과 비판이 함께 이루어진다. 타인에 대한 존중에서부터 시작되는 성찰은 자신과 타자의 관점을 모두 견지하는 '탈중심화'이다. 탈중심화적 시각은 타자에 대한 인식 형성으로 이어져 타자성이 발현되는 다음 단계에도 영향을 주게 된다. 다시 말해 상호문화교육을 위한 교수과정에서 가장 중요한 것은 탈중심에서부터 비롯되는 올바른 '타자성'을 인식해야 하는 것이다. 특히 다문화 사회에서는 절대적으로 타자성의 요구가 필요하다.

이 타자성은 배경임(2018)에 의하면 고유의 실재성과 자립성을 바탕으로 해서 상호보완적 관계를 유지하는 존재로서 타자를 인식하는 것이다. 짐멜에서부터 비롯된 상호문화적 관점의 타자론은 이방인을 사회 및 역사적 맥락 속에서 이해하는 것을 기초로 한다. 이주민들의 유입은 사회적 흐름에 따른 필연적 사태이며, 이 들은 낯 섦과 특이성을 가진 채 집단 속에서 존재하며 실제적 연관성을 지니므로 한 사회의 구성원으로 존재한다. 따라서 낯선 타자의 실재성과 동등성에 대한 인정을 바탕으로 상호작용을 전제로 해야 하며 해당 사회 구성원들간의 서로를 변화시킬 수 있는 새로운 타자관계가 요구된다. 타자를 단순한 수준에서 이해하는 것이 아니라 이해를 넘어 상호보완적인 관계를 요구한다. 이런 점에서 짐멜의 타자관은 타자와의 관계 정립에 중요한 시사점을 제공한다. 이와 같은 타자에 대한 관점은 다양성 속에서 통일내지는 사회통합에 대한 접근을 가능하게 한다,

초국적 이주로 형성되는 작금의 다문화 사회에서 바람직한 타자 인식은 구성원 상호 간의 인간관계를 촉진하고 개선시키는 중요한 타자 윤리로 확대되고 발전된다. 타자 윤리를 주창한 레비나스(Lévinas, 1996)는 주체 중심의 철학이 자아와 타자의 관계에서 심각한 문제를 일으킬 수 있음을 경고하며 타인을 받아들이고, 타인을 대신하는 삶으로써 주체성을 강조한다. 또한 레비나스(2002)는 주체 중심의 존재론적 세계관에서 벗어나 타자와의 새로운 관계 정립의 중요성을 제시한 것이다. 상호문화교육에서 강조하는 상호작용의 토대는 바로 타자와의 만남이다. 낯선 타자와의 공존과 통합을 위해 타자를 어떻게 인식하고, 어떻게 상호작용을 하는지에 관심을 둔다.

타인을 받아들이고 환대하는 윤리적 인간을 제안하는 레비나스(1996; 2002)의 타자성은 자아와 타자의 극단적 분리를 당연한 것으로 받아들이는 인간관을 극복할 수 있는 윤리적 계기를 제공한다. 뿐만 아니라, 타자성은 자기가 타자와 맺는 책임을 전면으로 내세우는 윤리적 관계를 정립하고 있다. 타자를 위하며 신을 대리하는 본회퍼의 타자성은 그리스도의 삶을 따라가는 제자로서의 응답 자체를 통하여 우리의 책임을 요구한다. 그리스도가 타자를 위해 십자가의 희생을 선택한 것처럼 그리스도인과

교회 역시 타자를 위한 존재가 되어야 한다는 것이다. 이런 맥락에서 그리스도인은 타자를 위한 책임을 다할 때만이, 즉 삶의 한가운데서 세상에 대한 하나님의 고난을 짊어질 때만이 참된 그리스도인이 된다.

배경임(2018)에 의하면, 레비나스는 타자를 통해서 신을 만날 수 있다고 하였으며, 진정한 주체성은 타자를 자기 안으로 받아들이고 타자와 윤리적 관계를 형성할 때 가능하다고 보았다. 주체가 타자의 얼굴을 직접 마주보고 대화하며, 타자를 동일성 안으로 환원하지 않는 점을 강조했다. 이는 다문화 사회에서 다양한 문화적 배경을 지닌 사람들의 얼굴을 마주보고 다양성을 인정해야 함을 의미한다. 또한 본회퍼는 교회가 오직 타자를 위해서만 존재할 때 교회 자체인 것으로 보았으며, 그가 말하는 윤리란 최고의 선으로 타자와 더불어 사는 것을 배우는 것이라고 정의했다(강성영, 2015). 본회퍼의 교회론과 윤리관이 상호문화 이해를 위한 적극적인 타자성의 실천요소라고 할 수 있다.

레비나스와 본회퍼는 타자에 대해 전적으로 책임지고 환대하는 것이야말로 윤리적 주체라고 설파하였다. 이들의 타자성은 다문화 사회에서의 갈등과 대립을 해결하고 공존과 소통을 이루어내는 상호문화 이해의 패러다임이 될 수 있으며 타자중심의 책임적 윤리를 강조한 것으로 이해할 수 있다. 따라서 그들의 타자성은 타자를 대상화하고 동일성을 기반으로 타자를 재단하는 현실 문제를 해결하는 데 대안적 패러다임을 제공한다. 다문화 사회의 타자들에게 시혜적 행동이나 온정주의 정책만 베풀어 그들을 대상화하는 주체가 아니라, 자기동일성 이전의 타자를 우선하며 타자를 위한 존재가 되는 과제가 전제된다. 이와 더불어 타자의 얼굴을 심층적으로 들여다보는 대면과 깊이 있는 만남을 통해, 타자를 위한 자유로운 존재가 되는 경험을 지향하는 이들의 타자성 패러다임은 상호문화주의의 기본정신은 상호문화성과 유사성 내지는 함의를 지닌다.

레비나스와 본회퍼가 주창한 타자성을 함양하는 학습 과제는 상호문화 이해를 전제로 하는 상호문화교육과 관련이 있다. 정창호(2011)에 따르면 상호문화 이해는 우리가 접하는 타자를 결핍을 지닌 존재 혹은 위협적인 요소로 간주하면서 일방적 통합을 모색하는 단계로부터 출발한다. 이후 단계는 타자의 차이성을 강조하면서 다원성과 다양성을 존중하고, 이에 기초한 상대주의적인 다문화성의 단계라고 볼 수 있다. 그리고 다시 다양성 속에서의 통일성 또는 통일성 속에서의 다양성을 모색하는 상호문화주의의 단계로 발전되었다 이러한 발전의 과정은 어떤 사회가 다문화사회로 전개되는 데 있어서 전형적인 발달 경로를 보여준다. 이에 비추어 본다면 현재 한국의 다문화교육 실천의 모습은 아직도 타자를 결핍이나 위협의 존재로 여기는 타자성 학습과제의 첫 번째 단계에 머물러 있다고 볼 수 있다.

배경임(2018)은 레비나스와 본회퍼의 타자성에 대한 논의를 도식화하여 핵심적인 실천 요소의 내용을 범주화하면 〈표 2-2〉와 같다.

〈표 2-2〉에서와 같이 레비나스와 본회퍼에게 공통적으로 드러나는 것은 첫째, 타자와의 관계에서 자신의 정체성을 탐색하는 방식이다. 레비나스는 자기동일성 이전에 존재하는 타자에 우선권을 부여하며 무한한 타자로 받아들이고, 본회퍼는 계시된 예수가 나를 위한 존재이며 타자라고 여겼다. 그는 다양한 철학 분과 중에 윤리학을 가장 중요하게 여겼으며 타자지향적인 삶의 가능성은 자아와 타자 사이에 일어나는 윤리적 사건에 있으며 타자를 환대하는 것을 최대의 윤리적 책무로 설정하였다. 본회퍼는 신에 대한 절대적인 응답으로써 책임 윤리를 주창하고, 나의 인격은 윤리적으로 책임질 때에만 존재하며 책임 윤리란 타자와 함께 살아가는

〈표 2-2〉 레비나스와 본회퍼의 타자성 실천 요소

범주	구분	타자성 실천 요소
타자와의 정체성	레비나스	자기동일성 이전의 타자를 우선하며 무한한 타자로 받아들임
	본회퍼	계시된 예수는 나를 위한 존재이며 타자임
타자 지향적인 책임 윤리	레비나스	자아와 타자 사이에 일어나는 윤리적 사건에 타자 지향적 삶의 가능성이 있음
	본회퍼	나의 인격은 윤리적으로 책임질 때에만 존재하며, 책임윤리는 타자와 함께 살아가는 것을 배우는 것임
타자를 위한 방법론	레비나스	타자의 얼굴을 깊이 들여다보고, 대화를 통해 자유를 지향함
	본회퍼	하나님(신)을 대리하는 방법으로 타자를 위함

출처: 배경임(2018: 35)

것을 배우는 것이다. 이러한 이론적 지향점을 가지고 레비나스와 본회퍼가 실천의 측면에서 타자를 위한 방법론으로 제안한 것이 '대화'와 '대리'라고 할 수 있다.

레비나스의 경우 우리 모두 타자의 얼굴을 깊이 들여다보고 진정한 상호 대화를 통해 자유를 지향해야 한다고 주장하며, 본회퍼는 하나님(신)을 대신하여 행하는 대리의 방법을 선택하였다. 이렇게 타자성을 실천하기 위한 것이 상호문화교수 원리의 첫 번째라면 두 번째 상호문화성의 영역은 '상호작용'으로 상호문화주의에서 강조하는 '실천'이 적극적으로 발현되는 영역이다. '타인 수용'은 타자에 대한 개방적이고 수용적인 자세와 태도를 의미한다. '타인 존중'과 '자아 성찰'을 통해 형성한 타자에 대한 상대론적 인식이 행동으로 적극적으로 표출되는 단계이다. 이 단계에서는 타자에 대한 이해에만 그치지 않고, 타자의 문화를 적극적으로 수용함으로써 이루어진다. 따라서 자기와 타자의 '내면적 만남'이 이루어지게 된다.

장한업(2016)은 타인 이해를 위해서는 무엇보다 타인을 이해하기 위한 감정이입의 노력이 요구된다고 강조한다. 타자와 자기가 접촉하고 교류하는 만남은 '동일 공간에 존재함'으로 끝나는 것이 아니라 진정한 '내면적 만남'을 이루어야 한다, 그래야 나와 타자는 수용과 만남을 넘어선 정서적 차원의 이해와 공감으로 나아가게 된다. 자기 주체가 타자와 정서적으로 공감을 한다는 것은 의사소통을 통해 상호문화적으로 '관계 맺기'를 행한다는 것이다.

하버마스(Habermas, 1986)은 소수로 존재하는 타자들을 다수자 집단의 이념적 틀 속에 동화시키려는 동화주의를 비판한다. 주체적 중심주의 입장에서는 자민족중심주의를 정당화하고 타자에 대한 윤리에 무관심하다. 그는 이를 한계라고 정의하며, 이 한계를 넘어서기 위해 상호문화적으로 매개된 공동체에 관심을 둔다. 상호작용적 보편주의를 바탕으로 상호인정의 연대를 강조하는 것이다. 특히, '언어'가 지니는 특성인 상호문화성에 집중하여 언어적으로 매개된 상호문화교육에 지향점을 둔 공동체 구성을 강조한다. 타자와 주체의 연대를 가능하게 하는 것은 바로 언어를 매개로 하는 의사소통 전략을 보편적 기반으로 작동시키는 것이다.

로티(Rorty, 1989)에 있어서도 역시 사회적 연대성 확보를 위해 의사소통은 반드시 작동되어야 하며 상호간에 신뢰가 형성되어야 함을 주장한다. 신뢰를 바탕으로 하는 정서는 연대성을 형성하는 데 기초가 된다. 강용수(2009)와 김영필(2013)은 타자와 주체의 '의사소통적 상호작용'이 상호간의 연대를 가능하게 한다고 말한다. 다문화 사회에서 소수자로 존재하는 타자와 공동체를 구성하기 위해 선행되어야 할 것은 사랑, 포용, 연대를 구성하는 것이다. 문화다양성이 확산되어 있는 다문화 사회에서 다름을 지닌 타자들은 '연대의 세계화'에 대한 필요성을 증대시켰으며, 타자 윤리를 바탕으로 하는 타자간 연대가 확대되었다. 연대성의 토대는 동일성 혹은 유사성이 아닌 차이에 대한 인식에 있으며, 타자를 있는 그대로 인정할 것을 요구한다. 즉, 나와 타자 사이에 존재하는 낯섦과 고정관념의 경계를 허물고 연대적 공동체를 형성하기 위해서 함께 살아갈 수 있는 담론이 요청된다.

이런 관점에서 상호문화교육을 위한 교수 활동에서 강조하는 세 번째 영역은 '연대'이다. 연대는 첫째, '하나로 연결되어 있음'을 통해 '타자와 나의 상호작용을 통해 창조된 새로운 공간'으로 이해할 수 있다. 이 공간은 결속과 사회통합을 바탕으로 공동의 목적을 위한 실천적인 참여가 적극적으로 실현되는 연대적 의미를 지닌다. 사회 구성원의 참여라는 관점에서 연대는 파르튠(Partoune, 1999)의 이론에 등장하는 '협상'과 '합의'가 이루어지는 공간의 의미도 갖는다.

둘째, 우리는 타자와의 관계 속에서 서로가 서로에게 상호책임을 지는 연대의 의미를 찾을 수 있는 데, 이는 넓은 의미에서 이해할 수 있는 연대이다. 이 연대의 맥락에서 '전체 책임'과 '공동 책임'에 대한 윤리적 태도를 포섭할 수 있다. 연대는 나와 타자가 함께 살아가는 공간에서의 소통과 관계 맺기라는 의미는 물론 나와 타자 사이의 연대를 포괄하는 관계적 통합을 의미한다. 이런 관계적 통합은 사회적 차원의 상호문화성으로 간주할 수 있다. 이런 연대는 상호문화교육을 위한 교수활동에서 최종 지향 목표일뿐만 아니라 상호문화 사회를 만들기 위해 반드시 갖추어야 할 개인적 차원 및 사회적 차원의 토대라고 볼 수 있다.

존중과 성찰의 '타자성'을 바탕으로 한 타자에 대한 인식은 나와 타자의 상호보완적 관계 정립을 가능하게 하며, 타자와의 공존과 통합을 위하여 수용, 이해, 소통에 이르는 일련의 '상호작용'의 기초로 작동된다. 타자와 주체가 상호작용을 수행한다는 것은 상호 간의 협력적 '연대'를 가능하게 한다. 더불어 연대는 나와 타자가 더불어 살아가는 공간과 관계의 통합으로 이어지며, 이런 측면에서 상호문화교수 원리가 단계적으로 작동된다고 말할 수 있다. 그러나 상호문화성이나 상호문화교수 원리가 순차적으로 발현하는 것이 아니라, 각각의 상호문화성이나 상호문화교육의 교수 원리 내에서도 이들은 서로 복합적으로 관여하고, 발현되는 통합적, 간섭적 특성을 지닌다.

3.
상호문화 소통과 상호문화역량

1) 상호문화 소통과 상호문화역량 요소

상호문화 소통은 상호문화역량이 일상적 차원에서 작동되는 실천 행위를 말한다. 학문적 용어로서 상호문화 소통은 1960년대부터 미국과 캐나다에서 등장하였다. 상호문화 소통이라는 용어는 홀(Hall, 1959)의 저서 『침묵의 언어(The Silent Language)』에서 처음으로 소개되었다. 그에게 있어서 상호문화 소통은 바로 다양한 문화적 특성 및 소통 방식의 차이를 이해하는 이다. 이러한 차이는 자기가 속한 문화 집단이 다른 문화집단과 구별되는 문화적 패턴이나 언어 및 비언어적 코드, 인간관계를 형성하는 규칙 및 사회적 역할, 사회적 인식 등에서 잘 드러낸다.

1980년대에 들어서면서 줄곧 독일과 프랑스에서 이민자들을 중심으로 한 다양한 사회문제가 제기되면서 정부나 교육단체는 상호문화교육을 통해 상호문화 소통역량을 개발해야겠다는 요구가 주목을 받게 되었다. 상호문화 소통의 목적은 상호문화교육과 크게 다름없는 것으로 이해할 수 있는데, 다른 문화, 다른 관습, 역할 규칙에서 살아가는 것을 배우며, 새로운 사고방식이나 행동 방법을 이해하고 즐기고 도와주는 데 있다(구현정 · 전영옥, 2017: 27). 상호문화 소통과 관련된 국내연구들은 교육학자들보다는 언론정보학 전공이나 커뮤니케이션학 연구자들에 의해 실천되었다. 상호문화 소통 개념 정립(이수범, 2004; 유수연, 2012; 김순임 · 민춘기, 2014), 한국인과 다른 문화권 사람들이 접촉할 때 일어나는 상호문화 소통(김숙현 외, 2001; 최윤희 · 김숙현, 1997) 등의 연구가 수행되었다.

특히 이수범(2004)은 상호문화 소통이 이루어지는 현실 상황에서 커뮤니케이션의 어려움을 탐색하였다. 그에 따르면 비영어권자들은 다른 비영어권자와 상호문화 커뮤니케이션을 할 때 있어서 반복과 간섭을 활용함으로써 적극적으로 소통하지만 영어권자들과 직접적으로 상호작용을 하는 경우에 이러한 소통 행위가 급격하게 줄어든다.

유수연(2012)은 상호문화 의사소통능력을 인지적 지식, 언어학적 지식, 상호문화성, 상호작용 내 행위능력 등 네 가지로 구분하고 분리하여 이런 능력들을 함양하기 위해 실제 '상호문화 커뮤니케이션의 이해'라는 강의를 개발하였다. 이를 통해 참여한 학생들이 타문화와 접하면서 어떤 경험을 했고 어떤 소통능력을 개발하였는지에 관심을 가졌다.

상호문화 소통은 자기 문화와 낯선 문화가 접촉하고 관계를 맺으면서 발생한다. 고유문화가 낯 선 타문화와 만나면서 상호문화 소통이 이루어지는 데 해당 사회의 구성원들에게 때로는 위협적으로, 때로는 고무적으로 작동될 수 있다. 이를 문화 단위에서 문화의 참여자 단위로 보자면 어떤 사람이 낯선 문화를 접하게 될 때 그 문화에 대해서 지식이 없으면 그 문화는 물론 그 문화에 속한 타인의 특성 및 성격에 대해서 제대로 이해하기가 용이하지 않다. 그러므로 상호문화 소통을 위해서는 상대방의 문화뿐만 아니라 자국문화에 대한 지식이 충분해야 하며, 이 두 문화들이 접촉하면서 이루어지는 상호문화 행위도 인지하거나 이해할 수 있어야 한다. 즉, 상호문화는 저절로 생성되는 것이 아니라 학습행위나 체험을 비롯하여 상대방과 직접 소통을 하면서 만들어내는 역동적이고 새로운 문화라고 볼 수 있다.

얼 · 짐니츠(Erll & Gymnich, 2010)의 경우 상호문화교육은 고유한 문화와 낯선 문화가 만나는 문화적 중첩상황에서 적합하게 행위 할 줄 아는 역량을 기르는 교육으로 '문화적 중첩상황'을 접하게 되는 사회 구성원들에게 요구되는 행위역량인 '상호문화 소통역량'을 기르는 것이 중요하다고 주장한다. 첸 · 스타로스터(Chen & Starosta, 1999)는 상호문화 소통을 다양한 문화적 환경 내에서 다른 사람들의 문화 정체성을 이해하고 그들과 효과적으로 대화할 수 있는 의사소통 행동이라 했으며, 정영근(2001)은 독특한 개별성을 지닌 각각의 문화들 사이에 존재하는 공통된 보편성을 향상하는 능력이라 했고, 비스만(Wiseman, 2001)은 타문화의 사회 구성원들과 효과적이며 적절하게 상호작용할 수 있는 역량으로 개념화했다.

또한 유네스코(2006)에서는 다양한 문화들의 공존과 공정한 상호작용, 대화, 상호존중을 통해 공유된 문화적 표현을 창출하는 가능성이라 했으며, 베넷(Bennet, 2008)의 경우에서는 다양한 다른 문화의 맥락 안에서 효과적이며 적절하게 상호작용할 수 있도록 작동하는 인지, 정서, 기술, 특성의 총합이라 했다. 정기섭(2011)은 인간의 존엄과 권리를 인정하고 이를 바탕으로 다른 문화권 구성원들과 문제없이 성공적으로 상호작용하는 능력이라고 정의했으며, 서영지(2016)는 자문화에 대한 비판적 성찰과 타문화에 대한 개방적인 태도를 가지고, 의사소통 상황에서 효과적이고 적절하게 상호작용하여 타인들과 원만한 관계를 형성할 수 있는 능력으로 간주했다. 이와 더불어 이병준 · 한현우(2016)는 상호문화 소통에 대해 예측이 어려운 다문화적 현상에 대한 문제 해결을 넘어서 문화적 혼종을 통해 구성되는 새로운 사회 환경에서 모든 사람이 평화롭게 삶을 영위할 수 있도록 새로운 문화를 만들어 가는 과정에서 필요한 역량으로 정의했다.

위에서 언급한 다양한 개념 정의를 통해 상호문화역량은 문화간, 문화내 구성원들 간의 인간관계 및 사회적 관계를 포괄하며 다양한 문화에 속한 개인이나 집단들이 타자에 대한 인정과 수용을 바탕으로 긍정적인 상호작용을 할 수 있는 능력으로 정리할 수 있다. 아울러 상호문화 소통이 다양한 문화를 이해함은 물론 실천적 상호작용을 전제로 한다는 사실을 알 수 있다.

위에서 언급한 상호문화 소통의 논의들을 살펴보면 초기에는 주로 의사소통적 측면과 교육적 측면으로 이해되었다. 그러나 초국적 이주에 따른 다문화 사회가 도래하면서 의사소통만으로는 문화적 차이를 해결하기 어렵다는 결론에 이르렀다. 이렇게 되자 사회를 살아가는데 필요한 능력과 역량 확보 차원으로 접근하였다. 이런 입장은 시니크롭 외(Sinicrope, et. al. 2007)에서 잘 나타난다. 이들의 연구에서는 상호문화역량이 초국적 세계시민의 관점을 바탕으로 출발하여 정치, 경제, 교육, 문화 등 다양한 영역에 적합한 문화적 역량에 관한 관점으로 확대됨을 표명한다. 궁극적으로 상호문화역량이 타자와 함께 삶을 영위하는 일상생활 능력의 차원으로 확대하여 그 필요성을 주장하였다.

이런 생활능역 차원에서의 접근은 이미 유럽연합이 2004년에 시도한 상호문화역량 평가도구(Intercultural Competence Assesment, INCA)의 개발 사례에서 볼 수 있다. INCA는 '다름에 대한 존중', '모호함에 대한 관용', '지식 발견', '공감', '행동의 유연성', '의사소통적 인식'의 여섯 가지 상호문화역량을 제시한다. 이들을 살펴보면 우선 ① '다름에 대한 존중'은 자신의 문화을 성찰하며 타문화에 대한 불신을 자제하고 호기심과 개방의 태도를 취하는 것이다. ② 모호함에 대한 관용은 낯선 것을 이해하고 개방적인 자세로 받아들임으로써 갈등을 해결할 수 있는 능력이다. ③ 지식 발견은 새로운 문화에 대한 지식을 습득하여 의사소통과 상호작용에서 적절히 사용하는 능력을 뜻하며, ④ 공감은 자신의 판단이나 감정을 타인의 눈으로 상황을 보거나 느낄 수 있는 능력이다. ⑤ 행동의 유연성은 자신의 행동을 서로 나른 요구와 상황에 맞추는 능력으로 불필요한 충돌을 피하기 위해 상대방에 따라 자신의 작업방식을 조절하는 능력을 의미하며, ⑥ 의사소통적 인식은 상호문화적 의사소통에서 언어적 표현과 문화적 상황과의 관계를 설정하고 이를 적절하게 식별하는 능력을 포함한다.

유럽연합의 상호문화역량 평가 도구는 다문화 환경 등장에 따른 직장 내에서 발생하는 갈등과 혼란을 예방 및 해결하고자 만들어졌다. 그 때문에 다른 문화를 가진 동료와 일을 할 때 효율적으로 상호작용할 수 있는 능력 차원의 접근이라 볼 수 있다. 그러나 상호문화역량이 발현되는 공간이 사회적 영역이라고 할 수 있는 직장이라는 장소와 더불어서 구성원의 환경, 목표, 방법적 차원에서 교육 현장에서 요구되는 상호문화역량과도 유사하다. 그러므로 이 상호문화역량은 장소나 대상에 관계없이 모두에게 적용 가능하다.

유럽연합의 상호문화역량 평가 도구 이전에 바이람(Byram, 1997)은 상호문화역량 구성요소를 다음과 같이 다섯 가지, 이를 테면, ① 태도(attitudes): 호기심, 개방성, 타문화에 대한 불신과 자신의 문화에 대한 신념을 유보함, ② 지식(knowledges): 자국 및 타국의 사회 집단, 그 집단의 생산물과 관습에 관한 지식, 개인적 차원과 사회적 차원의 상호작용 과정에 관한 지식, ③ 해석과 관계 형성의 기술(skills of interpreting and relating): 타문화에서 생겨난 사건이나 문서를 해석하고 설명하며, 자기 문화의 사건 및 문서와 관련 지을 수 있는 능력, ④ 발견 및 상호작용의 기술(skills of discovery and interaction): 문화와 문화적 관습에 대한 새로운 지식을 습득 할 수 있는 능력. 의사소통이나 상호작용에 관한 지식, 태도, 기술을 운영하고 조정할 수 있는 능력, ⑤ 비판적 문화 인식(critical cultural awareness): 명시적인 기준을 토대로 자기 문화 및 자국의 관점을 비롯하여 자국의 관습 및 산물을 비판적으로 평가할 수 있는 능력으로 제시하였다.

위에 제시한 바이람의 상호문화역량 이론은 상호문화역량 평가 도구 개발에도 적용되었다. 바이람(1997)은 상호문화역량을 태도, 지식, 기술의 차원에서 이해한다. 상호문화역량 평가 도구의 '지식의 발견'과 '공감'은 '지식'에 해당하고, '행동의 유연성'과 '의사소통적 인식'은 '기술'에 해당한다. 또한 '다름에 대한 존중'과 '모호함에 대한 관용'은 '태도'에 상응된다. 상호문화역량 평가 도구에서 상호문화역량은 교육의 실천 영역인 지식, 기술, 태도의 범주로 구분되며 인지, 행동, 정의적 차원으로 구성되는 것이다.

'지식' 영역에 적용되는 '지식의 발견'은 인지적 지식을 일컫는다. 여기서 '지식'은 자문화와 타문화에 대한 구체적인 지식을 뜻하며, '공감'은 대인간 상호작용에서 발생할 수 있는 관한 정서적 측면의 지식으로 간주할 수 있다. '기술' 영역은 '행동의 유연성'과 '의사소통적 인식'이 포함되는 데, '행동의 유연성'은 개방적 태도가 우선적으로 갖추어져야 가능하다. '의사소통적 인식'은 의사소통 능력, 언어적 지식을 활용할 수 있는 능력이 요구되므로 의사소통과 관련된 기본 지식이 갖춰진 상황에서 발현될 수 있다. '다름에 대한 존중'과 '모호함에 대한 관용'은 '태도' 영역에 해당되며, 주체가 객체인 타자를 대할 때 상대적 인식을 갖추어야 하며, 이를 바탕으로 자신과 타자의 관점에서 자신을 파악할 수 있는 능력으로 간주한다.

부산대학교 이병준 교수 연구실에서는 다년간 문화역량을 비롯한 상호문화역량에 관한 일련의 연구를 수행해 왔다. 특히 이병준 · 한현우(2016)의 연구에서는 상호문화역량의 개념 및 구성요소에 관한 깊이 있는 논의를 제시하고 있다. 많은 연구자들이 상호문화역량과 관련된 연구를 내놓았지만, 이들의 연구는 국내외 기관이나 학자들의 다양한 이론들을 종합하고 비교하여 새로운 상호문화역량을 제시하였다는데서 다른 연구들과 차별성이 있는 것으로 평가할 수 있다.

이병준 · 한현우(2016)의 연구에서는 바이람, 첸 · 스타로스타, 유럽위원회, 디어도르프, 페더슨, 비스만 등의 논의를 분석하였으며, 베넷, 루스티히 · 쾨스터와 유럽연합의 INCA를 포함하였다. 이와 같은 관련 문헌 분석을 통해 상호문화역량 구성요소 43개를 추출하였으며, 유사성이 있는 것을 통합하고 정리하여 최종적으로 8개의 상호문화역량군을 도출하였다. 이 상호문화역량군과 구성요소는 〈표 2-3〉과 같다.

상호문화역량은 다문화 사회에서 타자를 올바르게 인식하며, 타자와의 상호작용을 촉진하고, 타자와의 통합을 위해 필요한 능력이다. 이렇게 보면 상호문화역량은 상호문화능력을 지닌 인간을 양성하는 교육적인 측면에서 것에서 사회통합에 기여할 수 있는 민주시민을 길러내는 데 기여할 것이다. 또한 상호문화역량을 구성하는 지식, 가치, 태도를 길러 미래 사회변화와 발전을 이끌게 된다. 타자와 상호작용할 수 있는 능력은 단순히 일상의 소통과 교류만이 아니라 문화적 역량의 공유, 그로 인한 문화적

〈표 2-3〉 상호문화역량 구성요소와 내용

상호문화역량군	구성요소	내 용
성찰	거리두기, 판단보류	자신의 생각과 행위에 대해 스스로 돌아보는 역량
의사소통	언어능력, 언어 인식 상황파악, 감정인식	언어적, 비언어적으로 문화적 상황맥락을 인식하여 적절한 문화적 의사소통을 하는 것
갈등관리	상호작용을 위한 학습 규칙인식, 대인감지	다문화적 상황으로 인한 갈등을 바람직하게 해결해 나가는 과정
유연성	개방성, 탈중심성	다문화적 상황에서 낯선 것을 침착하고 여유롭게 대처하는 능력
민감성	호기심	다른 사람, 다른 문화를 예민하게 인식하는 능력
문화적 지식	타문화에 대한 지식 자기문화에 대한 지식	다른 문화를 이해하는 역량
공감	이해능력	다른 사람, 다른 문화를 그들이 느끼는 것처럼 자신도 그렇게 느끼는 역량
존중	존엄성, 신뢰	다른 사람, 다른 문화를 인정하는 차원에서 벗어나 귀하게 생각하는 역량

출처: 이병준 · 한현우(2016: 18), 윤현희(2019: 41)

융합과 새로운 문화 창조의 과정과 연계된다. 이것이 바로 상호문화교육적 관점에서 지향하는 너와 내가 만나 이루는 사회통합의 공간과 역동성을 의미한다.

지금까지의 상호문화역량의 영역과 상호문화역량의 요소와 내용에 관한 논의들을 바탕으로 윤현희(2019)는 〈표 2-4〉와 같이 상호문화역량을 구조화하였다. 〈표 2-4〉와 같이 상호문화역량의 영역은 인지, 정서, 행동적 영역으로 구분되며, 이들 영역들은 각기 독립적으로 분리된 기능을 갖는다기보다는 영역과 요소들 간의 지속적인 상호작용을 통해 발현된다.

'인지적 영역'은 인식, 지식, 기능적 측면으로 분류된다. 인식 측면은

〈표 2-4〉 상호문화역량의 영역과 구성요소

영역	구성요소	
인지	인식	자기 인식, 자기성찰, 자문화성찰, 타자 인식, 타문화에 대한 인식 다양성 인식, 상황 인식, 공통성 인식, 차이에 대한 인식
	지식	타자에 대한 지식, 타문화에 대한 지식, 문화이론적 지식
	기능	반성적 사고, 비판적 사고
정서	존중, 공감, 이해, 관용, 수용, 인정, 사랑, 개방	
행동	대화, 경험, 적응, 협상, 갈등관리	

출처: 윤현희(2019: 41)

나에 대한 인식과 성찰의 부분, 타자에 대한 인식 부분 등이며, 지식 측면은 타자와 다른 문화를 이해할 수 있는 지식, 문화이론적 지식 부분을 포함한다. 기능 측면은 인식과 성찰에 필요한 사고 기능 즉 반성적 사고와 비판적 사고 부분을 포함한다. 이러한 인지적 영역의 역량들은 정서적 영역과 행동적 영역의 상호문화역량 발현을 극대화시키는 기능을 맡는다.

'정서적 영역'은 낯선 것에 대처하는 능력 차원의 요소들 즉 공감, 이해, 관용, 수용, 인정, 사랑, 개방 등을 포괄한다. 이를 통해 주체 중심적 사고에서 넘어설 뿐만 아니라 타자와 타문화에 대한 편협된 사고를 멈출 수 있게 된다.

'행동적 영역'은 우리가 일상에서 행하는 실천과 관련을 갖는다. 특히 의사소통과 연관성을 지니는 데 여기에는 언어적, 비언어적 의사소통, 적절한 의사소통을 할 수 있는 능력을 모두 포괄한다. 이외에도 긍정적 관계 형성, 구성원들 간의 협력, 타문화에 대한 적응, 갈등 해결 등을 포함한다.

이상에서 본 바와 같이 자기와 타인간의 상호문화 소통 상황에서 우리가 지닌 상호문화역량은 독립적으로 존재하는 것이 아니라 영역과 구성요소 간의 통합적이고 동시적인 발현이 가능하다고 본다. 이 때문에 상호문화역량의 요소들은 상호의존적 특성을 갖는다고 할 수 있다.

2) 상호문화 소통역량 모델

초국적 이주가 성행하고 글로벌 사회가 보편화됨에 따라 문화다양성을 이해하는 것은 상호문화역량 함양과 관련이 있다. 그로 인해 상호문화역량에 관한 주제가 점점 더 중요한 이슈가 되어 가고 있는데 상호문화역량은 자신으로부터 다른 문화적 배경을 지닌 사람들과 성공적으로 소통할 수 있는 역량을 의미한다.

상호문화역량은 학령기에 접어들기 전부터 가정과 지역사회의 영역에서도 함양할 수 있는 기회를 가질 수 있으며 학교 영역에서도 개인의 의지로 혹은 계획된 교수 설계에 의해서도 개발되고 개선될 수 있다. 상호문화역량은 모든 상호작용을 위한 기본 능력으로 필요하다. 특히 다문화 사회에서 원활한 상호문화 소통을 위해서는 사회적 기술뿐만 아니라 다른 가치관, 견해, 삶과 사고방식에 대한 민감성과 이해력이 요구되는데 이는 타인을 이해하고 존중하게 한 상호문화역량의 개발을 통해 가능하다.

초국적 이주가 보편화된 21세기부터 대부분의 나라들에서는 상호문화역량을 교육의 모든 영역에서 핵심 역량으로 설정하고 교육의 장에 이를 도입하고 실천하고 있다. 이 상호문화역량은 다양한 상황을 일상에서 접할 수 있는 사회집단에서 평생교육 차원에서, 형식 교육 차원에서도 이루어져야 한다. 특히 외국인 유학생이 있는 대학 학부나 대학원의 경우, 상호문화역량증진을 특별한 커리큘럼이나 프로그램이 제공되어야 하며 해당 학교 구성원들이 모두 상호문화 이해를 위한 가치관이 강화되어야 한다. 특히, 지난 수년간 고등교육기관인 대학과 대학원에서는 글로벌 시민 정신에 관한 논쟁은 더욱 확대되어 왔다. 뿐만 아니라 상호문화의 개념 및 역량에 대한 연구들이 줄을 잇고 있다.

상호문화역량은 특정 태도, 상호문화 지식, 기술 및 반성에 근거하여 상호문화 상황에서 효과적이고 적절하게 상호작용할 수 있는 역량이라고 볼 수 있다. 갈라노바 딜노자(2019)는 첸 · 스타로스터(1996), 바이람(1997), 디어도르프(2006), 판티니(2009) 등의 학자들이 주장한 상호문화역량의 정의와 개념들을 다음 〈표 2-5〉와 같이 정리하였다.

첸 · 스타로스타(1996)는 상호문화역량을 특수한 물리적 상징적인 환경 하에 있는 사람들 간의 적절하고 원만한 상호작용을 가능하게 하는 역량이라고 주장한다. 바이람(1997)에서는 상호문화역량이란 문화적 배경이 다른 사람들과 상호작용하는 능력을 비롯하여 상호문화 소통에 대한 지

〈표 2-5〉 상호문화역량 개념의 범주화

학자	구분 내용
바이람(1997)	언어 능력, 사회언어 능력, 담화 능력, 상호문화 능력
첸 · 스타로스타 (2005)	개인의 태도(자아 노출, 자아 인식, 자아 개념, 사회적 이완), 의사소통 기술(메시지 기술, 사회적 기술, 융통성, 상호작용 관리), 심리적 적응(좌절, 스트레스, 소외감, 모호성), 문화 인식(사회적 가치, 사회적 관습, 사회적 규범, 사회적 체계)
판티니(2006)	언어와 문화가 다른 상호가 관계를 맺고 그것을 유지하는 능력, 최소한의 오류로 소통할 수 있는 능력, 상호적 관심이나 요구를 수행하기 위해 협력할 수 있는 능력
디어도르프(2006)	지식, 기술, 태도

출처: 갈라노바 딜노자(2019: 38)

식, 낯선 것에 관심 및 공감을 가진 태도, 해석, 관련 그리고 발견 기술 등을 포함한다. 이와 더불어 문화적 차이를 극복하고 문화 간의 접촉을 향유하고 새로운 문화를 창출하는 능력이다.

빠제 외(Paige et. al., 1999)는 상호문화적 현상에 관한 지식, 상호문화 행동 기술, 문화 보편적 차원의 태도로 구분하여 상호문화역량을 정의한다. 특히 상호문화적 현상에 관한 지식을 문화적응 단계, 문화 충격, 상호문화 개발, 문화학습, 문화적 정체성, 문화적 소외 등으로 구성된다. 또한, 상호문화 행동 기술은 문화학습 전략, 스트레스 관리 전략, 상호문화 소통역량, 상호문화적 관점 취하기, 문화적응 가능성 그리고 초문화적 능력 등이며, 문화 보편적 차원의 태도는 상이한 문화에 대한 긍정적인 태도, 문화학습에 대한 긍정적인 태도, 문화 차이에 대한 민족상대주의적 태도 등이다.

판티니(2006)의 상호문화역량 모델은 일반적인 의미보다 언어적인 의미에 중점을 두었으며, 이 모델에 따르면 상호문화역량은 언어적이나 문화적으로 서로 다른 사람들과 효과적이고 적절한 상호작용을 하는 데 필요한 역량으로 간주한다. 이에 비교하여 디어도르프(2006)의 경우 상호문화역량은 자기 자신이 가지고 있는 상호문화적 지식, 기술과 태도를 바탕으로 하여 상호작용, 즉 상호문화적인 상황에서 원한하고 원활한 상호문화 소통을 할 수 있는 역량이다. 또한, 토마스(Tomas, 2003)는 상호문화역량에 대해 사람들이 오해를 피하거나 문맥화하는 방식으로 상호작용 과정을 형성하는 한다고 보았다. 아울러 상호문화적 맥락에 놓인 모든 관련자들이 수용할 수 있고 생산적인 방식으로 협동적 문제 해결을 위한 기회를 창출하는 능력으로 정의한다.

유네스코(2013)는 상호문화역량이란 특정 문화에 대한 적절한 지식뿐만 아니라 다양한 문화의 구성원이 상호작용이 일어날 때 발생할 수 있는 문제에 관한 일반적인 지식뿐만 아니라 이를 해결할 수 있는 능력을 말한다. 이와 더불어 다양한 사회적 기술을 가진 사람들과의 접촉을 유지하는데 도움이 되는 수용적 태도를 유지하는 것을 의미한다.

민춘기(2015)는 상호문화역량에 대한 여러 가지 학자들의 다양한 정의들을 종합해 다음과 같이 제시하였다. 첫째, 상호문화역량은 한 문화가 다른 배경의 문화와 어떤 방식으로든 접촉할 때 효과적이고 적절한 상호작용을 위한 요구되는 능력을 의미한다. 둘째, 상호문화역량은 원활한 의사소통을 마련하기 때문에 문화적인 측면뿐만 아니라 실제 언어적인 측면에서도 필요한 능력이다. 상호문화역량과 상호문화 소통역량은 용어의 한국어번역에서도 유사하지만 소통이란 개념이 추가되어 의미의 다름이 포함되어 있다.

상호문화 소통역량(ICC: Intercultural Communication Competence)에 관한 연구는 1980년대부터 이루어져왔다. 상호문화역량은 상호문화 대면 상황에서 상이한 의미 및 기대를 충족시키는 대인 사이에 고도의 소통 역량을 말하며 상호문화 소통역량이란 성공적인 목표 충족을 위해 필요한 효과적인 상호작용 또는 맥락에 적절한 방식의 상호작용할 수 있는 역량을 의미한다.

상호문화 소통역량의 개념은 다양한 이론적 렌즈를 통해 연구되어 왔다. 상호문화 소통 관점에서 상호문화역량을 다룬 모델들은 베넷(1986)의 상호문화 감수성 발달 모델, 구디쿤스트(1993; 1995; 2002), 슈테판 · 슈테판 · 구디쿤스트(1999)의 불안/불확실성 감소 모델, 팅-투미(1993)의 정체성 협상 모델, 슈피츠베르크(1997)의 상호문화역량 모델, 바이람(1997)의 상호문화역량 모델, 디어도르프(2004)의 상호문화역량 프라미드 모델, 디어도르프(2006)의 상호문화역량 과정 모델, 아라사라트남(Arasaratnam, 2006)의 상호문화 소통역량 통합 모델, 판티니(2000; 2005; 2006)의 상호문화역량 모델 등을 포함한다. 이 중에서 상호문화 소통역량에서 자주 인용되는 많이 쓰이는 바이람(1997)의 모델과 판티니(2006)의 모델을 설명하면 다음과 같다(갈라노바 딜노자, 2019).

바이람(1997)은 문화적 배경이 다른 사람들이 교류를 할 경우에 서로의 문화 차이를 인식하고 존중하며 의사소통에서 발생할 수 있는 오해나 갈등을 감소할 수 있다고 한다. 이 경우에 효과적인 의사소통을 하기 위해서는 상호문화 소통역량이 요구된다고 주장한다. 바이람은 상호문화 소통역량을 먼저 언어 능력, 사회언어 능력, 담화 능력, 상호문화 능력 등 네 가지로 분류하였다. 그는 이 중에서 특히 '상호문화능력'의 중요성을 특별히 강조하고 상호문화역량을 [그림 2-1]과 같이 지식, 해석 및 연관 기술, 발견 및 상호작용 기술, 태도, 비판적 문화 인식 등으로 구분하였다(딜노자,

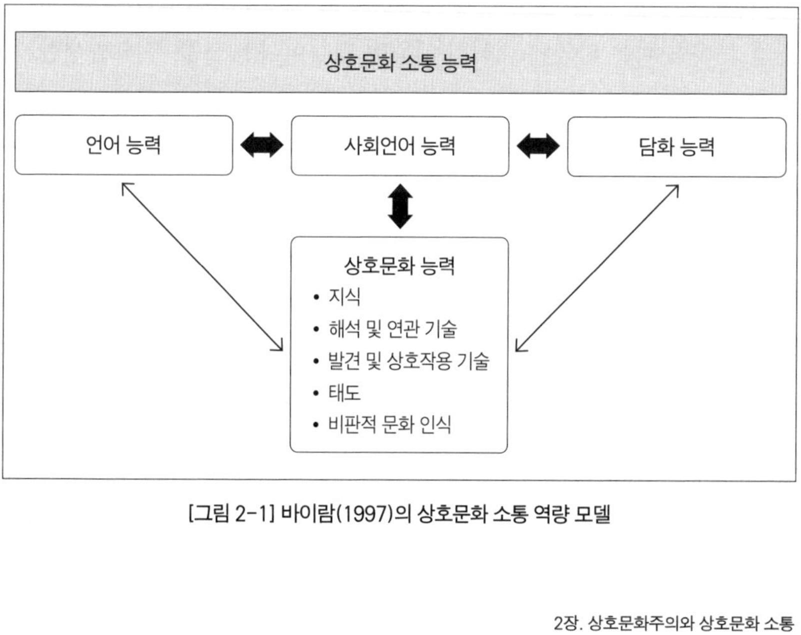

[그림 2-1] 바이람(1997)의 상호문화 소통 역량 모델

2019: 40).

첫째, 지식은 자신이 공유하고 있는 언어나 문화에 대한 지식뿐만 아니라 타인, 즉 소통하고 있는 상대방의 문화와 언어에 대한 지식을 포함한다. 특히 상대방의 문화적 배경을 이해하기 위한 지식은 상대방에게 열린 마음을 갖게 하고 편견이나 차별을 발생하게 하는 것을 차단한다. 둘째, 해석 및 연관 기술이란 자국 문화와 타문화를 이해하고 해석할 수 있으며 이 해석을 가능하게 해주는 역량이다. 셋째, 발견 및 상호작용 기술은 자국과 타문화에 대해 이미 배웠던 지식, 습득한 기술 및 태도를 일상생활에서 실제로 활용할 수 있는 역량을 말한다. 넷째, 태도는 타인이 사용하는 언어와 그가 지닌 문화에 대한 지식으로 인하여 상대방에게 공감과 호기심을 가지고 실제적인 행동이나 태도를 통해서 보여주는 것을 말한다. 누군가가 상대방의 언어 및 문화를 제대로 습득하고 존중한다 해도 그 사람이 자기의 태도나 행동으로 보여주지 않는다면 아무런 태도의 변화가 없다는 것이다. 정리해서 말하면 상호문화 소통의 궁극적인 목표는 다른 사람의 입장이 되어 생각할 수 있는 역량을 함양한다는 뜻한다. 다섯째, 비판적 문화 인식은 타인에 대해서 배웠던 지식이나 태도를 통해 발생한 새로운 문화정체성을 일컫는다. 아울러 이런 정체성을 토대로 구성되는 자신의 고유문화와 타문화에 대해서 비판적으로 생각할 수 있는 역량도 여기에 속한다.

판티니(2000)의 상호문화역량 모델은 인식, 태도, 기술 및 지식을 포함하고 있는 바 앞서 바이람(1997)이 제시한 모델과 유사점이 있다. 그러나 그는 언어교육에 있어서 상호문화의 측면에 중점을 두어 학습자가 지역 및 세계 수준에서 적극적이고 개선된 참여자가 될 수 있는 인식, 태도, 기술 및 지식을 개발할 수 있게 했다. 그럼으로써 새로운 언어로 다른 사람들과 이해하고 공감할 수 있다고 덧붙였다. 또한, 판티니(2000)는 자기 인식 및 반성에 관한 인식에 대하여 자신의 발달로 인해 더욱 강화된 것처럼 더 깊은 인식, 기술 및 태도를 이끌어낸다고 강조한다. 더불어서 그는 상호문화역량 개발을 위한 가장 좋은 조건은 긍정적인 환경에서 다른 언어 및 문화권 사람들과의 적극적인 접촉 및 경험이라고 강조한다.

바이람(1997)은 상호문화 소통역량 중에 '태도'와 '지식'을 가장 중요하다고 생각했다. 이에 반해 판티니(2000)는 '인식'에 중점을 두고 있다. 다시 말해 바이람이 상호문화에 대한 앎과 이를 실천하는 태도에 무게를 두었다면, 판타니는 상호문화를 존중할 수 있는 가치관이나 내적 관점을 중시했다고 볼 수 있다. 상호문화 소통역량은 사람들이 자국문화에 대해서만 아는 것이 아니라 이를 넘어서 다른 문화에 대해서도 배우고, 타문화 구성원들과 적극적으로 상호작용을 하면서 느꼈던 차이점을 존중하는 것을 의미한다. 또한 사람들이 이런 상황에 맞게 적절한 태도를 보여주고 자기와 타문화 간의 차이를 다양성으로 보고 인식하는 것을 뜻한다.

디어도르프(2004)는 상호문화역량의 피라미드 모델을 개발하였으며

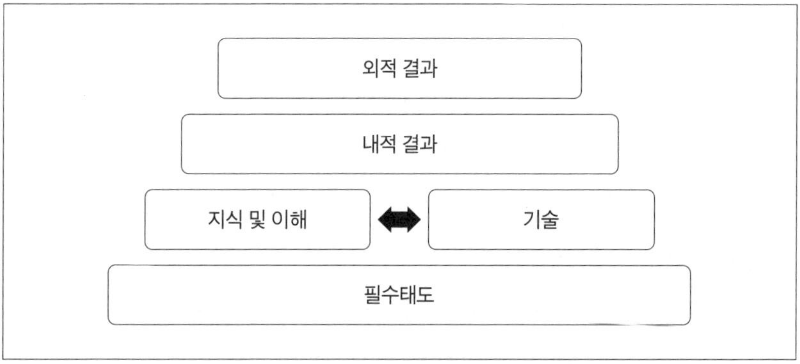

[그림 2-2] 디어도르프(2004) 피라미드 모델

이 모델을 구성하는 요소를 외적 결과, 내적 결과, 지식과 이해, 기술, 필수적인 태도와 같이 다섯 가지로 구분하여 [그림 2-2]과 같이 설명했다(딜노자, 2019: 43).

첫째, 외적 결과는 상호문화 지식, 기술, 태도에 근거하여 자신의 목적을 달성하기 위하여 효과적이고 적절하게 행동하고 소통하는 것을 말한다. 둘째, 내적 결과는 준거 틀로서 적응능력, 융통성, 민족상대주의적 관점, 공감 등의 요소를 포함한다. 여기서 적응 능력은 다른 의사소통 방식, 행동, 새로운 문화 환경에 적응함을 의미하며, 융통성은 적절한 의사소통 방식과 행동 선택, 인지적 유연성 등을 뜻한다. 셋째, 지식과 이해인데 이는 문화적 자기 지각, 문화에 대한 깊은 이해와 지식, 특정 문화의 대한 지식, 사회언어학적 지각을 포함하는 개념이다. 특히 문화에 대한 지식은 문화의 맥락, 문화의 역할과 영향 그리고 다른 사람들의 세계관 포함을 폭 넓게 포함한다. 넷째, 기술인데, 이 개념은 총체적이고 행동의 과정적인 의미를 지닌다. 이는 듣고, 관찰하고, 해석하기 단계와 분석하고, 평가하고, 관련 짓기 단계로 구분해서 볼 수 있다 앞의 단계에서는 민족중심주의를 확인하고 최소화하기 위한 인내를 사용하여 문화적 단서와 의미를 찾는다. 두 번째 단계에서는 분석의 비교 기술을 사용하여 연계, 인과 관계를 찾는다. 다섯째, 필수적인 태도는 존중, 개방성, 호기심과 발견의 하위요소로 구분된다. 존중은 다른 문화와 문화적 다양성에 대한 가치를 인정하는 것이며, 개방성은 상호문화를 학습하는 것과 다른 문화권에서 온 사람에 대한 판단을 보류하는 것, 호기심과 발견은 모호함과 불확실성에 대해 용인하는 것을 포함한다.

따라서 상호문화 소통역량은 자국문화에 대해서만 아는 것이 아니라 타문화에 대해서도 배우고, 타문화 구성원들과 적극적으로 상호작용을 하면서 느꼈던 차이점을 존중하며 이런 상황에 맞게 적절한 태도를 보여주고 자기와 타문화 간의 차이를 다양성으로 보고 인식하는 것을 의미한다. 디어도르프(2004)에 의하면 필수적인 태도란 배웠던 문화에 관한 지식이나 기술을 존중이나 개방성, 또는 호기심 등 태도를 통해서 활용하는 것을 의미한다. 이처럼 지식, 기술, 태도는 융통성 있고, 적용이 가능하며, 공감을 얻는 법을 배우고 친근한 관계의 관점을 수용하거나 채택하는 개별 학습자의 내적 결과로 이루어진다. 이러한 특성은 개인이 관찰 가능한 행동을 할 때나 혹은 의사소통 스타일을 나타내는 경우 외적 결과에 반영된다. 그들은 개인이 상호문화적으로 유능한지, 또는 상호문화 습득하고 있다는 가시적인 증거이다.

학습자들이 배운 지식, 기술, 태도는 행동을 통해서만 일상적인 실천에서 이루어진다. 다시 말해 실천의 측면에서 볼 수 없고 내부적으로, 즉 머릿속에서만 있는 지식, 기술 및 태도는 존재한다고 할 수가 없다. 상호문화역량 형성을 위해 내부 및 외부 결과가 동시에 요구되기 때문이다. 따라서 상호문화역량은 우리가 사는 다문화 사회에서 필수적으로 요청되고 있다. 상호문화역량은 유전적으로 얻는 것이 아니라 후천적으로 교육기관에서의 사회화와 학습을 통해서 배워가는 것이다. 상호문화역량을 함양하는 교육에 대해 우리는 상호문화교육이라고 말한다. 또한 이 상호문화교육의 목적은 학습자들의 상호문화역량 함양을 넘어서 이 들을 세계시민으로 성장시키는 데 있다.

디어도르프(2006; 2009)는 학습자들의 상호문화역량을 발달시키기 위해 피라미드 모델을 토대로 하여 과정 모델을 개발했다. 이 과정 모델의 구성요소는 피라미드 모델과 동일하지만 이러한 요소들 간에 발생하는 동인들의 이동과 과정 방향을 보다 역동적으로 설명하고 있는 점이 특징

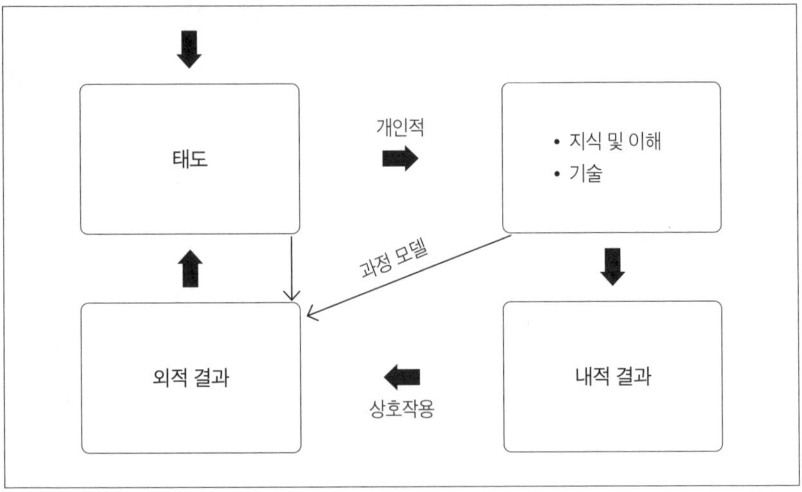

[그림 2-3] 디어도르프(2006; 2009)의 과정모델

이다. 이 모델은 [그림 2-3]과 같이 개인적 수준에서 출발하여 상호간 대인 수준, 즉 상호문화 상호작용으로의 이동을 체계적으로 보여준다. 피라미드 모델과 마찬가지로 과정 모델에서는 태도, 기술, 지식을 외적 결과에 직접적으로 적용할 수 있다. 하지만 결과의 적합성과 효율성의 정도는 전체 순환 작용이 완료될 때 보다 높지 않은 채 다시 시작할 수도 있다. 내적 결과와 외적 결과의 고유한 요소는 이 과정 모델에서 유지되고 관리될 수 있다. 실제로 개인은 일상생활에서 내부적인 성과를 완전히 달성하지 않고도 다양한 상황에서 적절하고 효과적으로 행동하고 의사소통을 하는 외적 결과를 얻을 수 있다. 그러나 내적 성과를 갖게 될 경우 보다 적절성과 효과성의 정도가 제한적일 수는 있다(딜노자, 2019: 45).

디어도르프(2006; 2009)가 제시한 상호문화역량에 관한 과정모델은 첫째, 자국 문화와 다른 문화권 사람들의 다양함을 이해하고 존중하게 하는 데 기여한다. 둘째, 사람들과 상호작용을 할 때 효과적이고 원활한 의사소통을 제공하게 한다. 셋째, 다양한 문화권으로부터 온 사람들과 상호의존적이며 긍정적인 대인관계를 구성하게 한다. 넷째, 접촉하는 대화 상대의 다양함을 파악하고 차이점을 인정하며 존중하게 한다. 이런 점에서 상호문화역량은 다문화 사회에서 필수적으로 요청되는 시민윤리라고 간주할 수 있다. 우리가 확실하게 알아야할 것은 상호문화역량은 생득적, 유전적으로 얻어지는 것이 아니라 후천적으로 학습활동을 통해서 체화해 나가는 배움의 과정에서 생겨난다. 상호문화역량을 함양하는 교육을 상호문화교육이라고 하며, 이 상호문화교육은 상호문화역량을 넘어서 학습자를 세계시민으로 키우는 데 목적을 두고 있다.

아라사라트남(2004)은 동양문화를 중심으로 상호문화 소통역량 통합모델(The Integrated Model of Intercultural Communication Competence: IMICC)을 개발하였다. 그를 중심으로 한 연구자들이 현장연구 수행을 통해 2003년부터 2011년간에 걸쳐 개발된 모델이다. 특히 아라사라트남 · 되르펠(Arasaratnam & Doerfel, 2005)은 15개국에서 37명을 대표로 하여 현장조사를 실시하여 자료 수집을 수행했고 의미론적 네트워크 분석 방법을 통해 자료 분석이 이루어졌다. 이 연구의 결과로 다섯 가지 변수를 도출했는데 동기 부여, 상호문화 소통 경험, 듣기 능력, 타문화권 사람들에 대한 공감, 긍정적인 태도가 바로 그것이다. 이런 변수는 상호문화역량을 연구하는 데 있어 새로운 차원을 제시한 시도였다. 이 모델의 특징은 앞에서 살펴본 유럽 지역에서 수행된 연구들과 달리 말레이시아의 맥락을 참조하여 종교성 변수를 추가한 것이었다. 서구 문화에서 종교는 상호문화 소통역량에 큰 상관을 하지 않지만 말레이시아에서는 종교가 문화 간 상호작용에서 중요한 역할을 하며 상호문화 소통에 있어서도 기여를 하게 된다.

아라사라트남은 공감에 대해서 인지 및 정서적 역할을 수행하고 상황에 적절하게 행동을 적응시키는 개인의 능력으로 묘사된다. 공감을 갖춘 사람은 상호작용에 적극적으로 참여해 상호문화 소통역량을 충분히 드러낼 수 있으며 다른 개인에게 영향을 미치는 행동을 수행할 수 있다. 동기 부여는 다른 문화에 대한 학습을 시행할 수 있으며 다른 문화를 이해하기 위한 결정을 내리는 데 기여한다. 뿐만 아니라 문화 간 상호작용에 참여하려는 열망으로 잘 정의가 되어 있다. 특히 그의 상호문화 소통역량의 통합 모델은 [그림 2-4]과 같다(딜노자, 2019: 47).

또한 아라사라트남(2006)은 동기 부여에 대해 다른 문화를 이해하고 그 문화를 학습하기 위해 문화 간 상호작용에 참여하고자 하는 욕망이라고 기술한다. 다른 문화권 사람들에 대한 글로벌 태도 또는 긍정적 태도와 같은 변수, 즉 세계적인 태도는 자신이 지닌 세계관 이외에 새로운 문화에 관하여 긍정적인 관심을 가직 접근하며 교제할 수 있는 능력이다. 이 경우

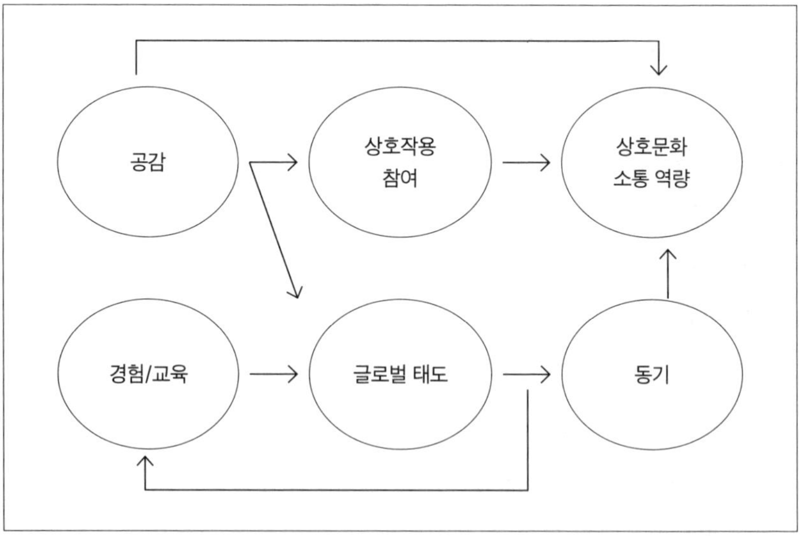

[그림 2-4] 아라사라트남(2006)의 통합 모델

사람들은 다른 문화를 배경으로 가진 사람들을 이해할 때 긍정적인 태도를 가지고 있어야 하며 자민족중심적 시각을 갖지 말아야 한다고 강조한다. 상호문화 소통에 적극적으로 참여하는 것은 예의를 제공하는 것과 더불어 타인의 말을 잘 듣고 이해하려고 애쓰는 경청 능력이라 할 수 있다. 이는 대화에 있어서 인지 및 행동적 참여의 정도를 표시한다. 관심을 잘 기울일 줄 아는 역량을 가진 사람은 다른 사람이 요구하는 사항들을 이해할 뿐만 아니라 이들의 요구에 적극적으로 반응할 수 있어야 한다.

아라사라트남은 자신이 2006년에 개발한 상호문화 소통역량 모델에서는 측정하지 못한 개인적 차원에서의 감정적 측면으로서 자극선

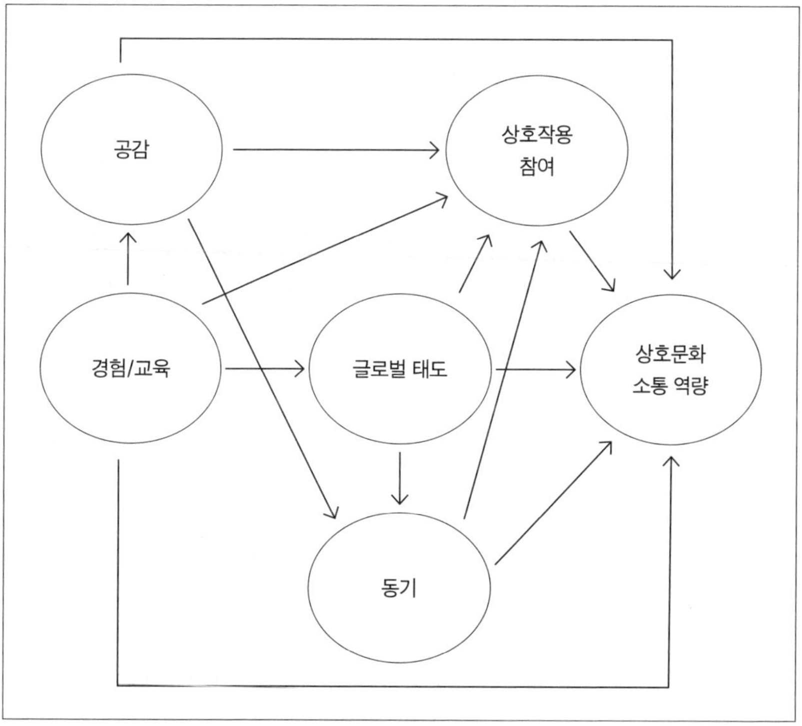

[그림 2-5] 자극선호와 상호문화 소통역량의 통합 모델(Arasaratnam & Banerjee, 2010)

호(sensation-seeking)를 검토하였다. 이 자극선호의 추가를 통해 2010년에 상호문화 소통역량을 설명하기 위한 새로운 발전된 모델을 제시하였다. 아라사라트남 · 바네지(Arasaratnam & Banerjee, 2010)에서 이 모델의 체계를 [그림 2-5]과 같이 나타내고 있다(딜노자, 2019: 48).

동양 문화와 이슬람 종교를 배경으로 만든 아라사라트남 · 바네지(2010)의 통합적인 모델은 자극선호란 개념을 도입하였다. 자극선호는 상호문화적인 상황에서 개인이 지닌 인지적 특성인 자극을 중시함으로서, 일상생활에서 조우할 수 있는 여러 다양한 상황에 대응할 수 있도록 더욱 적극적인 태도를 가질 수 있으며, 그럴수록 적극적으로 상호문화 소통에 참가하는 특징을 의미한다.

이번 절에서 상호문화 소통역량 모델에 대해 바이람(1997), 디어도르프(2004; 2006), 판티니(2000; 2005; 2006), 아라사라트남(2006) 등을 중심으로 살펴보았다. 주목할 것은 이들 학자들의 상호문화 소통역량의 요소들을 접하는 다수 사람들이 마치 다문화 사회의 다수자들인 선주민 입장에서의 역량 확보를 생각하는 경향이 짙다. 그러나 이 저술에서는 초국적 이주로 형성되는 다문화 환경 하에서 소수자인 이민자들의 문화적응 과정에서도 상호문화 소통역량 확보 과정을 관찰할 수 있다는 가정을 갖게 함을 시사하고자 한다. 바이람, 디어도르프, 판티니, 아라사라트남 등에서 나온 상호문화 소통역량의 모델에서 제기된 내용 요소들을 과정 모델과 통합 모델로 구분하여 정리할 필요가 있다. 상호문화 소통역량의 과정 모델을 제안한 바이람, 판티니, 디어도르프에서 나온 요소들의 합집합과 아라사라트남의 통합 모델을 융합하여 다음 〈표 2-5〉와 같이 제시할 수 있다. 이 표는 이주민의 상화문화소통 과정을 기술할 수 있는 틀을 제공하는 데 초석으로 작용할 것이다.

〈표 2-5〉 상호문화 소통역량의 요소 비교

구분	과정 모델			통합모델
	바이람	판티니	디어도르프	아라사라트남
상호문화 소통역량 요소	• 지식 • 해석 및 연관기술 • 발견 및 상화작용 기술 • 태도	• 인식 • 태도 • 기술 • 지식	• 외적 결과 • 내적 결과 • 지식과 이해 • 기술 • 필수적인 태도	• 글로벌 태도 • 동기부여 • 상호작용 참여 • 공감 • 자극선호

〈표 2-5〉는 지금까지 상호문화 소통역량 모델을 논의한 연구자들의 핵심 내용을 정리하여 제시한다. 이를 토대로 우리 사회의 이주자들의 상호문화 소통 과정을 기술하기 위한 틀을 제안하고자 한다. 우선 이민초기에서 현재에 이르는 시기까지 생애사적 경험은 물론 이민 사회의 타인, 즉 선주민이나 다른 배경의 이민자들에게 가지는 경함과 인식의 변화가 기술되어야할 것이다. 또한 자신의 본국에 대한 교류와 한국에서의 문화적응을 통한 글로벌 태도의 변화 등이 관찰될 필요가 있다. 이러한 사항들을 고려하여 〈표 2-6〉에서 제시한 과정모델의 교집합적인 요소와 과정모델에서 필요한 요소를 추출하여 이주민의 상호문화 소통 과정을 기술하기 위한 요소들을 채택하면 다음과 같다.

〈표 2-6〉에서 제시한 바와 같이 초국적 이주 사회에서 이주민의 문화적응의 일상 삶에서 나타나는 상호문화 소통 과정을 기술하는 데 개인적 차원과 대인적 차원을 구분하여 제시하였다. 개인적 차원은 소통의 주체로서 인식과 해석에 중심을 두었다면 대인적 차원은 타인과의 의사소통과 상호작용 관찰에 중심을 두었다. 이 분석 준거들은 이주자로서 개인이 이민 사회의 선주민인 다수자나 혹은 다른 문화적 배경을 지닌 다른 이주자와의 상호문화 소통을 이해하는 데 기여할 것으로 기대한다.

〈표 2-6〉 이주민의 상호문화 소통 과정 기술 요소

차원	영역	상호문화 소통의 경험 내용 기준
개인적	지식	자신이 공유하고 있는 언어나 문화에 대한 지식뿐만 아니라 타인, 즉 소통하고 있는 상대방의 문화와 언어에 대한 지식
	해석 및 연관 기술	자국 문화와 타문화를 이해하고 해석할 수 있었던 경험
	발견 및 상호작용	자국과 타문화에 대해 이미 배웠던 지식, 습득한 기술 및 태도를 일상생활에서 실제로 활용한 경험
	태도	타인이 사용하는 언어와 그가 지닌 문화에 대한 지식으로 인하여 상대방에게 공감과 호기심을 가지고 실제적인 행동이나 태도의 경험
	비판적 문화인식	타인에 대해서 배웠던 지식이나 태도를 통해 발생한 새루운 문화정체성을 경험
대인적	이해와 존중	자국 문화와 다른 문화권 사람들의 다양함을 이해하고 존중한 경험 접촉하는 대화 상대의 다양함을 파악하고 차이점을 인정하며 존중한 경험
	상호작용	사람들과 상호작용을 할 때 효과적이고 원활한 의사소통을 제공한 경험
	대인관계	다양한 문화권으로부터 온 사람들과 상호의존적이며 긍정적인 대인관계를 구성한 경험
	공감	타인의 의견에 경청하고 그들의 감정을 이해하려고 그들의 입장에소 고려와 경험을 해보는 것
	자극선호	상호문화적인 상황에서 개인이 지닌 인지적 특성인 자극을 중시함으로서, 일상생활에서 조우할 수 있는 여러 다양한 상황에 대응할 수 있도록 더욱 적극적인 태도를 가진 경험
	글로벌 태도	초국적 이주자로서 본국과 이주국 사이의 문화매개자 역할을 경험

4.
마무리

이번 장에서는 상호문화주의와 상호문화 소통에 관련한 개념들과 상호문화역량을 바탕으로한 상호문화 소통 기술의 틀을 제안하였다. 상호문화주의는 서로 다른 문화들 사이의 역동적이고 쌍방향적인 상호작용을 중시하는 이념 또는 철학이라고 볼 수 있다고 한다. 그런데 한국에서의 상호문화주의는 그 본질이 왜곡되어 다문화교육 정책 혹은 사회통합정책에 성호문화주의를 기반으로 한 정책을 강조하는 등 이름만 버젓이 사용되곤 한다.

진정한 상호문화주의는 다수자-소수자, 선주민-이주민의 이분법적 프레임을 해체하는 것이다. 이 상호문화주의의 실천 주체는 다수자, 선주민 등의 사회적 권력을 지닌 계층이 아니라 다수자-소수자, 선주민-이주민 모두에게 상호주관적이어야 한다. 이 저술에서는 상호문화 소통의 주체로 다수자, 선주민이 아닌 이주자 그 중에서도 결혼이주여성에 중심을 둔다.

상호문화주의의 핵심은 바로 '소통'이며, 이 소통을 위한 '상호문화적 기술'이 사회 구성원들에게 중요하다. 상호문화 소통은 개인은 물론 사회에서도 그 의미가 크며, 개인의 '상호문화성' 선택은 구성원 간의 대화 등을 통한 상호작용으로 발현한다. 이 때문에 상호문화주의는 구성원들 간 소통과 대화를 통한 규제적 역할 뿐만 아니라 연대를 맺고 유지시켜 갈 수 있다는 것이다. 이런 맥락에서 이번 장에서는 결혼이주여성의 상호문화 소통애서 나타나는 다양성과 주체성을 살펴보기 위한 개념과 기술 모델을 소개하였다.

이번 장의 논의를 통해 타자와 주체의 '의사소통적 상호작용'이 상호 간의 연대를 가능하게 한다는 사실을 확인했다. 다문화 사회에서 소수자로 존재하는 타자와 공동체를 구성하기 위해 선행되어야 할 것은 사랑, 포용, 연대를 구성하는 것이다. 이것은 다수자가 소수자를, 선주민이 이주민에게 행하는 호혜적 관계가 아니라 두 집단의 구성원들이 동등한 위치에 상호문화성을 교환하는 것이다. 다문화 사회에서 다름을 지닌 타자들은 '연대의 세계화'를 인정하고, 이 연대에서는 타자 윤리가 바탕이 되어야 한다. 연대성의 토대는 동일성 혹은 유사성이 아닌 차이에 대한 인식에 있으며, 타자를 있는 그대로 인정해야 한다. 나와 타자 사이에 존재하는 낯 섦과 고정관념의 경계를 허물고 연대적 공동체를 형성하기 위해서 함께 살아갈 수 있는 연습이 다수자, 소수자, 선주민, 이주민 모두에게 필요하다.

연대는 구성원들이 '하나로 연결되어 있음'을 통해 '타자와 나의 상호작용을 통해 창조된 새로운 공간'으로 이해할 수 있다. 또한 타자와의 관계 속에서 서로가 서로에게 상호책임을 감당하는 윤리를 갖게 한다. 연대는 타자와의 공존과 통합을 위하여 수용, 이해, 소통에 이르는 일련의 '상호작용'의 기초로 작동된다. 타자와 주체가 '상호작용'을 수행한다는 것은 상호 간의 협력적 '연대'를 가능하게 한다. 더불어 연대는 나와 타자가 더불어 살아가는 공간과 관계의 통합으로 이어진다.

상호소통에 있어서 상호문화역량은 중요한 개념으로 평가된다. 이 역량은 다문화 사회에서 타자를 올바르게 인식하며, 타자와의 상호작용을 촉진하고, 타자와의 통합을 위해 필요한 능력이다. 이 상호문화역량은 상호문화 소통 능력을 지닌 민주시민을 길러내는 데 기여할 것이다. 타자와 상호작용할 수 있는 능력은 단순히 일상생활에서의 소통과 교류뿐만이 아니라 문화적 역량의 공유를 의미한다. 지속가능한 다문화 사회를 위해 필요한 이상적인 사회통합은 이주민들의 적응과 동화를 통해서가 아니라 그들이 지닌 다양성을 사회에서 적극적으로 발현하고, 주체성을 지닌 개인으로서 성장할 때 실현에 가깝게 갈 것이라고 본다.

3장

초국적 이주와 이주여성의 정체성

초국적 이주란 국가의 경계를 넘는 이주를 말한다. 대부분의 사람들은 자신이 태어난 고향이나 지역을 떠나 이주민으로서 살아간다. 이 번장에서는 초국적 이주를 선택한 결혼이주여성들의 문화적응 과정에서 나타나는 정체성 협상을 살펴보고자 관련 이론과 개념들을 기술하였다.

결혼이주여성들은 결혼이란 생애 첫 경험 그것도 결혼과 동시에 자신이 태어나고 자란 고향과 모국을 떠나 낯선 나라로의 이주와 동시에 새로운 문화를 접하게 된다. 새로운 문화는 그녀들에게 삶의 도전이며 자신의 정체성을 끊임없이 협상해 나가는 장을 제공한다. 이번 장에서는 사회적 이동으로서 초국적 이주를 설명하고, 이주자의 문화적응과 정체성 협상 그리고 정체성 협상과 언어문화 적응을 논의할 것이다.

1.
사회적 이동으로서 초국적 이주

1) 초국적 이주의 개념과 경향

사회학적으로 초국적 이주는 분명히 사회적 이동의 수단으로 이해할 수 있다. 인간은 혼자 살 수 없는 사회적 존재라는 사실로부터 사회적 이동이 설명될 수 있다. 다시 말해 독립된 개체로서의 인간은 완벽하지 않기에 집단을 구성하여 산다. 집단을 구성하는 데 있어 인간은 반드시 이동을 전제로 할 수밖에 없다.

인간은 자신의 거처로부터 다른 공간으로 이동하는 것, 이 자체가 사회적 이동인 셈이다. 어떤 여성이 결혼하기 위해 그녀의 배우자에게 가는 경우 "시집을 간다." 라 했으며, 혹은 그 반대로 남성이 배우자 여성의 집으로 가는 경우 "장가를 든다."라 표현했다. "시집을 간다.", "장가를 든다."는 모두 동사를 포함하고 있어 일종의 이동을 뜻한다. 이러한 이동은 자신이 속한 집단에서 다른 집단으로의 사회적 이동에 속한다. 그렇다면 초국적 이주는 어떻게 사회적 이동으로 설명될 수 있을까? 이번 절에서는 이 질문에 대한 답을 사회적 이동을 중심으로 살펴볼 것이다.

사회적 이동은 인간 본연의 생태적 조건을 극복하기 위한 이유가 있겠지만 개체적으로 보자면 자신이 속한 계층보다 높은 계층에 소속되려는 욕망에 의해 이루어진다고 볼 수 있다. 다시 말해 모든 사회적 이동은 사회 계층 이동과 관련이 있다. 사회 계층은 사회적 희소가치의 불평등한 분배로 인해 구성되며, 사회 계층의 이동은 현재의 계층에 속하게 된 개인과 집단의 노력을 통해 상위 계층으로 올라가고자 하는 데서 발생한다. 물론 여러 가지 이유로 하위 계층으로 내려가는 경우도 있다. 이처럼 사회적 불평등 체계에서 개인이나 집단의 계층적 지위나 위치가 변화되는 현상을 사회 계층 이동이라 한다. 개인의 노력에 의해 계층 이동이 가능한 사회에서는 사회 계층 이동은 개인적 노력의 계기로 작용하고, 결국 해당 사회 발전의 촉매제가 된다. 반면에 사회 계층 이동이 제한될 경우 계층 간, 집단 간 갈등이 유발되고 사회적 혼란이 발생하기도 한다.

사회 계층 이동은 이동의 방향, 이동 범위, 이동 원인 등 세 가지 측면에서 이해할 수 있다. 첫째, 이동 방향에 따라 수직 이동과 수평 이동으로 나눌 수 있다. 수직 이동은 계층의 위치가 위아래로 변화하는 것을 의미한다. 이를 테면, 하위 계층에서 상위 계층으로 올라가는 상승 이동과 그 반대인 하강 이동으로 나눌 수 있다. 수평 이동은 동일한 계층 내에서의 위치 변화, 즉 계층 위치의 높낮이는 바뀌지 않은 상태에서 비슷한 위치의 다른 직책, 직업, 소속 등으로 옮겨가는 것을 말한다.

둘째, 이동 범위에 따라 세대 간 이동과 세대 내 이동으로 분류할 수 있다. 세대 간 이동이란 부모 세대와 자녀 세대 사이에서 나타나는 계층 위치의 변화 혹은 한 세대와 그 다음 세대 간에 걸쳐 일어나는 사회적 이동을 말한다. 예를 들어 어떤 사람이 가난한 빈민촌에서 태어나 대통령이나 저명한 기업가가 되었다면 이 경우가 세대 간 이동의 대표적 예이다. 세대 간 이동이 잘 이루어지지 않으면 계층 지위의 세습이 이루어질 가능성이 높다. 세대 내 이동은 한 개인의 생애에 걸친 계층의 위치 변화를 말한다. 평범한 회사원에서 열심히 노력하여 기업의 최고 경영자가 되었다면 세대 내 이동이라 말할 수 있다.

셋째, 이동 원인에 따라 개인적 이동과 구조적 이동으로 구분할 수 있다. 개인적 이동이란 주어진 계층 내에서 개인의 노력으로 계층의 위치가 변화되는 것을 말한다. 반면에 구조적 이동은 전쟁, 혁명, 산업화 등의 급격한 사회 변동으로 인해 기존의 계층 구조 자체가 변하여 계층적 위치가 변화되거나 새로운 계층이 생겨남에 따라 기존의 계층 위치가 변화하는 것을 말한다. 시민 혁명에 의한 시민 계급의 부상이나 정보화로 인한 골드 칼라의 등장 등도 구조적 이동의 사례로 볼 수 있다.

또한 세계화로 인한 국가간 경제적 격차에 따른 초국적 노동 이주의 증가도 구조적 이동에 해당될 수 있다. 구조적 이동을 좀 세분화하면 정치적, 경제적, 종교적, 문화적 이동 등으로 구분되며, 국제 이주의 경우 하나의 이동 원인이 아니라 다수의 원인이 작동될 수 있다. 통일교 여성 결혼이주자의 국제이주는 종교적 이동으로 볼 수 있지만, 난민의 경우는 정치적, 경제적, 종교적, 문화적 이동 중 하나 이상의 원인을 지닐 수 있다.

이번 절에서 집중하고자 하는 초국적 이주가 구조적 이동에 해당된다는 것은 초국적 이주를 둘러싼 구조를 이해하는 데 초점을 맞출 필요가 있다. 초국적 이주 사회는 말 그대로 단위 국가의 경계인 국경을 넘어선 국제이주로 인해 구성되는 사회를 말한다. 최근 들어 세계화로 인해 국제이주는 전세계적으로 보편적 현상 중 하나로 나타나고 있다.

초국적 이주는 국제이주와 동일한 의미로 사용되지만 사용자가 받아들이는 뉘앙스에 따라 다르게 이해될 수 있다. 즉 국제이주는 국내이주와 반대 개념으로 특정국가에서 자신의 나라를 벗어나 해외로 이주하는 것을 의미한다. 그렇지만 초국적 이주는 특정 국가의 국경을 넘어서는 이주를 의미하는 것으로 어떤 특정 국가로 이동을 했거나, 아니면 특정 국가에 전입해 들어옴을 의미한다. 어떻게 보면 초국적 이주는 전입과 전출이라는 양방향적 이동을 다 포함하는 것으로 볼 수 있다. 이런 초국적 이주는 전 세계의 사회는 물론 정치를 개편하는 주요 동인이 되기도 한다.

초국적 이주의 개념을 도입하여 이주 사회를 연구하고자 할 때 특정 국가를 이주자 송출국과 유입국으로 나누던 예전의 이분법은 더 이상 유효한 의미를 잃었다. 초국적 이주는 전 지구적으로 경제적 · 정치적 · 문화적 변화를 불러일으킬 뿐만 아니라 이에 따른 사회문제에 대한 초국적 대응을 요구하기도 한다. 나아가 초국적 이주는 인구의 다양성을 높여 문화의 혼종화가 일상적으로 나타나 다양한 문화의 공존이 나타난다. 이러한 다양성 속에서 발견되는 일반적인 경향은 바로 이주의 여성화로 나타난다. 특히 이주의 여성화란 모든 이주 지역에서 그리고 모든 이주 유형에서 여성의 역할이 중요하다는 관점이다. 과거에 발생했던 대부분의 노동이주와 난민이동은 남성에 의해 주도되었기에 여성이주가 가족 재결합 범주에서만 다루어졌을 뿐이다. 1960년대 이후 여성은 노동이주에서 중요한 역할을 해 왔으며, 현대의 이주에서 여성의 문제는 더욱 부각되고 있다(Castles & Miller, 2009).

국제 이주 시대의 초기부터 현재에 이르기까지 고국의 가족을 부양하기 위한 여성의 이주는 보편적인 현상이다. 그 이유는 여성의 역할이 노동이주의 경제적 편익에 결정적인 요소이기 때문이다. 뿐만 아니라 이주

노동자의 상당수는 여성이었다. 여성 이주노동자는 열등한 존재로 간주되는 경우가 많은데, 이는 가부장적 사회에서 여성의 일차적 역할이 남성 생계부양자에게 의존하는 아내이자 엄마로 정의되기 때문이다.

이러한 이유로 여성은 더 낮은 임금을 받을 수밖에 없고 남성들보다 통제가 용이한 측면이 있다(Phizacklea, 1983). 여성 이주노동자들은 대부분 공장 노동이나 서비스 부문, 가사 노동, 전통적 돌봄 역할과 관련된 직종에 집중되어 있다. 물론 최근 들어 여성 학력의 향상으로 화이트칼라 직업으로 이동하는 여성들도 증가하기 시작했다.

20세기 이후 교통과 통신의 급속한 발달과 대중화, 정보와 지식의 확산, 삶의 질 향상 욕구 등으로 초국적 이주가 확대되었고, 이로 인한 세계화는 다문화 환경을 형성하였다. 이는 다시 과거보다 훨씬 더 초국적 이주의 수요를 창출하고 확대 재생산하였다. 뿐만 아니라 국가간 전쟁과 영토 분쟁, 종교 및 민족 갈등으로 인한 내전과 같은 분쟁에서 발생한 이주자와 난민도 초국적 이주 증가에 큰 영향을 끼친다. 이렇듯 초국적 이주현상은 다양한 요인에 의해 발생하고 있다.

우리가 간과하지 말아야 할 것은 앞서 이야기한 대로 초국적 이주가 사회 계층 이동으로 설명할 수 있다는 점이다. 대부분의 이주자들은 더 높은 임금과 주거환경을 위하여, 가족의 경제적 부양은 물론 가족과의 결합 등으로 인한 삶의 질 향상을 위해 이동을 한다. 하지만 본인의 의지에 상관없이 이주를 강요당하는 경우도 있다. 예를 들어 정치적, 종교적 탄압을 피해 이주한 난민들이나 내전이나 자연재해에 의해 살 곳을 잃은 이재민들, 그리고 휴먼 트래피킹(human trafficking)*의 피해자들은 이러한 비자발적

* 한국 사회에서 휴먼 트래피킹은 흔히 '사람을 사고 파는 행위'를 뜻하는 인신매매로 알려져 있지만, 인신매매라는 단어는 휴먼 트래피킹 범죄의 핵심 요소인 '착취'를 반영하지 못한다는 점에

인 이주자에 해당된다고 볼 수 있다.

2) 초국적 이주의 원인과 젠더 특성

국내외 이주를 포함한 전 세계의 초국적 이주자의 수는 현재 10억 명에 이르고 있다. 이러한 수치는 현재 지구상에 살고 있는 사람의 7명 중 1명이 이수자라는 것을 뜻한다. 실제로 이주에 관한 사항은 2015년 9월에 유네스코에서 채택된 '지속가능개발목표'의 의제*에 포함되었으며, 이는 경제 성장을 돕고 일자리를 창출하는 이주가 지속 가능한 개발에 미치는 막대한 기여를 인정받은 결과이다(김영순, 2018; IOM, 2019).

초국적 이주의 원인은 앞서 기술한 바와 같이 개인적 이동과 구조

서 적합하지 않다고 볼 수 있다. 트래피킹 의정서 제3조에 따르면 휴먼 트래피킹은 '협박이나 무력의 사용 혹은 다른 형태의 강제, 유괴, 사기, 기만, 권력의 남용, 취약한 지위의 이용'처럼 온갖 방법으로 피해자를 착취하며 '타인에 대한 통제력을 가진 사람의 동의를 얻기 위한 대가나 이익의 제공 혹은 수락 행위를 통해, 사람들을 모집, 운송, 이전, 은닉, 혹은 인계하는 것' 같은 다양한 수법을 사용한다. 한국 내 휴먼 트래피킹에는 외국 여성들이 한국에 유입돼 성산업으로 내몰리는 성 착취 목적의 트래피킹(Sex Trafficking)과 가출 청소년 등 미성년자와 금전적 성관계를 갖는 아동 성매매(Child Prostitution)가 있다. 휴먼 트래피킹과 관련된 한국 내 법령은 몇몇의 개별법으로 분산되어 있어 체계적으로 통합될 필요가 있다. 또한, 현행법은 휴먼 트래피킹과 관련된 이슈들을 모두 다루지 않을 뿐 아니라 휴먼 트래피킹을 예방하고 피해자를 보호하며 가해자를 처벌하기에 충분하지 않다. 또한 휴먼 트래피킹에 대한 부정확한 이해로 인해 당국의 피해자 식별 및 가해자 처벌이 제대로 이루어지지 않아 시행에 난항을 겪고 있다(IOM, 2019).

* UN은 2000년부터 2015년까지 시행된 밀레니엄개발목표(MDGs)를 종료하고, 그 후속으로 2016년부터 2030년까지 지속가능 개발 목표 또는 지속가능 발전 목표(Sustainable Development Goals, SDGs)를 새로이 설정하였다. SDGs는 인류의 보편적 문제(빈곤, 질병, 교육, 성평등, 난민, 분쟁 등)와 지구 환경문제(기후변화, 에너지, 환경오염, 물, 생물다양성 등), 경제 사회문제(기술, 주거, 노사, 고용, 생산 소비, 사회구조, 법, 대내외 경제)를 2030년까지 17가지 주목표와 169개 세부목표로 해결하고자 이행하는 국제사회 최대 공동목표다.

적 이동이 있으며, 구조적 이동의 유형 중 정치적, 경제적, 종교적, 문화적 이동 등으로 세분화 된다. 최근 들어 이러한 구조적 이동 유형들은 경제적 요인, 국가 행정적 요인, 인구학적 요인, 분쟁, 환경적 요인, 다국가적 네트워크 요인으로 구분되어 설명되기도 한다(김영순 · 조영철 · 김정희 외, 2019a; 2019b).

첫째, 경제적 요인은 국가별로 이주자들이 정착 희망국과 본국에서 삶의 질과 임금의 차이에 토대를 둔다. 이런 경제적 차이들이 이주자들을 정착국으로 끌어들이는 유인적 지주 역할을 한다. 둘째, 국가 · 행정적 요인은 부실한 정부, 부패한 권력층, 그리고 좋은 교육체제의 동경과 건강 관련 시설의 부재와 관련이 있다. 이러한 이유로 인해 이주 희망자가 증가하게 된다. 셋째, 인구학적 요인은 선진국의 저출산, 고령화 현상에 따른 노동력 부족으로 인한 인근 개발도상국과 저개발 후진국으로부터 인구 유치에 기인한다. 넷째, 국가 내 내전이나 개인의 자유를 제한하는 분쟁, 인종 및 종교 등에 따른 차별로 인해 자유를 찾고 해방된 삶을 추구함에 따른 이주가 일어난다. 다섯째, 환경적 요인은 산업재해, 지진이나 홍수 및 가뭄 등의 자연재해로 인한 이주의 발생과 연관이 있다. 여섯째, 다국가적 네트워크 요인은 해외에 살고 있는 가족과 친지들이 이주를 부추기는 데 촉매역할을 하는 것에 관계한다.

특히 캐슬과 밀러(Castles & Miller, 2009)는 초국적 이주의 경향을 이주의 전지구화, 이주의 가속화, 이주의 차별화, 이주의 여성화, 이주의 정치화, 이주 변천의 확산화 등으로 규정한다. 첫째, 이주의 전 지구화적 특성이다. 점차 더 많은 국가들이 이주에 의해 정치, 경제, 문화적 상황에 결정적인 영향을 받고 있다. 나아가 이민 유입국들은 경제적, 사회적, 문화적 배경이 다른 국가에서 온 다양한 이주자를 받아들이는 경향이 있다.

둘째, 이주의 가속화이다. 현재 거의 모든 주요 지역에서 국제이동의 규모가 커지고 있다. 이러한 이주의 양적 팽창은 정부의 적정한 정책의 시급성을 요구했다. 정부 정책으로 어떤 경우에는 국제이주를 막거나 감소시킬 수 있으며 이주자를 송환시킬 수도 있다.

셋째, 이주의 차별화 경향이다. 대부분의 국가들은 노동이주, 난민이주, 영주이주 등과 같은 이주 유형 중 어느 하나에 치우치지 않고 여러 유형을 동시다발적으로 겪고 있다. 이주의 차별화는 국내 및 국제 정책 수립의 주요 장애물과 아울러 기회 및 위협요소로 작용한다.

넷째, 이주의 여성화 경향이다. 과거에 대부분의 노동이주와 난민이주는 주로 남성에 의해 주도되었으며, 여성은 단지 가족 재결합의 범주에서 다루어졌을 뿐이다. 그러나 1960년대 이후 여성은 노동이주에서 중요한 역할을 해왔고 다양한 이주 유형에서 여성이 다수를 차지하고 있다. 인신매매의 경우에도 일부 연결망에서도 그리고 일부 난민 이동에서도 여성이 다수를 차지한다. 젠더 이슈는 현대의 이주에서 여성의 특수성을 점차 부각시키고 있다.

다섯째, 이주의 정치화 경향이다. 이는 국내정치, 양국관계, 지역관계, 전 세계 많은 국가의 안보정책이 국제이주의 영향을 점점 더 많이 받고 있음을 시사한다. 이주 정책 문제를 해결하기 위하여 전 지구적 거버넌스가 요구되며 유입국과 경유국, 그리고 송출국의 공동 대응을 위한 협력이 필요하다는 인식이 높아지고 있다. 이로 인해 국제이주기구(IOM: International Organization for Migration)*가 생겨났다.

---

* 국제이주기구는 초국적 이주민을 지원하는 정부간 국제기구이다. 본래 명칭은 'International Organization for Migration'으로, 줄여서 IOM으로 불린다. 이 기구는 1951년 제2차 세계대전에 따른 유럽 난민문제를 해결하기 위해 만들어진 '유럽 이민자 문제를 위한 정부간 임시위원회'(the Provisional Intergovernmental Committee for the Movement of Migrants from Europe/PICMME)

여섯째, 이주 변천의 확산 경향이다. 이는 전통적인 이민 송출국이 경유국이나 이민 유입국으로 전환되는 현상을 나타낸다. 폴란드, 스페인, 모로코, 멕시코, 도미니카 공화국, 터키, 그리고 한국 등 다양한 국가들이 이주 변천의 다양한 단계를 겪고 있다. 우리나라의 경우 하와이, 남미 등으로의 노동이주, 러시아와 중국 동북지역으로의 난민 형태로서의 이주와 일제에 의한 사할린 강제 이주, 독일 및 오스트리아로의 간호사, 광부 등의 노동이주 등의 송출국 역할을 했었다. 그러나 이제는 동남아시아, 중앙아시아 및 중국 등으로부터 노동 이민을 선호하는 국가로 변모하였다.

이주 변천의 확산에 있어서 환경의 요인은 이주 결정과 선택에 있어서 중요한 지표이다. 사람들은 열악한 조건을 가진 장소를 떠나 더 살기 좋은 곳으로 이주하려는 경향이 있다. 환경적 요인은 이주와 밀접한 연관이 있다는 것이다. 자연환경의 변화와 자연재해는 이주에 영향을 주는 대표적인 환경 요인이라 할 수 있다. 사막화, 토양 비옥도 감소, 해안 침식, 그리고 해수면 상승 등의 점진적인 환경 변화는 서서히 일어난다. 하지만 사람들의 생활 패턴과 생산 시스템에 영향을 주게 되어 급작스러운 자연재해보다 더 많은 이재민의 발생을 초래하기도 한다. 지구 온난화로 해수면이 상승하면 사람들은 자신이 살던 곳을 떠날 수밖에 없다. 이런 경우가

를 배경으로 하고 있다. PICMME는 1952년 '유럽 이주문제 정부간 위원회'로 명칭을 바꿨고, 1980년에는 '이주문제 정부간 위원회'로 변경되었다가 1989년 지금의 IOM이 되었다. IOM은 설립목적 등을 담은 국제이주헌장 전문에서 "전 세계 이주 및 이동의 흐름을 파악하고, 가장 유리한 조건에서 이주자들이 이주국의 경제 · 사회 체제에 정착할 수 있도록 국제적인 수준의 이주 서비스를 제공한다"고 밝히고 있다. IOM의 주요 역할은 전세계 이주민들을 위한 상담, 이주민들에 대한 의료 지원, 여비 및 귀국 정착금 지원, 이주자들의 법적 · 사회적 지위 향상, 인신매매 근절과 피해자들의 안전한 귀국을 지원하는 것 등이다. 2015년 현재 회원국은 157개 국이며, 본부는 스위스 제네바에 있다. 한국은 1988년 정식 회원국으로 가입했으며, 1999년 설립된 국제이주기구 한국대표부가 국제이주, 카운터트래피킹, 난민재정착, 인도적 지원 업무를 하고 있다. [출처: http://iom.or.kr/]

대표적인 환경 변화에 따른 이주로 볼 수 있다. 반면에 지진이나 화산 폭발 또는 열대성 폭풍이나 홍수와 같은 문제와 관련된 급작스럽고 예기치 못한 자연재해는 이재민의 대량 이동을 초래하게 되지만 오랜 시간이 지나면 결국은 원상태로 복귀하는 것이 가능하다는 특징을 가지고 있다. 최근 기후변화의 현실은 이 문제에 복잡성을 더하는 동시에 긴급성을 더욱 심화시켰다.

환경이 이주에 영향을 미치는 것처럼 이주 역시 환경에 영향을 준다. 사람들의 이동은 주변 생태계에 커다란 효과를 가져 오기 때문이다. 특히 이주자의 대량 유입은 목적지인 정착국의 자연환경 및 사회환경에도 큰 영향을 주게 되는데 계획되지 않은 도시화나 캠프와 임시 숙소 등은 환경에 부정적인 영향을 끼친다. 반대로 이주자들의 출신지에서는 인구의 유출로 인해 인구 및 토지사용 압력이 완화되어 훼손되었던 지역의 생태계가 회복되기도 한다. 이 외에도 이주와 환경 사이의 관계는 종종 인구 성장, 가난, 통치 방식, 안보, 분쟁 등의 다면적 요인에 의해 복잡해지는데 따라서 연구, 정책, 그리고 정책 실행의 포괄적인 접근이 필요하다(IOM, 2019).

조일준(2016)은 인류의 역사에서 이주의 변천과정을 이동과 적응, 확산과 충돌, 국가의 관리와 통제, 네트워크 형성이라는 네 가지 단계를 통해 변화해왔다고 주장한다(김영순 · 조영철 · 김정희 외, 2019a).

첫째, 이동과 적응의 단계이다. 선사시대의 경우, 수렵인 및 채집인들의 이주는 순전히 개인과 집단의 생명을 보전하기 위한 행위였다. 이주를 행하게 하는 결정적 요인은 주변의 생활환경이었다. 식량 확보가 용이하고, 외부의 위협요소로부터 안전한 거처의 확보, 기후와 식생 등 자연환경에의 적응이 무엇보다 우선시되었다. 이 시기의 이주는 소규모 집단이 당초 거주했던 곳에서 다른 곳으로 옮겨가는 것뿐이었다. 적자생존의 이주 생활에 있어서 개인이나 가족 단위의 이주는 드물었고 주로 집단적인 이주가 이루어졌다. 유목민들은 계절의 변화에 따라 일정한 지역 안에서 주기적인 순환 이동을 했지만, 이것도 개인이나 가족 이주라기보다 집단 혹은 소규모 민족집단 전체가 옮겨 다니는 생활이었다. 이 시대에는 개인과 집단이 이주하는 것에 성공하지 못하거나 이주 환경에 적응하지 못하면 도태되는 것이었다.

둘째, 확산과 충돌 단계이다. 농경문화가 일반화되어 사람들이 집거 단위로 정착하면서 인구가 증가하고 생활 공동체의 규모가 커지기 시작했다. 인류의 이주는 집단 이동이 아니라 자연환경을 고려하고 지형 등을 활용하면서 거주 지역의 확산 양상을 띠기 시작한 것이다. 이주자들의 출향은 언제든 다시 귀향할 여지를 남겨 두었다. 힘이 더 강한 집단들은 정복전쟁을 통해 식민지를 확장하였고, 이 과정에서 정복자들은 정복지의 소수자들을 박해하였다. 이런 사회적 배제를 통해 차별이 이루어지고 급기야는 인권 유린으로 인한 집단난민 사태로 이어졌다. 이렇게 본국에서 다른 나라로 탈출하거나 이주한 이들은 세계 곳곳에서 디아스포라(diaspora)로 불리는 이산 공동체를 형성했다.

셋째, 국가의 이주 관리와 통제 단계이다. 지금처럼 초국적 이동시 '이미그레이션'이라는 절차를 거치는 것 즉 여권 등의 신분을 확인하는 증명 서류와 엄격한 통관 절차를 요구하는 것은 인류 역사에서 불과 100여 년밖에 되지 않았다. 19세기 이후 유럽에서 철도가 보급되고 빠른 속도로 국경을 넘는 여행객이 급증하면서 사정이 바뀌었다. 또한 1914년 제1차 세계대전이 발발하면서 각국은 안보를 강화하고 병력을 확보하기 위한 인력 관리를 이유로 출입국 통제를 강화하기 시작했다. 국가가 외국으로

부터 자신의 국경을 넘어 들어오는 사람들에 대해 입국과 체류 기간을 사전에 허락하는 '사증(Visa)'이 통용되기 시작한 것도 이때부터라고 할 수 있다. '여권'이 자국민의 출국을 관리하는 수단이라면, 사증 즉 비자는 외국인의 입국을 통제하는 수단으로 자리 잡았다. 국가 간 여행과 이주를 위해서는 해당 국가가 정한 기준과 요건을 충족하고 통제에 순응하는 '국민 증명'을 해야 했다. 이것은 바로 사증이라 불리는 비자와 여권에 의해 이주 관리가 이루어진다고 볼 수 있다. 국적이 없거나 상실한 사람은 합법적인 외국 여행이 사실상 불가능한 시대가 되었다.

넷째, 네트워크 형성 단계이다. 비행기, 선박, 기차 등 빠르고 대량 운송이 가능한 교통수단, 세계를 촘촘하게 신속하게 이어주는 통신망, 정보 접근성 향상과 지식의 보급 등으로 산업 혁명 이후 국제이주 경향은 이주자 네트워크 형성으로 나타나기 시작했다. 20세기 이후 항공여행의 보편화와 정보통신 기술혁명은 이주의 국제화를 더욱 가속화했다. 이주자들은 본국에 남은 이들에게 새로운 이주지와 이주생활에 대한 정보와 문화적응 생애담과 이주자적 삶을 이야기하고, 일부의 '성공 신화'와 '성공담'은 동반 이주를 자극했고, 이주 연쇄를 불러일으켰다. 디아스포라는 고립이 아닌, 고향과 이주지인 타향을 연결하는 시너지 효과의 주요 집단으로 새롭게 자리 잡았다.

특히 네트워크 형성 단계는 기존의 초국적 이주와 달리 교통수단 및 정보화 등의 첨단 테크놀로지 발달로 인해 현대의 초국적 이주는 가속화, 체계화, 집단화 경향을 보이고 있다. 김렬(2011)은 초국적 이주가 일회적으로 이루어지는 일시적 결과가 아니라 연속적으로 진행되는 역동적 과정이라고 주장한다. 이와 같은 초국적 이주는 이주자들이 기존에 형성한 사회공간적 관계 또는 네트워크로부터 부분적인 단절과 새로운 관계의 구축을 전제로 한다. 이를 김영순 · 임지혜 외(2014)에서는 '초국적 유대 관계'라는 용어로 초국적 이주자들의 글로벌 네트워크 구성의 내용과 이들의 해당 이주자들의 소통관계를 심층적으로 다루었다.

최병두(2018)는 이주자들이 이주하고 정착하는 과정에서 형성 · 재형성하는 이러한 사회공간적 관계는 국경을 가로질러 구축되는 '초국가적 장' 또는 '사이 공간(in-between space)'을 구성하고 있음을 주장하며, 초국적 이주자들이 구성하는 사회적 공간에 대한 새로운 해석의 필요성을 제기했다. 특히 초국적 이주사회에서 여성과 젠더 문제는 최근 이주학의 범주에서 새로운 화두가 되었다.

바스타(Vasta, 1993)는 이미 초국적 이주 사회에서 여성과 젠더 문제가 중요한 이슈 중 하나로 지적하면서, 젠더 개념을 통해 사회적 차별에 대한 이주여성들의 저항을 살펴보았다. 나아가 피작크레아(Phizacklea, 1998)는 여성이주가 여성에 대한 착취를 강화할 수도 있지만, 다른 한편으로는 가부장적 사회 출신 여성들이 자신들의 삶에 대한 통제권을 갖도록 도와줄 수도 있다. 당시 이런 주장은 여성이주에 대한 전환적 해석으로 평가받게 되었다. 킹과 폴게(King & Fogle, 2006)의 경우 여성들은 자신들의 출신국으로 돌아가기를 원치 않게 되는데 이는 이주국에서 새롭게 획득한 자유를 상실하고 싶지 않기 때문이라고 밝혔다.

캐슬과 밀러(Castles & Miller, 2009)는 아직도 많은 국가들의 이민정책들에서 종족적인 폐쇄성으로 인해 나타난 젠더 역할을 지적하였다. 이를 테면, 아직도 남성들을 주요 이민자로 취급하는 동시에 여성과 아이들을 단순한 '피부양자'로 취급하는 이민 규정들이 있다. 오늘날 많은 국가에서 피부양자 자격으로 입국하는 여성들은 독자적인 거주의 권리가 없으며, 만일 이혼할 경우에는 본국으로 퇴거당할 수 있다. 우리나라의 경우도 국제결혼을 하여 입국한 외국인 신부는 F6비자가 나오게 되는데 이는 국민의 배우자 자격으로 취득할 수 있는 비자이다. 그런데 이혼을 할 경우 이 비자의 효력이 없어지게 된다. 단지 미성년 자녀가 있을 경우나 배우자의 귀책 사유로 혼인관계가 파탄에 이르게 되었을 때 구제받을 수 있다. 다시 말해 이혼 당시 아이가 없을 경우에는 본국으로 가야만 하는 처지이다.

최근 들어 증가한 여성의 이주 경향에 관해 오이쉬(Oishi, 2018)는 이주의 중심이 남성들에게서 여성으로 옮겨가고 있다고 강조했다. 점점 더 많은 여성들이 아버지나 남편을 따라서가 아니라 독립적인 노동자 자격으로 이주하고 있다. 많은 여성들이 생계 부양자로서 가족을 책임지고자 스스로의 힘으로 이주하고 있다. 또한 이주 후 '사회적 송금' 활동을 통해 초국적 유대관계를 확장하고 있다. 이런 이주의 여성 중심화 경향은 경제의 전 지구적 재구조화에 의한다.

첫째, 부유한 국가의 중산층 여성들이 가정의 전업주부로부터 해당 나라의 노동시장으로 진출하고, 이들을 대신해 인근의 저개발국가의 여성들이 돌봄 노동을 제공할 목적으로 유입되는 데 이에 따른 이주여성에 대한 수요를 증가시킨다. 둘째, 개발국뿐만 아니라 준개발국 및 개발도상국에서 '신흥 부유층'을 배출하고 있다. 이들은 집안 관리와 자녀 양육을 위한 이주 가사 노동자와 보모를 찾고 있다. 셋째, 많은 산업 국가에서 인구 고령화가 진행되면서 노인들을 위한 간호사나 다양한 돌봄 노동자에 대한 수요가 증가하고 있다. 남성 간호사나 돌봄 노동자가 없는 것은 아니지만, 아시아에서는 아직 이 직업군에 종사하는 사람은 대부분 여성들이다. 우리나라의 경우 중국 조선족 재중동포 혹은 중앙아시아계 고려인들이 노인 돌봄 서비스 종사자인 간병사 역할을 수행한다.

이러한 현상에 대해 앤더슨(Anderson, 2000)은 국가가 제공하는 복지서비스와 맞벌이 가정에 필요한 실제 돌보 수요 사이에 간극이 있음을 지적한다. 복지국가가 제공하는 돌봄 서비스는 노령화 인구 속도를 따라잡지 못하고, 또한 수준 높은 자녀 양육 서비스 욕구를 충족하지 못한다. 그로 인해 많은 국가들은 여성 이주노동 수입을 통해 이와 같은 돌봄 부족 현상을 해결하고자 한다. '지구적 돌봄 사슬(Hochschild, 2000)', '재생산 노동의 국제 분업(Parreñas, 2001)'과 같은 용어가 보여주듯이, 전 지구적 경제 재구조화는 보모나 가사도우미로 일하는 이주 노동자에 대한 수요를 전 세계적으로 증가시켰다. 그리고 제조업 분야에서도 이주여성에 대한 수요가 높다. 전 지구적 무한 경제 경쟁은 이주여성 노동력이라는 막강한 틈새시장을 열었다. 특히 해외로 이전하거나 외주를 줄 여력이 없는 다수의 기업들은 이주여성들을 가장 적정한 노동자로 여기게 되었다. 우리나라의 경우 소위 바디 케어 산업의 서비스 직군인 마사지사들도 태국, 중국 등에서 유입된다.

뿐만 아니라 오이쉬(2018)는 국제적 범죄 조직을 통한 전지구적 '성 산업(sexual industry)'도 이주여성에 대한 수요를 발생시키고 있다고 보았다. 일부 여성들은 합법적인 '연예인 비자'로 입국하지만, 불법적인 통로로 입국하는 경우도 많다. 이러한 상황은 개발국에만 한정된 것이 아니다. 아시아의 많은 개발도상국에서 여성들이 성 산업에 고용되어 이주하게 된다. 이러한 여성 중 상당수가 인신매매와 불법 이민의 피해자이기도 하다.

이러한 이주의 여성화 경향에서 결혼이주여성은 한국의 다문화 사회화에 한 몫을 차지하고 있다. 이로 인해 한국 사회에서 결혼이주여성에 대한 정책적 관심과 학문적 연구는 양적으로 증가하고 있다. 이에 이혜경(2008)은 이주여성과 그 가족을 대상으로 하는 정책 서비스에 관심이 편중되어 있다고 지적하였다. 지원정책의 확산 자체를 부정적으로 볼 수는 없지만, 그 배경에는 부처 간 정책 헤게모니 경쟁이 있고, 당사자의 필요에 따른 의견수렴 과정이 없이 이주자를 무력한 수혜자로 대상화할 우려도 없지 않다.

또한 황정미(2009)의 경우 결혼이주여성에 대한 분석이 대부분 수용국 중심, 국민국가 중심의 시각이 두드러져 있다고 강조했다. 실제로 대다수의 연구들은 지금까지 결혼이주여성들에 대한 시혜적인 시선을 보여주었다. 이주여성에 대해 한국 사회 구성원들은 그들을 도구적으로 바라보고, 수동적인 여성의 이미지를 덧씌운 것은 부인할 수 없다. 그렇지만 이 책에서는 소수자로 간수되어 온 이주여성에게 국제결혼 결정의 주체와 이민 국가에서의 새로운 삶의 개척자적인 주체로서 그들의 주체성에 주목하여 능동적이며 자주적인 삶을 살아가는 존재로서 기술하고자 한다.

1990년대에 들어서면서 소위 농촌총각 장가보내기 운동의 차원에서 정부의 보이지 않는 국제결혼정책의 뒷받침으로 인해 중국과 동남아시아 여성들이 한국 사회로의 결혼이주 현상이 눈에 띄게 급증하였다. 이는 늘어난 해외 이주와 이입과 관련된 새로운 사회현상들 중 하나가 되었다. 중국과 베트남을 필두로 필리핀, 캄보디아 등의 국가 여성들의 한국으로의 이주가 날로 증가하고 있다.

이들은 2000년대에 들어서 '결혼이주여성'으로서 일자리를 위해 이주한 노동자들과 달리 한국 다문화정책의 주요 대상으로 부각된 것은 부인할 수 없다, 노동이주와 달리 한국 남성의 '아내' 자격으로 이주하는 것은 노동자로서의 이주와는 달리 가정을 구성한다는 맥락에서 다른 복합적인 문제들을 내포한다. 결혼이주여성은 출신국과 수용국의 가부장적 결혼제도와 가족규범에 의해 이중적인 제한을 받고 있으며, 단일 문화권의 한국 사회에서는 외국인 아내라는 인종적 · 성적 편견에 노출될 수 있다.

이러한 한국의 특수한 이주 양상에서 이들 결혼이주여성들은 한국의 독특한 문화를 경험하고, 자신이 보유한 문화와의 차이에서 오는 정체성 협상의 주체자가 된다. 그 이유는 한국 사회와 자신의 본국으로부터 문화 차이 경험은 물론 결혼과 이주, 그리고 여성이라는 삼중의 어려움을 가지고 있다.

지금까지 결혼이주여성에 관한 대부분의 국내 연구들은 1장에서 보여준 바와 같이 이들에 관한 사회통합, 문화적응 등 정책적인 측면 등의 접근을 해왔다. 물론 소수의 연구들은 질적연구를 바탕으로 결혼이주여성에 관한 생활세계 차원의 미시적 접근을 수행한 경우들도 존재한다(김영순 외, 2019a; 2019b; 2019c).

본 저술에서는 이주여성들이 결혼을 통한 초국적 이주를 선택한 것이 단지 여성 노동력의 이동, 본국과 이주국의 경제적 차이 등 기존 연구의 해석과 달리 이들의 주체성에 중심을 둘 것이다. 이주를 선택한 것도 이주여성 자체이며, 이주국인 한국에서의 삶을 개척하고 본국과의 초국적 유대관계를 형성하는 주체라는 관점을 견지할 것이다. 따라서 이 저술에서는 이주여성의 주체성을 부각시키기 위해 이들의 문화변용 과정과 정체성 협상을 살펴보고 나아가 이 과정에서 관찰될 수 있는 상호문화 소통 주체자적 역할을 관찰할 것이다.

2.
이주자의 문화적응과 정체성 협상

1) 문화변용과 문화적응

문화적응의 개념을 이해하기 위해서는 '문화(culture)'의 일반적인 개념을 점검해 볼 필요가 있다. 문화는 경작이나 지배 등을 뜻하는 라틴어에서 유래되었으며, 자연 상태와 정반대 위치해 있는 개념으로 이해된다. 그러나 문화를 전문적으로 연구하는 학문 분과인 문화인류학, 문화과학 등의 분야에서는 한 사회의 개인이나 인간 집단이 자연을 변화시켜온 물질적, 정신적 과정의 산물로 정의하고 있고, 크게 보아서는 인간의 삶의 모든 방식을 문화라고 정의하고 있다.

본 저술에서 사용하는 문화적응은 문화를 지닌 서로 다른 사람들이 접촉하면서 일어나는 현상을 말하는 데, '문화변용(acculturation)'으로도 대용되기도 한다. 구태여 문화변용을 문화적응과 구별하고자 한다면 문화변용은 다른 형태로의 문화 변화이며, 그 변화의 결과를 나타내는 것을 문화

적응이라고 한다. 즉 문화적응은 과정으로서 문화변용을 포함하는 개념이다.

문화적응에 관한 연구는 일찍이 '유토피아'를 주장하던 플라톤(Platon)으로 거슬러 올라간다. 당시 플라톤은 다양한 문화를 이해하는 과정에서 외래문화는 피해야 하고 어떤 문화에 대해서도 거리를 두어야 한다고 주장하였다. 반면, 미국의 파월(Powell)은 1883년에 '문화적응(acculturation)'이라는 용어를 처음으로 사용하였다. 문화적응은 다윈의 생물학적 진화론을 바탕으로 둔 문화현상을 진화론으로 설정한 문화진화론의 논의 가운데서 파생되었다. 인간 사회가 동질적인 상태에서 이질적인 상태로, 단순형태에서 복잡한 단계로 문화가 진화하고 있음을 보여주고 있다.

영어 'acculturation'은 문화적응 또는 문화변용으로도 해석되고 있어 국내의 연구에서는 문화적응 또는 문화변용으로 혼용해서 사용되고 있다(최희, 2018). 문화적응은 적응의 '결과'로서 동화주의에 초점을 두고 있지만, 문화변용은 두 문화가 접변을 하면서 일어나는 현상으로 '과정'에 초점을 두고 있다. 따라서 문화변용(acculturation)에 대한 개념은 문화접촉으로 발생하는 현상과 정착과정에 나타나는 정체성 변화를 이해하는데 핵심주제라고 할 수 있다. 따라서 본 저술은 이주여성을 문화변용의 주체자로 볼 것이기에 문화적응이란 용어보다는 문화변용이라는 용어를 선호하여 사용할 것이다.

투른발트(Thurnwald, 1932)가 문화변용을 '새로운 삶의 조건에 적응하는 과정'이라고 정의하였다. 이후 문화변용에 대한 다양한 개념들이 쏟아져 나왔다. 레드필드, 링톤과 케스코비츠(Redfield, Linton & Kerskovits, 1936)의 경우 문화변용은 문화적 근원이 다른 사람들이 지속적이고 직접적인 접촉으로 어느 한쪽 혹은 양쪽 집단 모두 가지고 있던 문화적 패턴이 계속 변화가 일어나는 과정으로 정의한다. 다시 말해 서로 상이한 문화적 배경의 사람들이 상호 긴밀히 접촉하면서 발생하는 변화 과정을 의미한다.

미국에서는 19세기 초반부터 동화주의를 중심으로 한 문화변용에 관한 연구를 '적응'에 대한 관점으로 연구하였다. 그러다보니 이런 경향의 문화적응 연구는 다양한 언어와 문화적 배경을 가진 민족과 인종, 계층들이 특정문화 집단에 동화되는 과정이나 동화를 초점으로 한 정책 연구나 현장 연구가 줄을 이었다. 이런 동화주의 방향의 대표적인 연구들은 시몬스(Simons, 1901), 로이터(Reuter, 1917), 던켄(Duncan, 1929) 등에 의해 이루어졌다. 이후 1930년 이후 문화변용과 문화적응에 대한 연구는 더 많은 관심을 받게 되었고 논의의 깊이와 다양성도 심도를 갖게 되었다.

특히 핵심적인 논의 내용은 바로 문화변용 과정을 개인적으로 볼 것인지, 아니면 집단적으로 보아야 하는 지에 관한 것이었다. 집단현상으로 정의하고 있는 연구자들은 문화변용 개념에 대한 정의를 개인적인 측면보다 집단적인 측면에 방점을 두었다. 어떤 연구자가 문화변용 개념을 개인적인 측면 혹은 집단적인 측면을 구분했는가를 〈표 3-1〉를 통해 확인할 수 있다.

개인적인 측면으로 간주한 연구자는 투룬발트(1932), 도렌벤드와 스미스(1962), 테스크와 넬슨(1974), 베리(1997)이며, 집단적인 측면으로 개념을 정의한 연구자는 헤르스코비츠(1937), 질린과 라이미(1940), 린톤(1940), 드베룩스와 롭(1943), 보가더스(1949) 등이다. 개인적인 측면과 집단적인 측면을 혼합하여 간주한 연구자는 이튼(1952), 스피로(1955), 그레브스(1967) 등이다.

문화변동 과정의 전제는 상이한 문화의 접촉이 있어야 한다. 이를 테면 국제결혼을 수행한 이주여성이 바로 문화 접촉 상황에 놓이는, 즉 어떤 경우라도 변화가 일어나는 역동적인 과정이 필요 조건이다. 적어도 두개

〈표 3-1〉 다양한 문화변용의 개념 내용

구 분	문화변용 개념의 내용
투룬발트 (Thurnwald, 1932)	새로운 삶의 조건에 적응하는 과정
헤르스코비츠 (Herskovits, 1937)	문화적 집단의 상호작용에 관한 문화적응
질린과 라이미 (Gillin & Raimy, 1940)	하나 이상의 다른 사회의 문화와의 접촉 결과로 사회 문화가 변화하는 과정
린톤 (Linton, 1940)	다른 문화를 가진 사람들의 집단이 지속적으로 직접 접촉하게 될 때 발생하는 현상
드베룩스와 롭 (Devereux & Loeb, 1943)	다른 사람들은 개인적인 요소를 인정하지만, 여전히 문화적 배경을 가진 구성 요소로서의 집단
보가더스 (Bogardus, 1949)	문화 다원주의 논의에서 문화 체계
스피로 (Spiro, 1955)	집단과 개인 모두에서 문화적응이 발생할 수 있다고 인정, 그러나 개인적 차원에서의 문화적 적응과정은 집단 문화 적응 과정에 영향을 받는다고 주장
이튼 (Eaton, 1952)	개인과 집단 모두에서 문화 다양성이 발생할 수 있다고 강조.
도렌벤드와 스미스 (Dohrenwend & Smith, 1962)	집단적 차원도 중요하지만, 문화적응에 영향을 미치는 것이 개인이므로 독창적인 개인의 현상임을 분명히 강조
그레브스 (Graves, 1967)	집단문화적응과 개인이 경험하는 심리적 차원의 문화적응
테스크와 넬슨 (Teske & Nelson, 1974)	집단보다 개인의 동화현상이 더 두드러지게 나타난다고 보았음
베리 (Berry, 1997)	문화 간 접촉에 따른 문화적, 심리적 변화의 과정으로 개인의 현상

출처: 최희(2018: 41-42)

의 문화 집단 혹은 개인이 지속적으로 직접으로 접촉해야 한다. 이것이 문화변동 과정의 가정 기초적인 단계인 셈이다. 그레브스(1967)와 베리(1997)는 두개의 문화 집단이 지속적으로 문화접촉을 행할 경우 문화적 변화가 일어나는데, 이때 나타나는 문화변화 현상에 대해 집단적 현상으로서의 문화적응과 심리적 문화적응으로 구별하여 표현했다. 어떤 경우라도 실제로 공동체 집단의 문화적응과 개인이 경험하는 심리정서적 차원의 문화적응은 모두 문화변용 과정에서 사회에서 함께 공존하는 법을 배워야 하며 상호 적응할 수 있는 전략을 선택하게 된다.

대부분 문화변용을 연구한 학자들의 견해를 보면 크게 두 가지로 분류할 수 있다. 첫째, 집단적인 현상으로 나타나는 문화 변화는 주류 사회의 정치나 경제에 좌우되고 해당 이주국의 사회 관습에 따라 생활이 변화되고 결국 사회적 행동변화도 함께 일어나게 된다. 둘째, 개인적으로 나타나는 정서심리적 변화는 개인의 태도에 따라 다르며, 개인의 문화정체성의 변화와 사회적인 행위에도 변화를 나타낸다. 최희(2018)는 문화변용 과정을 문화적응으로 표현하며 〈표 3-2〉를 통해 집단적 현상과 개인적 현상으로 구분하여 제시한다.

〈표 3-2〉 문화변용 과정의 변화 유형과 변화 내용

현상분류	변화유형	내용
집단현상	문화적 변화	• 정치와 경제변화 • 관습과 생활변화 • 사회적 행동변화
개인현상	심리적 변화	• 문화정체성 변화 • 개인의 태도 변화 • 사회적 행동변화

출처: 최희(2018: 43)

실제로 우리나라에서는 베리(1990; 1997)에 기대어 문화적응 현상을 설명하는 연구물을 접할 수 있다. 이런 부류의 연구에서는 문화변용의 주체적인 관점보다 어떤 개인이 문화접촉을 통해 서로 상호작용하면서 새로운 문화를 형성하는 관심보다는 새로운 문화에 얼마나 동화되었느냐에 초점을 맞추고 있다. 이러한 동화과정을 놓고 테스크와 넬슨(1974)은 동화현상은 집단현상뿐만 아니라 개별적인 개인 현상으로 나타날 수 있다. 하지만 집단현상보다는 개인의 동화현상이 더 두드러지게 나타난다고 보았다. 이에 대한 원인은 집단이 문화적응에 동등하게 참여하지 않기 때문이며, 집단의 전반적인 변화와 개인이 공동체변화에 참여하는 정도가 크게 다르기 때문이라고 설명한다.

문화변용 과정에 대해 베리(1997)는 두 가지 차원의 네 가지 유형을 범주화하여 문화변용 과정의 특징들을 가릴 수 있는 모델을 다음 〈표 3-3〉과 같이 제시하였다.

이 모델은 우리나라의 문화적응 관련 논문에서 인용하지 않은 경우가 거의 없을 만큼 유명세를 타고 있다. 이를 자세히 보면, 첫째, 이주한 집단이 주류사회와의 관계를 유지할 것인가, 둘째, 자신의 정체성을 유지할 것인가에 대한 문제이다. 여기에서 주류사회의 문화를 받아들이면서

〈표 3-3〉 문화적응 전략

		자신의 정체성과 특성을 유지하는 것이 가치가 있다고 생각하는가?	
		긍정	부정
주류사회와의 관계를 유지하는 것이 가치가 있다고 생각하는가?	긍정	통합	동화
	부정	분리	주변화

출처: 베리(1997: 10)

동시에 자신의 정체성을 유지하면 통합, 동시에 자신의 정체성을 유지하지 않고 주류사회의 문화를 추구하면 동화, 주류사회의 문화를 수용하지 않으면서 동시에 자신의 정체성만 유지하게 되면 분리, 주류사회의 문화를 수용하려 하지 않고 자신의 정체성도 유지하지 않게 되면 주변화로 보았다.

〈표 3-3〉과 같은 베리의 문화적응 모델은 초국적 이주시대를 맞는 현재에도 과연 유용할 것인가 하는 질문은 회의적인 국면을 맞게 되었다. 그 이유는 과거의 이주와 달리 현대의 이주가 복잡다단한 양상을 보이기 때문이다. 과거에는 이주의 형태가 크게 이민자, 난민으로 나누어졌으며 빈부국 격차가 갈수록 커지면서 세계적으로 인구 이동이 확산되고 있었다. 그러나 최근의 초국적 이동은 이주의 동기와 과정에서 다양화되었고, 이주의 여성 중심화를 통해 이주의 패러다임이 달라졌기 때문이다. 따라서 이주민들은 베리가 제시한 네 가지 문화적응 전략 중 하나를 반드시 선택한다고 보기는 어렵다고 볼 수밖에 없다. 정진경 · 양계민(2004)은 베리의 문화적응 모델의 문제점에 대해 크게 세 가지를 지적했다.

첫째, 사적 영역과 공적 영역에 따라 선택된다는 점이다. 예를 들어, 가정 내에서 가족들과는 자신의 정체성을 유지하기 위한 행동을 많이 하면서 이민국에서 중시하는 사회통합정책에 따라 통합전략과 동화전략을 선택적으로 사용할 수 있다는 것이다. 둘째, 이주한 집단이 이민국의 주류사회에 지속적으로 거주할 경우, 해당사회의 주류로 진입하기 위해 선택전략으로 바꾸어 나갈 수 있다는 점이다. 예를 들어 연령의 상이함에 따라 다른 전략을 선택할 수 있다. 셋째, 자신이 선택한 전략이 주류 사회에서 반드시 인정하는 것이 아니라는 점이다. 예를 들어, 동화정책을 선호하는 국가에서 통합전략을 선택한 사람은 인정받기 어려울 수밖에 없다. 이러한 현상은 주로 본국을 떠나 주류사회에 일시적인 체류보다 장기 거주하고 있는 난민이나 이민자에게서 나타나는 현상이다.

지금까지 살펴본 바와 같이 문화변용이 일어나는 과정의 결과적 측면을 문화적응으로 보았다면 변화를 주도하는 현상은 개인과 집단의 현상과 유형에 따라 다르게 나타난다. 이런 점은 문화변용을 연구할 경우 개인과 집단을 포함시켜야 함을 의미한다. 따라서 이 저술은 결혼이주여성을 집단별 유형으로 분류하고, 집단 속의 개인의 문화변용 과정을 살펴보기 위해 개인의 정서심리적 측면, 사회적 대인관계 측면, 초국적 소통 측면으로 구분할 것이다. 이와 더불어 이러한 문화변용 과정은 이민을 둘러싼 변화와 갈등 속에서 이민자의 정체성 변화를 수반한다. 따라서 문화 간 경계를 허물면서 협상되는 정체성에 대해서도 논의할 것이다.

2) 정체성의 유형과 다양성

앞서 우리는 개인의 정체성으로 부터 정체성의 다양성에 이르기까지의 정체성 개념 논의를 살폈다. 위의 논의를 정리하자면, 정체성이란 내적 존재의 본질을 깨닫는 성질로서 외부와 상호작용을 하는 과정에서 변화하며 사회 환경에 따라 복합적이고 상호 중첩되는 성격을 지닌다고 정의할 수 있다. 아울러 최근에는 정체성이 고정되어 있다기보다 사회적 맥락과 개인의 조건에 따라 끊임없이 변화하는 데 이를 정체성 협상과정으로 이해하는 경향도 있다. 본 저술에서도 역시 유동적인 정체성 개념을 채택하고 정체성 협상의 사례들을 포착하고자 한다.

또한 정체성은 사회적 맥락에 따라 다양한 의미가 부여되는 데, 이는 정체성의 유형 분류가 가능하도록 해준다. 이를테면, 개인의 정체성과 함께 영토정체성, 국가정체성, 민족정체성, 사회정체성, 문화정체성, 집단정체성, 종교정체성, 지역정체성 등 다양한 유형의 정체성 분류가 가능하다. 초국적 이주를 다룰 본 저술에서 필요한 정체성 유형은 사회정체성, 민족정체성, 문화정체성이다. 이를 구체적으로 살펴보면 다음과 같다,

첫째, 사회정체성(Social Identity)이다. 사회정체성의 이론의 출발점은 타이펠(Tajfel)이 행한 일련의 연구에서 기인한다. 그는 1960년대 영국에서 사회적 요인과 인종차별, 편견, 차별에 대한 인지적, 사회적 측면에 관한 연구를 수행하였다. 이후 1970년대 후반 자기 개념의 일부인 사회정체성에 대한 이론은 영국 브리스톨대학의 터너(Turner)와 공동연구를 하면서 개발되었다. 타이펠과 터너(Tajfel & Turner, 1979)에 의해 주창된 사회정체성이론은 1985년에 이르러 터너에 자기범주화이론 개발을 통해 확장되었고(Turner, 1985; Turner et al., 1987), 이후 호그와 테리(Hogg & Terry, 1995)를 비롯한 많은 사회정체성 이론가들에 의해 점진적으로 발전하고 확대하였다.

타이펠(1972)은 사회정체성을 집단 구성원의 정서적이고 가치 있는 의미를 지닌 특정 사회집단에 속한 개인의 입장으로 개념화하였고, 터너(1982)는 사회집단이 공통된 정체성을 공유하거나 서로 동일한 것으로 인식되는 둘 이상의 개인이 동일한 사회적 범주에 속한다고 인식하는 경우라고 보았다. 호그와 아브람스(Hogg & Abrams, 1988)는 사회정체성을 사회적 범주 또는 집단에 속하는 것으로 정의하였고, 스테츠와 버어케(Stets & Burke, 2000)는 공통된 사회적 신분을 지니거나 자신을 동일한 사회범주의 구성원으로 보는 개인의 집합 차원으로 간주하였다.

일반적으로 대부분의 사회정체성 이론은 개인과 집단과의 관계를 다

루는 차원에서 논의하고 있다. 따라서 사회 구성원들은 개인이 독특한 정체성을 지니고 살아가면서도 동시에 '어디에 소속 되었는가'에 따라 집단 구성원으로서의 정체성을 갖게 된다. 자신을 어떠한 범주에 포함하려 하면서 마치 집단정체성을 개인적인 차원의 정체성으로 이해하기도 한다. 다시 말해 사회정체성은 소속된 집단을 기반으로 사회관계 속에서 형성되는 주관적인 자기인식이라고 볼 수 있다. 이 때문에 인간은 사회적 동물로서 다른 사람들과의 사회적 관계를 통해서만 자신이 누구인지를 이해할 수 있다는 사회학적 명제를 수긍할 수밖에 없다.

사회정체성 이론에서 개인의 자아는 그 자체로 대상이 될 수 있고 다른 사회범주와 관련하여 특정한 방식으로 그 자체를 분류하거나 명명할 수 있다. 이 점에서 자아는 점에서 재귀적 기능을 수행한다고 볼 수 있으며, 이 과정을 사회정체성이론에서는 자기범주화라고 부른다(Stets & Burke, 2000). 개인은 이미 구조화 된 사회에서 태어나기 때문에 개인보다 사회적 범주가 선행한다. 따라서 사람들은 자신이 속한 사회범주에서 타 집단과 비교를 통해 개인의 정체성을 유지한다.

이런 맥락에서 개인과 사회의 관계에 대한 고전적인 논의들을 살펴볼 필요가 있다. 산업혁명 이전의 사회에서는 개인의 비중이 사회보다도 컸다고 볼 수 있다. 사회 구조가 개인 중심으로 이루어졌고, 산업과 정치가 현대와 같이 복잡하거나 다양하지 않았기 때문이다. 개인이 모여서 사회가 되므로, 마치 사회는 개인을 위해 있으며, 개인이 사회의 주인들인 것같이 생각되어 왔다. 그러나 현대 사회로 접어들어 정치, 경제를 비롯한 사회의 모든 분야가 개인보다도 사회를 중심으로 운영되는 성격을 띠게 되었다. 산업혁명 경제의 사회성을 강요하게 되었고, 프랑스 혁명은 정치적인 사회성을 강조하기에 이르렀다.

19세기 무렵에 탄생된 사회과학을 보면, 우리들의 생활이 급속도로 사회중심 체제로 변한 것을 실감케 된다. 현대에 이르러 사회가 중심이 되고 개인은 그 사회의 부분들인 것으로 생각되기에 이르렀다. 특히, 사회가 그 시대의 사람들을 만든다는 주장이 대두되면서부터 그 성격이 점차 굳어졌다. 실제로 현대를 살고 있는 우리들의 생활을 살펴보면, 내가 살고 있다기보다는 '우리'가 살고 있다고 본다. 이때 '우리'라 함은 정치, 경제 등의 집단인 사회를 가리키고 있는 것이다.

현대가 그렇다고 해서 사회가 개인보다 우선시된다는 견해가 그대로 정낭하며, 또 그렇게 되어야 하는가 함은 별개의 문제이냐. 일찍이 니체와 같은 철학자들은 개인의 존엄성과 가치를 강하게 호소한 바 있다. 오늘날까지도 사회와 개인에 대한 대립된 견해는 여전히 지속되고 있다. 그렇다고 해서 사회가 전부이며 개인은 의미가 없다든지, 개인의 절대성을 주장한 나머지 사회의 역할을 약화시키는 것도 모두 정당한 견해가 되지 못한다고 본다. 오늘날 우리는 개인 속에서 그가 소속되어 있는 사회를 발견하며, 그 사회 속에서 개인을 발견한다. 사회와 개인은 한 단위의 유기체와 같이 서로 깊은 상호작용을 일으키고 있다. 개인이 없는 사회는 존재할 수 없으며, 사회에 속하지 않는 개인을 생각한다는 것 자체가 불가능하다.

그렇다면 진정 개인과 사회의 관계는 어떠한가? 이 질문은 오랫동안 사회과학자들의 숙제였다. 어떤 사람들은 둘 사이의 관계를 원자와 물질의 역학적 관계와 같이 생각하기도 한다. 원자가 없는 물질은 존재하지 않으며, 물질이 없다면 원자의 존재는 의미가 없다. 그 존재성만을 중심으로 본다면, 개인과 사회의 관계도 이와 비슷할 것이다. 개인과 사회의 관계를 사회학자들은 개인을 우위에 두느냐 사회를 우위에 두느냐하는 것을 문제삼는다. 그렇지만 결국 개인과 사회는 '동전의 양면'이며 '똑같은 하나'

라고 주장한다. 그러나 심리학자들은 개인과 사회를 다른 독립체로 생각한다. 그래서 사회는 개인의 자유와 개성을 추구하는 것을 방해한다고 본다. 그러나 사회문화 현상이 그렇듯이 개인의 합에 의해 발생하고 그 현상이 개인에게 영향을 주는 만큼 개인과 사회의 영역은 완전히 분리할 수 없고 상호 영향을 받을 수밖에 없다. 당연히 사회적 관계의 힘은 개인적 삶의 선택하는 것에 영향을 줄 수 있고 개인의 자율성은 다른 사람의 삶, 즉 사회와 뗄 수 없는 관계로 연계되어 있다.

그러나 이것으로만 개인과 사회의 관계를 모두 설명할 수는 없다고 본다. 다른 어떤 사람들은 개인과 사회의 관계를 세포와 유기체의 관계와 같이 생각한다. 생명적 존재를 위한 생성의 원리가 내포되어 있기 때문이다. 찰스 다윈의 영향을 받은 스펜서도 사회유기체설을 통해 이와 비슷한 생각을 가지고 있었다. 그러나 진정한 의미의 개인과 사회의 관계는 존재나 생성의 과정에 그치지 않는 보다 높은 차원에 속하는 것이다. 그것은 존재하면서 생성하며, 생성하면서 문화와 역사를 창조해 가는 관계인 것이다. 그러므로 그 관계는 발전과 비약을 가능하게 하는 변증법적 관계로 보는 편이 타당할 것이다. 이런 측면에서 정체성을 바라보자면 사회정체성은 해당 사회 구성원으로서 개인과 밀접한 관계를 가져야 한다.

최희(2018)에서는 이러한 사회정체성을 구성하는 요소는 크게 세 가지로 나누고 있다. 첫 번째 요소는 사회정체성이론의 자기범주화 구성요소이다. 자기범주화이론(Self-categorization theory)은 타이펠과 터너의 사회정체성이론에서 진화하였다. 현대의 사회정체성이론은 집단 간 관계, 집단과정 및 사회적 자아에 대한 사회심리학 이론을 목적으로 사회심리학 발전과 함께 하고 있다. 두 번째 요소는 자신을 집단구성원으로 지각하는 동일성이다. 다시 말해 자신이 동일시하는 집단은 내집단이라고 하며, 우리가 우리 자신에 대하여 동일시하는 집단은 외집단이라고 한다. 세 번째 요소는 다른 집단과 비교하는 사회적 비교이다. 사회적 비교는 집단 간 관계를 다루고 있다. 특정한 사회정체성을 가짐으로써 특정 그룹에 속해 있고 다른 그룹과 같고 그룹의 관점에서 본다는 것을 의미한다. 사회적 비교 과정을 통해 자기와 비슷한 사람들은 자기와 함께 분류되어 그룹 내에서 분류된다.

둘째, 민족정체성(Ethnic Identity)이다. 민족이라는 기원이 근대의 개념으로서 복잡한 집단이며 정확한 정의를 내릴 수 없다. 민족 집단들은 기원선 초창기부터 계속 존재해왔으나 민족을 형성하지는 않았다. 노태구(2002)의 경우 민족은 본질적으로 종족적 또는 문화적 실체라는 생각이 민족의 '주요'개념으로 서술되고 있지만, 민족주의 이론가들은 정치적 공동체로서의 민족은 문화적 동질성보다 시민의 충성과 정치적 신의를 강조하는 정치적 실체로 보았다. 민족정체성은 크게 두 가지로 구분되는데, 하나는 문화적 공동체로서의 민족정체성과 정치적 공동체로서의 민족정체성으로 분류하고 있다. 민족정체성에서 의미하는 민족이란 무엇인지를 먼저 살펴 볼 필요가 있다. 레난과 지라데(Renan & Girardet)은 민족 개념을 독일식 개념과 프랑스식 개념으로 분류하였다. 먼저, 독일식 개념에서는 민족의 영속성을 강조하는 데 인종적 공동체가 갖는 특징에 주목하였다. 이 개념에 따르면 민족을 종족, 조상, 언어, 문화, 영토, 관습 등 공동의 역사적, 사회적 가치를 소유한 원초적인 유대 관계를 강조하는 종족적 형태로 구분하고 있다(Renan & Girardet, 1996; 신행선 역, 2002).

사실상 민족과 종족의 동질성은 중복된다. 여기서 유전적인 요소와 세습적 유산이 강조되면서 어디에서 살고 있는지, 어떤 언어와 문화를 사용하는지, 선조가 누구인지, 어디에 속해 있는지에 대한 주장으로 볼 수 있다. 또한 프랑스식 개념으로서 민족은 근대화의 부산물로 간주되는데 정치적 실재로 해석되고 있다. 여기서 중요한 것은 민족 공동체에 귀속되고자 하는 민족 성원의 주관적 의지라는 것이다(Renan & Girardet, 1996; 신행선 역, 2002).

이러한 민족의 논리라면 민족정체성이란 영속성을 강조하는 영원한 존재 또는 불변하는 유산을 지니는 것이 아니라 동질성을 지닌 구성원들이 자신의 민족에 대한 소속감을 바탕으로 형성되는 정체성이라고 할 수 있다. 여기서 동질성은 독일식 민족 개념에서 주장하는 종족이나 조상, 언어, 문화 등을 가리킨다. 대부분이 인식하는 민족은 문화적 공동체라고 하지만, 문화란 무엇인가를 논하는 것 또한 민족이 무엇인가를 논하는 것만큼 복잡하고 어렵다.

셋째, 문화정체성이다. 모든 인간은 문화를 가지고 있다. 이는 민족, 언어, 역사, 사회계층, 젠더, 성적지향, 그 외의 정체성을 형성하고 경험을 만드는 다양한 상황을 통해 모든 사람이 어떤 형태로든 사회와 사회적, 정치적 관계를 맺고 있기 때문이다. 따라서 문화는 복합적이면서 동시에 복잡한 개념을 가지고 있다. 이렇게 복잡한 개념을 가지고 있는 문화를 니토(Nieto, 2009)는 다음과 같이 정의하였다. "문화는 역사적, 지역적, 언어적, 사회적, 그리고 종교적인 여러 요소를 통해 이루어진 한 집단의 사람들이 창조하고 함께 공유하며 끊임없이 변형시키는 가치와 전통, 사회 · 정치적 관계, 그리고 세계관이다."(Nieto, 2009; 김영순 외 역, 2016: 185).

이와 같이 문화는 사회적 공간에서 공유하며 인간은 사회적 존재로서 자신의 삶과 세계를 사회적 공간에서 만들어간다. 이런 점에서 문화 간 접촉으로 일어나는 사회 구성원의 문화변용 과정을 통해 그들은 새로운 환경에 적응하면서 자신의 정체성에도 변화가 일어나게 된다. 문화정체성은 개인들이 상호간에 어떻게 적응하는가에 영향을 미치는 중요한 요인으로 여겨진다. 캐스미어(Casmir, 1984)는 문화정체성을 자아의 표상으로 묘사한 '자아의 이미지'로 정의하였다. 그러나 자신의 본국과는 낯선 환경으로 이주하여 주류 문화에 동화가 될 때 모국의 정치적, 경제적, 사회적 체계와 가치에 따라 적응과 동화가 일어날 가능성이 크다. 이때 이주민 출신 본국의 문화정체성은 이민국에서 새롭게 획득한 문화정체성으로 대체될 가능성이 있다.

반면에 자신의 고유한 출신 문화정체성을 잃지 않으면서 새로운 문화를 선택하고 두 문화를 서로 융합할 수 있는 제3의 문화정체성을 형성할 수도 있다. 이것을 무어와 바커(Moore & Barker, 2012)는 'TCI(Third culture individuals)의 문화정체성'이라고 했다. TCI의 문화정체성은 가지고 있는 이중문화 혹은 다중문화를 서로 융합하여 자신만이 지니는 또 다른 제3의 문화를 가리킨다. TCI의 장점은 문화적응력, 문화적 인식, 유창한 다국어 구사 능력, 개방성 등이지만 두드러진 단점은 소속감의 결여이다.

이질적인 문화를 접하면서 다양한 문화는 개인의 '삶에 동화'가 될 수 있지만, 소속감은 비슷한 배경의 사람들과 관계가 있다. 이 때문에 개인이 사회의 모든 영역에서 순조롭게 적응하는 것이 아니라 선택적 혹은 선별적 적응이 이루어지거나 소극적인 적용으로 나타날 수 있다는 점에 주목해야 한다(Pollock & VanReken, 2009). 이러한 경향은 문화에 대한 소속감과 문화정체성은 반드시 동일하지 않다는 것을 보여준다.

문화는 해당 사회구성원들로 하여금 보편화와 특수화, 통합과 분리, 동일성과 차이, 병렬과 융합이 동시에 일어나기 때문에 이중적이며 모순적인 특성을 나타낸다는 점을 알아야 한다. 따라서 정체성은 주어진 환경에서 지속적인 동적 과정으로서 사회문화적 맥락에 따라 비례하여 진화한다. 이처럼 인간 주체는 사회문화적 맥락에서 타인과의 상호작용을 통해 정체성 변화를 일으키는 과정에서 일종의 협상 전략을 활용하고 있음을 알 수 있다. 이런 정체성 협상에 관해서는 다음 장에서 살펴보고자 한다.

2) 정체성과 정체성 협상

앞서 필자는 문화변용과 문화적응의 개념을 설명하면서 이민자들의 문화변용 과정에서 정체성 협상에 관한 연구가 이민자가 객체가 아닌 주체로서 연구할 수 있는 중요한 차원을 열어줄 것이라고 주장하였다. 이민자의 주체성 연구에 있어서 이들의 정체성 협상을 살펴보는 것은 필수적이라는 의미이다. 우선 정체성 협상을 논의하기 위해 정체성의 개념 정의와 역사적 관점을 소개할 필요가 있다.

우리가 일상생활에서 정체성이라고 부르는 'identity'는 그리스어인 'idein'에서 유래된 용어이다. 그렇지만 철학 분야에서 identity는 'A는 A이다'라는 플라톤(Plato)의 범주에서 동일성을 의미한다. 그러나 이러한 동일성의 개념이 나오기 이전에 등장한 파르메니데스(Parmenides)의 실체의 영원불멸성 논의를 이해할 필요가 있다. 그는 존재하지 않는 것은 사유할 수 없다며, 존재하는 것은 생성과 소멸이 없으며 하나의 연속적인 것이라 하였다. 이런 주장은 '만물은 변한다'고 하는 헤라실리투스(Heraclitus)와 니체(Nietzsche) 등으로부터 반대적 입장과 대립되었다. 이러한 양립적인 주장들은 플라톤(Plato)에 의해 불변의 이데아(idea)세계가 구체화되었으며, 양자측의 논의의 통일이 제안되었다(박아청, 1998: 83).

플라톤은 존재하는 사물의 원형으로서 이데아(idea)를 철학의 차원으로 승화시켰다. 그는 어떤 개별적인 사물이 없어져도 본질적인 사물의 원형은 계속 존재한다고 여겼다. 나아가 이데아(idea)는 인간이 감각하는 현실적 사물의 원형으로 존재와 인식의 근거가 되는 초월적인 실재를 말한다. 이러한 존재와 인식의 근거가 되는 본질적인 논리에 의해 '정체성(identity)'이 존재한다고 주장하였다.

이런 철학적 영역의 정체성 논의를 심리학적 차원으로 연결한 연구자는 다름 아닌 미국의 정신분석학자인 에릭슨(Erikson)이다. 그는 1950년에 『아동기와 사회(Childhood and Society)』에 이어서 1959년 『정체성과 생애주기(Identity and the Life Cycle)』를 발간하면서 '정체성(identity)'이라는 용어를 사용하였고 이후 관련 학계에서 이 용어가 급속하게 확장되었다.

세레스 외(Serres, et. al., 2006)의 연구에서는 이주자와 관련한 정체성의 등장과 구축과정이 설명되어 있다. 18세기부터 근대가 시작되면서 열강들의 식민지 개척 등을 통해 자연스럽게 발생된 경계를 넘나드는 인구이동으로 인해 개인들이나 '영토가 없는 공동체'들이 발생하였다고 한다. 영토가 없는 공동체란 특정 민족 집단이지만 어떤 원인으로 인해 다른 여러 나라로 흩어져 사는 경우이다. 이를 테면, 특정 소수민족인 흐멍족의 경우 중국 서남부 지역과 동남아 북부지역 일대 여러 나라에 걸쳐 거주한다. 흐멍 족은 이주국가의 다수 민족 집단에 의해 지배와 억압 받고 있지만 독립된 영토 확보를 위해 노력하는 경우를 볼 수 있다. 이런 연유로 통제와 검열을 위한 국가 체제의 관료주의가 발달하였고, 더불어 사회적인 지배계급으로부터 정체성 구축과정이 형성되었다. 또한, 공적인 신원 확인 제도와 절차가 생겨나면서 뿌리 없는 개인이나 영토 없는 공동체들을 통제할 수 있게 되었다(Serres, et. al., 2006; 이효숙 역, 2013: 18-19).

바로 이러한 시작이 신분증이라는 제도와 결합되어 오늘날까지 개인의 정체성을 대표하는 기능으로서 '나'와 동일시하는 개념으로 사용되어 왔고, 국적 개념으로도 활용되어왔다. 신분증은 영어로 'Identity Card'라 하여, 정체성을 의미하는 영어 단어 'Identity'가 들어간다. 이는 '나'가 '나' 임에도 불구하고 '나'라는 근거가 되는 '타인'으로 부터 '나'의 존재를 증빙할 수 있는 기능을 갖게 한다. 특히 초국적 이주 사회에서 이주 주체로서 개인의 정체성을 단순하게 정의하기 어렵다. 그럼에도 불구하고 정체성은 주체성을 지닌 개인이라는 개념은 물론 여기에는 법적, 제도적 권리를 지닌 주체로서 의미도 내재하고 있음을 알 수 있다.

그렇지만 우리가 정체성 개념을 논의할 때 간과하지 말아야할 것이 있다. 흔히 정체성이라고 할 때 소속과 정체성을 혼동하기 때문이다. 대부분의 사람들은 '당신은 누구인가'에 관한 질문을 받아서 자신을 소개할 때 나열식으로 이름은 무엇이고, 어디서 태어났고, 어디서 일하며, 어디서 살고 있다는 등등으로 자신을 설명하려 한다. 그러면서 '당신은 누구인가?'라는 질문에 가장 먼저 '나는 누구인가?'에 자신을 돌아보게 된다. 바로 이 순간에 우리는 소크라테스의 '너 자신을 알라'는 교훈적인 명제에 직면한다. 이런 지점, 즉 자신의 모습을 성찰하면서 자신이 인간으로서 어떤 사람인지에 대한 정의를 내리게 된다. 이 경우 그 사람은 정체성을 지닌다고 볼 수 있다(Johnson, 2002; 김영순 외 역, 2010: 50). 이런 맥락에서 테일러(Taylor, 1994: 25)의 정체성에 관한 개념 규정은 일맥상통한다. 그에게 정체성이란 자신이 누구인지, 인간으로서 자신을 정의하는 근본적인 특성들이 무엇인지 등 자신의 삶 속에서 자기를 이해하는 과정이라고 한다. 지금까지 정체성 논의의 개인적 측면을 언급했는데, 이와 더불어 정체성 규정에 대한 자기 외부적 조건들이 결정적임을 드러내는 논의들도 있다. 우리는 나탄(Nathan,

2006)의 정체성 논의에 주목할 필요가 있다. 그는 가족, 인종, 국적, 생물학적 특성, 심리적 특성 등 수많은 요소들이 하나의 정체성을 이룬다고 본다. 그래서 앞선 개인이 정체성 논의가 개인 자체에서 출발하는 것에 대해 회의를 갖는다. 그는 개인 자체적인 질문 '나는 누구인가?'라는 데 답하기보다 '나는 누구에게 속하는가?' 라고 자문하는 것이 합당하다는 논리를 펼친다(Serres, et. al., 2006; 이효숙 역, 2013: 46).

'나는 누구인가?'라는 인식론적 질문보다 '어디에 소속되어 있느냐' 라는 존재론적 질문에 무게를 두고 있다. 이를테면, 인간이 태어나면서 부모로부터 성(姓)은 물려받고 이름(名)은 부여받게 되며, '누구의 딸 혹은 아들'이라는 가족 내의 사회적 지위를 획득하게 된다. 이런 예가 바로 인간이 탄생시 부터 소속된 정체성을 부여받게 되는 것으로 본다. 즉, 가족이라는 공동체에서부터 사회라는 집단공동체까지 소속되어 사회정체성이 형성되고, 민족, 국가, 지역, 종교 등 다양한 정체성이 구성된다는 것이다. 그래서 그는 한 개인을 규정하는 데 관계와 맥락이 많을수록 개인을 규정하는 정체성의 다양성도 풍부해질 거라는 것이다.

한 개인은 그가 속한 사회 집단과 사회화 기관의 수만큼 다양한 정체성을 지닐 수 있다는 주장이 제기된다. 어떻게 보면 이처럼 명확할 것 같은 정체성은 실제로 뚜렷한 개요와 윤곽을 확정 짓기가 불가능하다. 그것은 개인의 정체성 내부에 깔려 있는 이데올로기적 그물망이 그만큼 복합적이기 때문이다.

이렇게 복합적이고 혼종적인 정체성을 보유하고 있는 인간은 자신의 일상적 삶 속에서 끊임없이 자신을 재개념화하는데 이것이 바로 일종의 정체성 협상으로 볼 수 있다. 이러한 정체성 협상은 개인의 변화이며, 이 변화는 개인이 처한 사회 정치적인 맥락에 따라 나타난다. 더욱이 정체성 협상은 문화변용 과정에서 기인하는 데 우리가 살아가는 물질적, 사회적 여건과 교류하는 사람들로부터 영향을 받고 있다(Nieto, 2009; 김영순 외 역, 2016: 267f.).

이와 같이 정체성과 정체성 협상에 대한 논의는 초국적 이주 시대에 진입하면서 더욱 주목받고 있다. 이주의 세계화 시대는 본국과 이주국 모두 과거보다 더 많은 사회변동에 영향을 미치는 한편, 복합적인 사회문제가 부각하게 되어 전체적인 사회변동에 영향을 주고 있다.

3.
정체성 협상과 언어문화 적응

1) 언어문화 적응에서의 정체성 협상

정체성 협상에서 가장 중요한 측면은 언어문화 적응이라고 본다. 실제로 니토(Nieto, 2009)의 경우 다문화 사회 환경에서 언어와 문화 그리고 리터러시의 함의관계에 주목한 바 있다. 그 이유는 무엇보다 언어는 문화를 구성하는 중요한 요소이며 불가분의 관계이다. 즉 언어와 문화는 서로 긴밀히 연결되어 있다. 그렇다면 언어문화 적응은 언어적응과 문화적응의 합성한 것처럼 이해되는 데, 이는 몇 가지 검토할 부분을 갖는다. 언어적응과 문화적응을 별개로 보기보다는 관련된 입장에서 보는 것이고, 또 다른 견해는 말 그대로 언어문화 적응을 의미한다. 이는 언어와 관련된 문화 적응을 말한다. 즉 언어와 문화를 별개로 보고 언어적응과 문화적응을 구별한다는 맥락이 아니라 바로 언어와 문화를 연결한 개념을 지닌 적응을 말한다. 사전적 의미로 적응은 개체가 환경에 대하여 적합한 행동이나 태도를 취하는 것을 말한다. 언어문화 적응은 어떤 언어권역내에서 해당 사회구성원이 적합한 행동이나 태도를 갖는 것으로 볼 수 있다.

언어는 한 국가와 그 국가 내 사람들의 독립성을 상징하는 것이다. 언어의 기능 중 하나는 동일 언어를 사용하는 집단이 지속적으로 단합할 수 있게 하는 것이다(Baker 2006; 2011). 이를테면 다문화 환경에서 언어문화 적응은 이주자로서 개인이 자신의 모국어가 아닌 새로운 언어 상황에 놓일 때, 그 새로운 집단에 대해 소속감을 느끼고, 이 소속감을 지속해 가기 위해 필요하다. 뿐만 아니라 해당 사회의 사회통합에서도 중요한 기능을 한다. 이주아동의 언어적응에 대해 쿰민스(Cummins, 2008)는 일상적인 대화에 필요한 언어는 2년 안에 학습될 수 있다고 했다. 그렇지만 이주국의 정상적인 교육과정에 참여하기 위해서는 더 복잡한 언어능력을 갖추어야 하는데, 이는 5년에서 7년 혹은 그 이상이 소요된다고 하였다. 이와 더불어 다문화 사회에서 이슈화되고 있는 것은 이중언어 능력을 확보하기 위한 기회의 확대이다.

이주민들은 자신의 모국어 외에 이주 사회의 언어를 구사해야 생존과 적응을 할 수 있다. 이중언어 화자는 이중문화적이기도 한데 이는 특정 언어를 구사한다는 것은 그 언어와 깊이 연결된 가치, 정체성 등이 언어습득 과정과 더불어 언어 화자에게 내재화되기 때문이다. 따라서 이중언어 화자는 두 개의 정체성을 함께 갖는 것은 물론 이주국의 언어습득 과정에서 정체성 협상을 자연스럽게 경험할 수 있다는 데 주목해 볼 수 있다. 다른 한편 단일언어 화자는 한 문화권에서 통용되는 어휘의 테두리에 묶여 있어 세계를 보는 눈이 협소할 수밖에 없다.

이에 반해 이중언어 화자는 이름과 사물이 분리된 언어의 임의성을 인정하는 경향이 있다. 따라서 이주국의 언어와 동시에 모국어라 할 수 있는 계승어의 유창성이 모두 높아 적응의 순영향을 보여준다. 아울러 이중언어를 사용하는 아동이 그렇지 않은 아동들보다 인지능력뿐만 아니라 학교생활에서의 성취가 높다는 사실은 이미 언어심리학계에서 잘 알려진 사실이다. 또한 균형 잡힌 이중언어 화자들은 그렇지 않은 이중언어 화자나 단일언어 화자에 비해 확산적 사고를 하는 인지 기술에서도 우월한 것으로 보인다(Baker 2006; 2011). 이러한 점은 다문화 사회에서 이중언어 화자를 특별하거나 독특한 존재로 자리매김해 준다.

언어문화 적응은 문화를 처음으로 학습하는 과정이라 할 수 있는 문화화 과정과 비례하여 나타난다. 문화적응은 두 번째 문화에 대한 학습이며, 이민자, 유학생, 난민 등이 이민국 문화를 접하게 되었을 때 나타나는 적응 반응이라고 할 수 있다. 하니간(Hannigan, 1990)의 경우 언어문화 적응은 언어 습득, 도시나 음식, 관습이나 사람들의 습관 등 실제적인 문제에 대한 적응을 의미한다.

문화는 언어는 물론 행동에 연관된 윤리, 믿음, 태도와 가치체계, 제도와 관습, 기술과 물질문명에 이르기까지 광범위한 영역에 걸쳐있다. 그래서 해당 문화에 살고 있는 사람들의 사회적 행동과 개인생활에 영향을 미치는 환경적인 요소다. 깁슨(Gibson, 2001)은 정치, 경제, 기술, 언어, 종교, 사회제도 등 집단 수준의 변화와 사람들과의 관계나 개인의 내적 변화와 같은 개인 수준의 변화를 아울러 문화적응이라고 정의한다. 이런 면에서 언어문화 적응은 이상에서 이야기한 다른 적응들과 연관성을 가지고 있음을 알 수 있다.

정진경 · 양계민(2004)의 경우 문화적응을 이주자들이 이미 가지고 있던 문화와 이주국에서 새로이 접하게 된 문화에 따른 문화적, 심리적 변화과정으로 정의한다. 언어문화 적응을 딱히 정의한 연구자는 뚜렷하지 않지만 문화적응의 과정과 비례하기 때문에 우선 문화적응에 관한 중요한 주장들에 대해 알아볼 필요가 있다. 먼저 보흐너(Bochner, 1981)는 문화적응 과정을 밀월기, 갈등기, 적응기, 안정기 등 모두 4단계로 구분하였다.

첫 번째 단계인 밀월기는 기간이 짧지만 이 시기에 접촉하는 모든 것에 긍정적인 호감을 느낀다. 두 번째 단계는 접촉 초기의 호감과는 달리 일상의 실제생활을 시작하면서 가치관과 생활양식의 차이, 즉 문화적인 충격을 경험하는 혼란과 갈등 시기이다. 두 문화 간 적절한 타협을 이루지 못할 경우 문화 충돌이 일어나고, 이러한 충돌이 해결되지 않으면 극심한 스트레스를 겪게 된다. 세 번째 단계의 경우 문화적응의 단계로서 현지의 새로운 문화적 가치 혹은 규칙을 습득하며 어느 정도 적응도 하고 그 사회의 일원으로 받아들여지는 수용의 단계에 해당한다. 이 시기는 새로운 문화를 습득하는 시기로 개인에게는 의미심장한 시기라고 볼 수 있다. 네 번째 단계는 개인이 새로운 문화에 적응하고 내면화하여 적응을 완성한 안정기로서 그 사회의 일원으로 정상적인 사회생활을 할 수 있는 시기라고 볼 수 있다(양미진 외, 2012).

와드 외(Ward, et. al., 2001)는 문화적응을 문화변용 과정의 결과로 보아 개인적 수준에서 통과, 국수주의, 주변화, 중재 등 네 가지 유형으로 나눈다. 통과 유형은 일반적으로 사회적 이동 유형 중 수직 이동에 해당되는데 사회경제적 수준이 낮은 곳에서 높다고 여겨지는 곳으로 이주한 경우에 나타난다. 이 때 이주 이전 국가의 문화를 거부하고 이주국의 새로운 문화를 그대로 받아들이는 경우이다. 이 경우 소수집단의 사람이 자신의 원래 정체성은 숨긴 채 주류집단의 구성원인 것처럼 살아가는 경우에 해당한다. 국수주의는 새로운 문화를 거부하고 본래 자신의 문화를 과장하는 방법에 해당한다. 주변화 유형은 본국과 이민국 두 문화 중 어느 문화에도 익숙하게 느끼지 못하고 어느 문화에도 속하지 못하고 망설이는 경우인데 두 문화가 동시에 존재할 수 없다고 느낄 때 일어나는 현상이다. 마지막으로 중재 유형은 두 문화를 모두 받아들여 성공적으로 통합하는 경우로 개인적으로는 성장하고 집단에게도 유익을 주는 경우에 해당한다.

베리 외(Berry, et. al., 1987)는 적응과정과 양상을 문화변용 과정에 토대가 되는 접촉을 기초로 해서 접촉이전기, 접촉기, 갈등기, 위기기, 적응기로 나누었다. 접촉이전기는 이주를 결심하는 시기이며 새로운 문화에의 접촉이 있기 이전의 시기이다. 이주의 개인적 동기는 실패, 좌절, 삶의 질 향상 등이며, 사회적 요인은 전쟁 위험, 가난, 인구과밀 등이다. 접촉기는 이주민이 새로운 문화에 접촉을 하여 서로 다른 문화와 만나 사회적 행동에 변화가 시작되는 시기로 이 시기에 이주민은 언어장애, 문화충격 등 극심한 스트레스를 겪기도 한다. 갈등기 단계는 이주민들이 이주한 사회의 문화적 동화로의 압력을 받게 되고 그로 인한 정체성 혼란을 겪게 된다. 위기기 단계는 갈등기의 문제가 해결되지 않은 채 정신적으로 건강하지 않은 상태가 되는 시기이다. 이 시기에 후회와 좌절, 자살, 공격적 행동, 가정불화, 알코올 중독과 약물 남용 등 병리적인 현상이 나타나기도 한다. 적응기 단계는 갈등기와 위기기 단계를 넘기면서 문화에 적응하는 시기이다.

베리(1997)는 주류 사회와의 관계 설정과 문화적 정체성 유지 여부를 범주화하여 비주류 집단의 적응 전략을 동화, 분리, 통합, 주변화 등 네 가지 유형으로 분류하였다. 동화 유형은 이민자가 주류사회에 적극적으로 참여하고 자신의 문화적 정체성을 유지하지 않는 적응 전략이다. 반면에 분리 유형은 주류사회와의 관계를 거부하고 자신의 출신국의 문화정체성을 유지하는 경우이다. 통합 유형은 자신의 출신국의 문화정체성을 고수

하면서 이민국의 주류사회에 참여하는 적응 전략이며, 주변화 유형은 출신국 문화정체성 유지도 포기하고 주류사회의 참여에도 관심이 없는 경우에 해당된다. 이 유형은 와드 외(2001)의 주변화 유형과 일치하는 유형이라고 볼 수 있다. 최근 주오(Zhou, 1997)는 문화적응의 요인을 크게 내적 요인과 외적 요인으로 구분하였다. 내적 요인으로는 이주자 주체의 입국 동기, 체류기간, 성, 연령, 민족 및 인종적 특성, 사회경제적 지위, 학력, 언어구사 능력, 가족 구조, 민족 및 인종 공동체 연결망 등이 있다. 외적요인으로는 경제적 기회와 같은 불평등 구조, 특정 민족 및 인종에 대한 문화적 제도적 차별, 종족 및 인종 간 지역적 고립 정도 등이 있다. 이와 같은 다양한 적응 요인들은 이주자의 적응 유형과 적응 양상 모두에 영향을 주기 때문에 이주자의 문화적응과 정체성 협상을 연구할 때 배경이 되는 상기 요소들은 중요하게 다루어져야 할 것이다.

아길(Argyle, 1969)은 문화적응에서 나타나는 문제에 주목하였다. 특히 문화적응의 문제가 발생하는 것은 이주자들이 일상적인 사회생활에서 적절한 상호작용에 부정적인 경험 때문으로 보았다. 문화적응을 학습경험으로 보는 문화학습 접근 방식은 의사소통의 맥락, 상호간의 예의, 시선처리, 신체 접촉, 비언어적 소통의 측면 등 사회적 기술과 인간 대면적 행동방식에 대해 연구한다. 이러한 접근의 가장 바람직한 방향은 양쪽 문화 모두에 대해 유능하게 대처하는 것이지만 현실적으로는 주로 이주민이 주류 문화에 동화된다는 의미라는 한계를 지닌다.

몇몇 연구들은 이중언어 화자들이 문화변용 과정에서 성공적인 문화적응을 행한다고 밝혔다. 대표적으로 보셔(Bosher, 1997)의 경우 이주배경을 가진 학생들 중 학업 성취 지향이 높거나 학업에 있어 상대적으로 성공적인 학생들은 자신의 모국의 문화와 민족적 유대감을 포기하지 않고도 이주국의 주류문화에 잘 적응할 수 있었음을 강조하며 그러한 학생들을 이중문화적이라고 정의한다. 또한 주오(1997)에서는 이중언어에 관한 다양한 연구결과들 중 이주국의 언어뿐만 아니라 본국 혹은 모국어의 유창성 모두가 높은 이주민이나 이주배경 아동들이 적응을 성공적으로 수행한다고 강조한다.

국내에서도 이런 연구 경향을 뒷받침하고 있는 연구를 조진경(2016)에서 찾아볼 수 있다. 이 연구에서는 모국에서 이미 사회화의 과정을 거친 중국계 중도입국청소년들이 이주국인 한국에서 한국어와 한국문화에 접하게 되었을 때 나타내는 적응 반응을 연구하였다. 이 연구의 연구참여자들 중 자신의 모국 문화와 민족적 유대감을 포기하지 않고도 이주국의 주류문화에 적응하기 위해 노력함을 보이고 있음을 기술했다. 이와 더불어 이주국의 언어와 동시에 모국어의 유창성 모두가 높은 경우 학교생활에 적응도 잘한다고 보았다. 또한 이 들은 한국어뿐만 아니라 영어 학습에도 호기심을 보이고 적극적인 학습 자세를 보이고 있다. 이처럼 능숙한 이중언어 화자는 이중문화적이기 때문에 이중언어 화자는 곧 문화적응에 적극적임을 의미하는 것이다.

2) 정체성 협상에 관한 주요 이론

정체성 협상은 말 그대로 협상의 일종이다. '협상'이라는 말은 영어의 'Negotiation'에서 유래되었다. Negotiation의 어원은 라틴어인 'Negotium'에서 유래되었는데 'neg'는 'not'을 그리고 'otium'은 'leisure'를 의미한다.

또한 '협상'은 공동의 결정에 도달하기 위하여 서로 의사를 주고받는 과정이다(Lewicki, 2004; 김성형 역, 2005). 또한 다른 사람들로부터 원하는 것을 얻어내는 기본적인 지식으로 당사자들이 공통된 이해관계에 처했을 때 합의에 도달하기 위해 밀고 당기는 대화이다. 즉, 목적을 이루기 위해 주고받는 의사소통 과정을 협상으로 간주한다(Fisher, 1981; 박영환 역, 2002).

이러한 협상은 주로 이해관계 속에서 일어나는데 그 과정에서 갈등과 충돌이 발생하게 된다. 갈등과 충돌이 우리의 삶에서 피할 수 없는 것이라면 어떤 방식으로든 조정이 필요한데 이때 필요한 것이 바로 협상이다(조창연, 2012). 정체성 협상은 말 그대로 정체성과 협상의 합성어이다. 정체성 협상 이론(INT: Identity Negotiation Theory)의 약자이다. 정체성 협상 이론의 등장은 '사회적 상호작용'에 초점을 맞춘 고프먼의 연구와 관련이 있다. 개인과 개인의 만남은 상호관계의 역할에서 실무적 합의가 가장 첫 번째 단계에서 이루어진다고 보았다. 이 연구를 토대로 바인슈타인과 도이취베르거(Weinstein & Deutschberger, 1964) 및 맥콜과 시몬스(Mccall & Simmons, 1966)는 정체성과 상호작용에서 전개되는 '대인관계'의 조화를 극대화 하는 프로세스를 구축하였다. 대인관계는 자신의 목적과 일치하는 방식으로 작동한다. 그 때문에 이 관계는 다른 사람들에게도 영향을 주며, 규범적 상호성에 중점을 두고 있는 역할이론의 잔여 범주이다. 이러한 과정에서 일어나는 상호작용을 '협상'과정으로 보고 있다.

이후 심리학 분야로 확대되어 슈렌커(Schlenker, 1985)의 정체성과 자기동일시에 의해 구체화 되었다. 그러나 실제로는 스완(Swann, 1987)이 '정체성 협상(Identity Negotiation)'이라는 용어를 사용하여 사회적 상호작용의 관계를 아우를 수 있는 정체성 협상과정의 이론 틀을 제공하였다. 사실상 스완은 정체성 협상 이론을 완성하는 데 있어서 쿨리와 미드에 의해 발전된 상징적 상호작용론에 기원을 둔 고프먼(Goffman, 1959; 1961)의 이론을 토대로 했다. 특히 스완(1987)은 사회적 상호작용에서 개인의 역할에 대한 접근법의 토대를 마련하면서 개인의 정체성과의 관계로 확대하였다.

1980년대에 정체성 협상 이론이 등장하게 배경에는 세계의 글로벌화가 큰 몫을 한다. 지구촌의 인구 이동은 인간 그 자체뿐만 아니라 사회와 경제, 정치, 문화 등의 변화도 수반하게 되었다. 이렇게 초국적 이동은 더욱 확대되었고, 이러한 현상으로 국가정체성이나 국민, 민족, 문화정체성의 경계 또한 유동적으로 변화하고 있다. 뿐만 아니라 초국적 이동의 확대는 개인의 정체성에 대한 논의를 더욱 가속화시켰다.

최근 들어 팅-투미(Ting-Toomey, 2015)는 정체성 협상에서 '협상' 용어에 대해 다른 사회문화적 배경을 지닌 그룹이나 고유한 개인이 정체성 이미지를 동일하게 유지하거나 향상시키거나 또는 두 명 이상이 상호작용하는 과정을 의미한다고 했다. 다시 말해 협상은 개인과 개인, 개인과 조직, 개인과 사회에서 목표를 향해 상호작용이 일어나는 과정이라고 할 수 있다. 이러한 과정에서 서로 다른 가치관과 성장배경을 가진 사람들이 만나 상호작용할 때 개인이 지닌 정체성과 충돌이 발생하게 된다. 인종, 민족, 문화, 사회, 지역, 종교 등의 차이에 따라 정체성 충돌로 인해 발생할 수 있는 것들이 있다. 이때 상호적인 행동변화를 어떻게 하는가에 따라 자기개념 변화를 일으키게 된다. 사람들이 특정한 목표를 가지고 사회적 상호작용을 하게 되는데, 이러한 목표를 달성할 수 있는 상호 정체성을 확립하려고 한다. 성공적인 협상과정이 진행되면 개인이 상호작용을 하는 동안에 개인은 스스로 정체성을 정의하게 된다.

정체성 협상의 개념은 개인이 특정한 목표를 위해 자각 대상과의 상호작용 과정에서 '대상의 인식과 자신의 자가 인식이 교차되는 지점(Where

Two Roads Meet)'에서 합의를 이끌어내는 과정을 의미한다(Swann, 1987: 1038). 즉, 정체성 협상 과정에서 '대상'이 중요한 역할을 한다고 가정하고 있다. 자기 인식과 대상의 인식이 상호작용하는 과정에서 정체성이 타협 된다고 보았다. 이러한 정체성 협상과정은 사회적 상호작용, 행동 확인 및 자아검증(Self-verification) 사이에서 강조되어 왔다.

사람들이 상호작용을 통해서 스스로 자아검증을 하게 되는데 자아검증은 자아개념을 검증할 동기부여가 되고 이 동기는 정체성 협상의 성격을 지닌다. 또한 자아개념 확인과정은 대체로 자아개념을 안정화시키는 경향이 있지만, 반대로 변화를 촉진하는데 실제로 사용된다(Swann, 1987: 1048). 사람들의 자아개념은 안정적으로 오래도록 유지되어왔는가 아니면 시간이 지남에 따라 변화하고 있는가라고 질문하였을 때, 어떤 사람들은 시간이 지남에 따라 자아개념은 견고하면서 안정적인 것이라고 주장하지만, 다른 사람들은 자아개념이 놀랍게도 융통성이 있고 유연한 것이라고 주장하였다. 이러한 과정은 바로 사회적 상호작용 속에서 자기검증을 통해 이루어진다는 것이다(Swann & Hill, 1982: 59).

그러나 팅-투미(1999)는 정체성 협상에서 상호문화 의사소통이 중추적인 역할을 한다고 보았다. 즉, 이문화 간의 의사소통이다. 그것은 개인주의 사회문화와 집단주의 사회문화의 차이점에 대한 이해가 상호작용을 위한 행동을 이해하는 시작점이 된다. 프랭크(Frenk, 2011)의 경우 개인주의적인 문화는 자율성, 개인의 자유, 개인적 통제를 수용하며 외부로부터 강요받는 행동은 자신의 정체성에 대한 위협으로 널리 간주한다. 그와 반대로 집단주의 문화에서 그들의 소속감과 타인과의 관계는 그들의 정체성 확인에 필수적인 요소가 되기 된다. 이 때문에 이문화 및 대인관계 의사소통 환경에서 사회구성원의 정체성과 개인 정체성 문제를 협상하는 것이 중요하다는 것을 강조하게 된다. 즉, 정체성의 형성과 정체성 협상에 대한 이해를 위해 집단주의 사회문화와 개인주의 사회문화 사이의 개념적 구분이 필요하다고 보았다.

팅-투미(1999)의 정체성 협상 이론은 구디쿤스트(Gudykunst, 1986)의 『그룹 간 의사소통(Intergroup communication)』의 핵심적인 이슈인 집단 간 대인관계에 관한 내용을 토대로 구성하였다. 팅-투미가 정체성 협상 이론을 제안한 것은 바로 1999년에 자신의 저서 『문화 간 의사소통(Communicating Across Cultures)』을 통해서이다. 이 연구가 주목받는 이유는 문화 간 의사소통 과정과 심리적 영향 간의 관계를 정체성 협상의 현상으로 설명하였다.

팅-투미(2005)에서는 정체성 협상 이론이 정체성을 기반으로 상호문화 지식, 사고력 및 상호작용기술을 통합하는 데 기여한다고 주장하였다. 그 이유는 정체성의 변화는 사회문화적 맥락에서 주체의 문화변용 과정으로 간주하였다. 이와 같이 초국적 이주화가 지속적으로 발전되면서 서로 상이한 문화적 배경을 지닌 이민자, 민족, 종교 사회계급, 문화적 계층 등 정체성을 형성해야 하는 사회에서 문화변용 과정은 정체성 협상과 재협상이 점차적으로 사회 통합이나 분열에 영향을 미칠 수 있다.

정체성 협상의 주요 동인은 바로 문화변용 과정에서 상호문화 이해를 목적으로 한다. 자신의 삶이 중요하듯이 타인의 삶과 가치관을 존중하고 상황에 따라 자신을 변화하려고 노력하는 과정이 나타나는데 이것이 문화변용 과정에서 개인적 차원의 정체성 협상으로 볼 수 있다.

스완(1987)은 자신의 정체성 협상 이론에서 중요한 몇 가지 행동 패턴을 제시하였다. 첫 번째 패턴은 다른 사람의 인식에 초점을 맞춘 자아검증 모델이다. 이 모델은 개인이 자신들이 이해하는 것과 같은 방식으로 자신들을 이해하기를 추구하고 있다고 설명한다. 두 번째 패턴은 자아 인식의 경우 다른 사람들이 자신의 인식에 따라 다른 집단으로 분류하는 방식을 강조하는 자기 범주화 과정으로 나타난다. 이 두 가지 패턴은 동시에 일어나고 상호적으로 연결되지만 분리하여 설명할 수 있다. 그 이유는 자신의 관점에서 변화를 시작할 수 있다고 보았기 때문이다. 자기 자신이 다른 사람들을 향하여 행동하는 것과 거의 같은 방식으로 자기 자신을 행해 행동하기 시작한 시점에서 자기 자신을 향한 자아를 성취하게 된다.

스완(1987)의 경우 정체성 협상을 위한 개인의 행동은 사회적 상호작용 속에서 일어나며, 이러한 상호작용은 개인의 특성과 사회구조적 요인에 따라 영향을 미친다고 했다. 그리고 삶의 과정을 담고 있는 개인의 생애사를 포함한 개인별 특성이다. 두 번째는 사회적 구조요인으로서 개인이 지녔던 사회적 규범이나 사회적 역할, 그리고 사회 관습 등이 상호작용의 본질과 결과에 영향을 미친다는 사실이다. 그러나 사람이나 상황의 특성을 독립적으로 고려하는 것보다 본질적으로 복잡한 것이 단점이다. 하지만 이러한 과정은 자신과 주변의 사람들을 이해할 수 있는 주요 메커니즘이 될 수 있다고 긍정적으로 보았다.

팅-투미(2015)는 정체성을 기반으로 한 의사소통 역량에서 나타나는 10가지 요소를 제시하였다. ① 상징적 대화이다. 집단정체성(민족과 문화집단)과 개인정체성(개인의 특성)의 핵심 역학은 다른 사람들과 상징적인 대화를 통해 형성된다는 것이다. ② 정체성 협상 변증법이다. 모든 문화 또는 인종 집단의 개인은 집단과 개인의 정체성 모두에 대한 일관성에 대한 기본적인 동기 부여 필요성을 가지고 있다. 그러나 지나친 정서적 안정은 민족중심주의로 나아갈 것이며, 반대로 정서적 취약성은 아웃 그룹이나 낯선 사람에 대한 두려움으로 이어질 것이다. 따라서 다양한 정체성 협상 변증법에는 최적의 범위가 존재한다. ③ 개인의 정체감이다. 개인은 문화적으로 친숙한 환경에서 정체성의 정서적 안정감을 경험하지만, 반대로 문화적으로 생소한 환경에서 정체성의 정서적 불안을 경험하는 경향이 있다. ④ 집단정체감이다. 개인은 그들이 속하기를 원하는 집단 구성원들의 정체성이 긍정적으로 지지받을 때에는 그 안에 들어갈 수 있기를 바라며 반면, 그들이 선호하는 집단 구성원들의 정체성이 지탄받을 때에는 지탄받고 있는 집단 구성원들과의 자신을 차별화를 시도하는 경향이 있다. ⑤ 상호작용 예측성이다. 문화적으로 친숙한 다른 사람들과 의사소통할 때 상호작용 예측 가능성을 경험하지만, 문화적으로 친숙하지 않은 사람들과 의사소통할 때 상호작용을 예측할 수 없는 경향이 있다. 상호작용 예측 가능성은 추가 신뢰 또는 고정관념으로 이어지는 경향이 있으며, 상호작용 예측 불가능성은 불신 또는 긍정적인 기대를 저해하는 부정적인 가능성을 야기하는 경향이 있다. ⑥ 친밀한 대인 관계이다. 사람들은 친밀한 관계를 통해 친밀한 대인 관계를 맺는 것을 선호하며, 의미 있는 이문화 간 대인 관계는 문화적 이방인에 대한 정서적 안전과 신뢰를 창출할 수 있다. ⑦ 정체성 변화 경험이다. 익숙한 문화 환경과 반복되는 문화적 일상에서 정체성의 일관성을 경험하는 경향이 있으며, 새롭거나 익숙하지 않은 문화 환경에서 정체성 변화나 정체성의 혼란을 경험하게 된다. ⑧ 상황의 변동 규모이다. 문화적, 민족적, 개인적 상황의 변동 규모는 이러한 정체성 관련 주제의 의미, 해석 및 평가에 영향을 미친다. ⑨ 정체성 협상과정이다. 정체성 협상과정에는 다른 사람들과 적절하고 효율적인 의사소통을 위해 필요한 상호 문화적 정체성을 기반으로 지식이나 사고력 및 상호작용 기술을 통합하는 것이 중요하다. ⑩ 정체성의 협상결과이다. 정체성의 협상결과에는 서로 이해하고, 존중하고, 긍정적인 평가의 가치를 포함한다.

스완과 팅-투미의 정체성 협상 이론의 논의에서의 차이점은 스완이 정체성 협상에서 나타나는 사회구조적인 틀을 제공하는 거시적인 접근을 하였다. 이에 반해 팅-투미는 정체성을 기반으로 협상에 기술적인 측면인 의사소통 역량에서 나타나는 핵심요소를 제시하였다는 점에서 정체성 협상의 미시적인 측면을 다루고 있다. 이 두 학자의 정체성 협상 이론의 공통점을 찾아본다면 그것은 정체성 협상에서 가장 중요한 핵심은 바로 상호 행동의 변화'이다. 또한 정체성 협상 이론의 공통점은 정체성 협상이 양자 간의 상호 간 호혜적이고 쌍무적인 성격을 지닌다고 보았다. 즉, 서로 이해관계로 인해 발생하는 충돌과 갈등을 조정하는 역할을 한다. 그것은 인간이 사회적 존재이기 때문에 끊임없이 타자와 상호작용을 하게 되고 그 과정에서 자신의 정체성을 협상하고 재구성하기 때문이다.

4. 마무리

이번 장에서는 초국적 이주를 경험한 결혼이주여성들의 정체성 협상을 관찰하고 기술하는 데 필요한 이론과 개념들을 논의하였다. 특히 초국적 이주, 언어문화 적응, 정체성 협상을 다룬 이론들과 개념들을 살펴보았다. 초국적 이주는 특정 국가의 국경을 넘어서는 이주를 의미하는 것으로 어떤 사람이 특정 국가의 국경을 넘어 이동을 한 행위를 의미한다. 어떻게 보면 초국적 이주는 본국에서의 전출을, 이주국에서는 전입이라는 양방향적 입장을 다 포함하는 것으로 이주민의 본국과 이주국 모두에 관련한 문제를 파생하기도 한다.

이런 초국적 이주는 한 개인 주체의 단순한 이동이 아니라 전출국과 전입국 간의 법적, 제도적 문제를 비롯하여 문화 간 교류 등의 영역에서 지대한 영향을 미치며, 나아가 전 세계의 사회는 물론 정치를 개편하는 주요 동인이 되기도 한다. 그렇기에 초국적 이주의 개념을 차용했을 경우 기존의 이주 사회 연구에 있어서 이주자 송출국과 유입국으로 나누던 예전의 이분법은 더 이상 유익한 연구의 틀이 되지 못한다. 이제 초국적 이주가 인구의 다양성을 높여 문화의 혼종화를 가져오며 다양한 문화가 공존하고 유익해졌다. 무엇보다 이 저술은 이주의 여성화가 성행되면서 이들 여성이 겪는 본국과 이주국 사이의 역할 갈등으로 인한 정체성의 변화를 설명하기 위하여 정체성 협상 이론에 대해 주목하였다.

이주여성을 이 연구의 주요 대상으로 잡은 이유는 여성의 이주가 개인의 삶의 질 향상을 넘어 본국의 가족을 부양하기 위한 통로이지만 이들의 적응 과정에서 나타난 정체성 협상은 매우 주체적이라는 사실을 드러내기 위해서이다. 이주여성에 관한 대부분의 연구들이 이주여성의 적응을 위한 편익 제공, 한국 사회 적응 프로그램과 지원 정책을 담고 있었다. 그렇지만 정작 이들 여성들이 이주국인 한국에서 그들의 정체성을 어떤 방식으로 형성해 나가는지, 본국과 한국 사이에서 어떤 정체성 협상을 도모하는지에 대한 내용을 다룬 연구는 그다지 괄목한 성과가 없었다고 본다.

특히 이 연구에서는 결혼이주여성들이 맺는 초국적 유대 관계와 언어문화 적응에 관심을 갖고 있다. 그 이유는 언어문화 적응이 어떤 언어권역내에서 해당 사회구성원이 적합한 행동이나 태도를 갖는 것으로 볼 수 있기 때문이다. 언어문화 적응 과정에서 정체성 협상을 가장 뚜렷하게 확보할 수 있다. 정체성 협상은 복합적이고 혼종적인 정체성을 보유하고 있는 인간이 자신의 일상적 삶 속에서 끊임없이 자신을 재개념화하는 것을 의미한다. 이러한 정체성 협상은 개인의 변화이며, 이 변화는 개인이 처한 사회정치적인 맥락에 따라 나타난다.

이 연구의 연구참여자들 중 자신의 모국 문화와 민족적 유대감을 포기하지 않고도 이주국의 주류문화에 적응하기 위해 노력함을 보이고 있음을 설명하는 데 정체성 협상 이론에 기인한 기술이 유용할 것이다. 이

번장에서 논의했던 정체성 협상 이론의 공통점은 정체성 협상이 양자 간의 상호 간 호혜적이고 상호적인 성격을 지닌다고 보았다. 다시 말해 서로 이해관계로 인해 발생하는 충돌과 갈등을 조정하고 경우에 따라 협력과 연대를 도모하는 역할을 한다. 그것은 결혼이주여성 역시 인간이 사회적 존재라는 명제에 포함되기 때문에 끊임없이 타자와 상호작용을 하게 된다. 이런 과정에서 자신의 정체성을 협상하고 재구성하게 된다. 이런 점에서 정체성 협상 이론은 결혼이주여성을 주체적인 존재에서 이해하는 데 매우 유용한 학문적 도구이다.

2부

상호문화 소통과 정체성 협상

4장

상호문화 소통과 정체성 협상 연구 설계

연구자는 이 저술을 통해 결혼이주여성에 관한 기존의 '나약하고 이상한' 접근들, 이를 테면, 보호 받아야 하고, 도와주어야 하며 동화하여 진정한 한국인으로서 살아가는 동화의 대상으로 보는 데 거부감을 갖는다. 혹은 경제적 이동을 통해 사회적 지위를 상승시키기 위한 욕망의 주체로서 보는 관점들도 넘어서고자 한다. 뿐만 아니라 그녀들이 모국으로의 귀환이 약속되지 않는 이민자로서 노스텔지어를 안고 살아가는 디아스포라적 존재로도 생각하지 않는다. 이 책은 결혼이주여성들이 출신국과 우리나라 사이의 문화매개자로서 초국적 소통의 주체로 보고자 한다. 이를 위해 이번 장은 5장과 6장에서 결혼이주여성의 현실을 담은 이야기를 탐구하고자 자료수집 방법 등의 연구설계를 기술한다.

1.
상호문화 소통과 정체성 협상 연구의 접점

결혼이주여성들을 초국가적 사회의 장에서 모국과 정주국 사이를 연결하는 초국가적 행위자로서의 이민자로 보아야 함에도 여전히 결혼이주여성들은 유입국인 한국에서의 가정과 송출국인 모국에서의 가정 사이를 부유하는 존재로서 간주되고 있다. 단지 그들이 형성하는 초국가적 사회의 장은 국경을 가로지르는 '확장된 가정'의 범위 안에서만 이해되고 있는 실정이다. 이러한 연구 경향은 앞 선 1장에서 언급한 바와 같이 가족에 귀속된 사람이라는 이주여성들의 젠더적 지위를 부각시킨 관점을 토대로 한 것이다. 이 책은 이런 관점들과 평가들을 넘어서 결혼이주여성들의 다양한 사회적 연결망과 그 속에서 발생하는 초국적 실천의 다층적인 경험을 기술하고 이들의 가치를 상호문화 소통의 주체로 인정하고 이 과정에서 나타나는 정체성 협상을 진솔하게 해석하고자 한다.

상호문화 소통과 정체성 협상의 접점은 이 저술을 위한 중요한 계기가 된다. 적어도 한국 사회에서 소수자로 타자의 대상으로 간주되어온 결혼이주여성에게 주체성을 찾아주는 것이 바로 이들이 상호문화 소통의 참여자임을 밝히는 것이다. 연구자는 이 책에서 결혼이주여성을 정체성 협상의 주체로서 그들에게 씌워진 부정적인 사회문화적 굴레를 극복하고 개인적, 대인적 소통의 적극적인 참여자로서 간주할 것이다. 이를 가능할게 한 것은 정체성 협상의 기저 이론인 상징적 상호작용론에 기인한다.

상징적 상호작용론은 쿨리와 미드에 의해 발전되었는 데 기본 구상은 다음과 같다. 상징적 상호작용론은 사회 구성원들 사이의 상호 작용으로 나타나는 일상적인 현상에 초점을 두어 사회를 파악하는 관점이다. 상징적 상호작용론에서는 개별 행위자 간의 상호 작용에 담긴 주관적인 동기와 의미를 사회문화 현상의 중요한 요소로 간주한다. 인간은 사회적 상호작용을 할 때 다양한 상징을 사용한다. 우리가 어떤 사람들의 대화를 듣고 그들의 이야기의 주제와 내용이 무엇인지 파악하거나, 교통 신호를 어긴 사람이 경찰이나 경찰차량을 보고 놀라는 것은 언어나 옷, 차의 모습 등이 주는 상징의 의미를 이해하고 그에 따라 행동했기 때문이다. 이처럼 상징적 상호작용론에서는 개별 사회적 행위자들이 일상생활에서 상호작용을 한 결과 사회문화 현상이 발생하며, 여기에는 행위자들의 주관적인 의미가 담겨 있다고 본다. 상징적 상호작용론의 관점에서 보면 일상생활을 하는 개인이 주관적인 의미를 규정하고 해석하면서 다른 개인들과 상호작용을 하는 과정에 의해 사회가 유지되거나 변동된다는 것이다.

이런 관점을 바타탕으로 스완(Swann, 1987)이 개인의 사회적 상호작용의 관계를 아우를 수 있는 정체성 협상과정의 이론 틀을 제공하였다. 그러면서 스완은 '정체성 협상(Identity Negotiation)'이라는 용어를 사용하였다. 뿐만 아니라 팅-투미(Ting-Toomey, 2015) 역시 자신의 정체성 협상 이론에서 상호문화 소통을 언급한다. 그는 '협상'이라는 용어에 대해 다른 사회문화적 배경을 지닌 그룹이나 고유한 개인이 정체성을 동일하게 유지하거나 향상시키거나 또는 두 명이상이 상호작용하는 과정을 설명하는 데 용이하다고 했다. 그러면서 그는 협상이 인과 개인, 개인과 조직, 개인과 사회에서 목표를 향해 상호작용이 일어나는 과정이라고 할 수 있다. 이러한 과정에서 서로 다른 가치관과 성장배경을 가진 사람들이 만나 상호작용할 때 개인이 지닌 정체성과 충돌이 발생하게 된다.

우리는 팅-투미의 정체서 협상 논리에 나타난 상호작용이라는 개념을 생각해 보아야 한다. 스완과 팅-투미에서 의미하는 협상은 바로 상호작용의 다른 이면으로 나타나는 것이라고 말할 수 있다. 개인이 다른 개인과 혹은 조직과 사회 간에서의 갈등, 경쟁, 교환, 협동 등의 사회적 상호작용을 한다. 이런 상호작용에는 당연히 개인과 그 개인이 속한 사회와 상호문화 소통을 하게 된다. 다시 말해 정체성 협상은 그 과정에서 상호문화 소통을 전제로 해야 성립하는 개념인 것이다.

스완의 경우 정체성 협상 과정에서 사회적 상호작용, 행동 확인 및 자아 검증을 강조한 바 있다. 이는 개인이 특정한 목표를 위해 자각 대상과의 상호작용 과정에서 대상의 인식과 자신의 자가 인식이 교차되는 지점에서 합의를 이끌어내는 과정을 의미한다는 말과 상통한다. 다시 말해 정체성 협상 과정에서 '대상'이 중요한 역할을 한다고 가정하고 있다. 자기 인식과 대상의 인식이 상호작용을 하는 과정에서 정체성이 타협 된다고 보았기 때문이다. 스완에서도 역시 대상이 존재하는 데 이 대상이 바로 성호문화 소통의 참여 주체이다. 다시 말해 사람들이 상호작용을 통해서 스스로 자아검증을 하게 되는데 자아검증은 자아개념을 검증할 동기부여가 되고 이 동기는 정체성 협상의 성격을 지닌다고 볼 수 있다. 또한 자아

개념 확인과정은 상호문화 이론에서 보자면 개인의 인식 찾기 단계라고 볼 수 있다.

팅-투미의 정체성 협상 이론에서는 상호문화 소통이 더욱 조명을 받는다. 중추적인 역할을 한다고 보았다. 그는 변화하는 사회의 구성원으로 개인은 정체성을 기반으로 상호문화 지식, 사고력 및 상호작용 기술을 통합하는 데 기여한다고 보았다. 그 이유는 정체성의 변화는 사회문화적 맥락에서 주체의 문화변용 과정으로 간주하였다. 바로 이 지점이 상호문화 소통과 정체성 협상의 접점이 된다고 볼 수 있다.

스완과 팅-투미의 정체성 협상 이론의 논의에 있어서 공통점은 정체성 협상에서 가장 중요한 핵심이 주체 간 상호 행동의 변화이다. 이 변화 과정에서 끊임없이 타자와 상호작용을 하게 되는 상호소통 과정을 경험한다는 것이다.

제 2부 '상호문화 소통과 정체성 협상의 실제'에서는 결혼이주여성에 관한 두 가지 범주의 사례 연구를 제시할 것이다. 첫 번째 사례는 세 그룹(중국 한족계 결혼이주여성, 재중 동포계 결혼이주여성, 고려인계 결혼이주여성)의 각각 10명의 연구참여자를 대상으로 그들의 상호문화 소통 과정을 살펴볼 것이다. 주지할 것은 국가성(Nationality)과 민족성(Ethnicity)의 차이로 이들 그룹 간 상호문화 소통의 행태의 다양성을 나타내는 가이다. 이 세 그룹 중 중국 한족계 결혼이주여성 그룹과 재중 동포계 결혼이주여성은 국가성은 동일하지만 민족성은 다르다. 이에 반해 재중 동포계 결혼이주여성과 고려인계 결혼이주여성은 민족성은 같지만 국가성은 다르다. 이렇게 국가성과 민족성의 차이와 동일성에 따라 상호문화 소통의 분포나 양상은 모종의 의미를 나타낼 것이다.

두 번째 사례는 결혼이주여성들이 모국과의 초국적 유대 관계 속에서 사회적 위치와 정체성을 구축하기 위해 구사하는 정체성 협상의 커뮤니케이션 양상을 살펴보고자 하였다. 결혼이주여성들의 출신국가 1, 2순위인 베트남과 중국계 결혼이주여성 10명을 연구참여자로 하여 이들의 일상에서 나타난 초국적 소통에 관련한 내용을 인터뷰하였다.

이 사례 연구에서는 결혼이주여성을 초국가적 사회의 장 내에서 다중적인 정체성을 형성하며 살아가는 하나의 주체로서 간주한다. 그리고 결혼이주여성들이 초국적 가족을 포함한 모국과 이주국을 가로지르는 다양한 초국적 유대 관계를 형성한다는 것을 우선 가정하였다. 그리고 결혼이주여성들이 사회적 관계 안에서 자신의 정체성을 재구성할 것이란 추측을 가졌다. 다시 말해 이들이 수동적인 존재가 아니라 이민 송출국과 유입국이라는 복수의 로컬이 제공하는 기회와 자원을 자신의 이해관계에 적극 활용하고 있음을 밝히고자 한다. 이런 점은 그들을 더 나은 삶을 위해 이주를 선택한 적극적인 행위주체자로서 바라보는 데 기여한다.

2. 초국적 유대 관계와 정체성의 재구성

캐슬과 밀러(Castles & Miller, 2009, 한국이민학회 옮김, 2013)는 전통적인 결혼이주나 노동이주와 차이가 있는 다양한 이주 유형이 출현하는 이 시대를 '이주의 시대(the age of migration)'라고 지칭했다. 국가의 경계를 넘나드는 초국적 이주는 국가 간 투자, 무역, 정치적 협력 등의 세계적인 경제 · 정치 · 사회 문화적 활동과 교류가 증가되면서 나타나는 글로벌화(globalization)의 주요 현상 중 하나이다. 이러한 초국적 이주의 전지구화는 이주 및 이주자에 관한 이론의 패러다임에도 변화를 가져왔다.

이주에 관한 고전적인 이론은 오래된 동화주의 모델에 토대를 둔 '이민'의 개념에 바탕을 둔 것이었다. '이민'이란 자기 나라를 떠나 다른 나라로 이주하는 것으로, 이민자들은 고향을 떠나 다른 사회에 동화되는 힘겨운 과정을 경험하게 되는 사람들로 간주되었다(Glick-Schiller et al., 1995). 하지만 최근에 교통과 통신의 발달로 이주자들이 모국과의 접촉을 용이하게 하고 쉽게 지속할 수 있게 되었다. 이에 따라 모국과 단절된 이민이라는 고전적 개념에 의문이 제기되었다. 이제 국가를 가로질러 사회적 관계망이 유지되고 확장되는 '초국적 이주'라는 개념이 새롭게 도입되었다. 이 개념은 '초국주의(transnationalism)'라는 개념에서 파생한 것이다. 초국주의란 이주자들이 본국과 정주국 간을 동시에 연결하면서, 두 사회를 하나의 사회적 장(field)으로 만들어나가는 과정을 지칭하는 말이다. 또한 이러한 사회적 장을 형성하는 데 참가하는 이민자들을 초국적 이주자(transmigrant)라고 한다(Basch, Glick-Schiller & Blanc, 1994: 7).

초국적 이주자들은 이주의 유향, 개인의 지적 수준과 사회적 성향에 따라 차이는 있겠지만 정주국에 적응하는 동안에도 모국과 초국적인 유대를 발전시킨다. 그들은 두 개 이상의 국가에 연결된 채로 생계를 유지하며, 사회적 역할과 의무, 친지 관계 등 정서적으로 긴밀한 유대 관계를 유지한다. 이런 초국적 이주를 통해서 혈연, 지연 등으로 이민자들, 역이민자들, 취업이민자들, 그리고 모국에 남아있는 사람들을 연결하는 사회관계망이 구성되고 확산되기 시작했다(Levitt & Glick Schiller, 2004).

이주한 정주국과 모국 사이의 초국적으로 구성되는 사회적인 장은 문화적인 관계는 물론 정치, 경제, 종교적 관계로 확장되고, 제도화된 다양한 관계망으로 확장되고 강화되기도 한다. 이주자들은 이러한 초국적인 사회적 장을 통해 모국에서의 지위 및 역할을 유지할 수 있고 정치 · 경제적으로도 참여할 수 있다. 이들은 초국적인 공간 내에서 복수의 로컬이 주는 기회를 동시에 활용하여 자신에게 유리한 기회를 극대화하고자 한다(구본규, 2013).

초국적 이주에 대한 담론에서는 이주하는 본국과 이주국 간 두 장소의 연결성과 그 연결의 동시성은 이주자들의 정체성 협상 논의에서 빠질 수 없는 요소이다. 이주자들은 국경이라는 물리적, 공간적 경계넘기(cross-border)에 의해 모국과 이주하여 정주하고자 하는 정주국을 연결하는 공간이 새로이 창출한다. 그럼으로써 이주자들은 동시에 서로 다른 두 개의 사회 · 문화적 맥락에서 이중적이지만 하나인 삶을 살아간다(정현주, 2008). 또한 이들은들은 국가 정체성, 민족 정체성, 공동체 소속, 가족유대, 성별 분업 등에서 어느 하나에 고정되지 않은 모순적인 상황에 놓여 있다(우명숙 · 이나영, 2013).

초국적 이주자들이 이러한 모순적인 상황에 접하기에 여러 이해가 상충되는 혼란과 갈등을 심하게 경험하게 된다. 그러나 이들은 자신의 초국적 이주 배경을 다양한 방식으로 자원화하고, 인정투쟁을 통해 자신의 정체성을 협상해 가면서 그러한 상황에 적극적으로 대응하는 모습을 보이고 있다. 초국적 이주자들은 정주국을 주체적으로 선택한 기회의 장소로서 삼는다. 이를 기초로 모국과의 지속적인 관계로 형성된 초국적인 사회적 공간으로서 활용하고 있는 것이다. 이와 더불어 정주국에서의 인정투쟁을 통해 자기 정체성을 강화해 간다.

인정투쟁 개념은 악셀 호네트(Axel Honneth)의 인정투쟁 모델에서 기인하는 데, 이 모델은 푸코의 투쟁이론과 하버마스의 의사소통 모델을 결합한 것이다. 호네트는 사회란 단순히 자기 보존을 위해 싸우는 개인들의 집합이 아니라 투쟁의 장이라는 것이다. 투쟁이 시작되는 동기는 무시이며, 투쟁의 목표는 인정이라고 본다. 호네트(1992)는 저서 『인정투쟁』에서 헤겔의 인정이론을 심리학과 사회이론과 접맥시켜 체계화하였고 이를 '인정 윤리'로 발전시킨다. 호네트는 행위이론을 염두에 두고 행위 범주가 인간의 변혁활동을 해명하는 중심 틀로 작용한다고 생각했다. 인정투쟁이라는 테제의 핵심은 사회적 투쟁이 상호인정이라는 상호주관적 상태를 목표로 한다는 데 있다. 또한 인정은 인간이 자신의 삶을 성공적으로 실현시킬 수 있는 사회적 조건이자 각 개인이 자신에 대한 긍정적인 자기의식을 가지게 하는 심리적 조건이다(황해영, 2018).

호네트는 주체가 타인에 의해 자신의 권리를 인정받지 못하고 정체성을 억압받거나 그 발현을 제한당하는 상황이 올 때, 주체는 새로운 인정의 형식을 모색하며 이를 통해 스스로의 갈등을 해소할 수 있는 가능성을 발견하게 된다고 한다. 이 경우에 새로운 인정의 모색이 시도되는 데 이는 자신의 권리와 정체성의 인정을 위해 타인이 규정한 나에게 부여된 가치, 규범, 이데올로기를 해체하는 것이다. 나아가 그것들을 규정하는 타인에게 합리적이고 사실성과 타당성에 근거를 둔 행위를 통해 자신의 존재와 권리에 대한 정당성을 주장하게 된다. 호네트는 이처럼 권리인정을 위한 개인과 집단의 다양한 사회적 행위 양식을 '인정투쟁(struggle for recognition)'으로 정의하였다. 이때 인정투쟁의 내용은 권리를 인정받는 것뿐만 아니라, 타자에 의한 문화적 지배, 불인정, 경멸 등 문화적 부정의를 바로잡는 것까지 포함한다.

사회적 약자인 초국적 이주민들에 대해 주류사회에 의해 주도된 사회적 문화적 낙인을 주류사회에 적응함으로써 정착해야 하는 이주민들의 정체성에 분열적인 방식으로 영향을 끼친다. 다수집단이 규정한 정체성을 소수자가 거부하거나 소극적으로 수용하는 것은 소수자의 주체화와 정체성 협상에 중요한 의의를 지닌다. 이는 스스로 자격이 없다는 생각으로부터 벗어나게 하는 것이자 소외감 내지는 열등감을 넘어서는 실천으로 볼 수 있다.

개인의 자기의식이 타인과의 관계에서 형성될 뿐 아니라 이를 통해 성장한다면, 이에 따라 사회적 인정의 대상과 내용도 지속적으로 변화할 수밖에 없다. 또한 기존의 인정질서에서 배제된 사람들 역시 자아실현의 조건을 회복하기 위해서는 현실에 저항할 수밖에 없다. 이런 점에서 사회적 인정질서와 갈등하는 개인이 증가면서 또한 이들의 갈등 경험이 일반화되고 집단화될 때 현실 사회는 사회적 인정의 대상과 내용을 확장하려는 인정투쟁에 직면하게 된다.

자신의 자아를 실현하고 행복한 삶을 위하여 사회적 저항을 선택하고 병리적 사회를 극복하기 위한 연대와 집단적 투쟁이 작동되는 것은 인정투쟁의 특징의 특징이라 할 수 있다. 이러한 투쟁은 자신을 무시한 상대방을 타도하려는 시도, 자신을 배려하고, 권리 부여를 취하려고 애쓰며, 연대 형성에서 배제하는 사회 자체를 거부하려 것은 아니다. 인정투쟁은 단지 새로운 인정의 질서를 형성함으로써 모든 사회 구성원이 동등한 존재로서 서로 공존할 뿐 아니라 각자의 자아실현을 보장하는 건강한 사회를 목적으로 한다. 이런 점은 인정투쟁의 과정은 곧 상호문화 소통이 과정이고 정체성 협상의 과정임을 증명해내는 것이다. 인정투쟁은 바로 이런 점에서 도덕적 정당성을 갖는다.

호네트가 미드의 사회심리학에서 인용한 것은 무엇보다도 개인의 정체성 형성과정이다. 주격 나(I)는 타인이 내 스스로가 가지고 있는 어떤 상이나 기대를 인지하면서 목적격(me)에 대한 심상을 얻게 되는 성찰의 과정이다. 다시 말해 자기 관계는 나에 대한 타인의 관점이 다시 나에게로 내면화됨으로써 가능하다는 것이다.

이 관계는 사회적으로 규정될 수 있는 목적격인 나와 대상화되지 않는 어떤 자발성으로서의 주격인 나와의 긴장 관계를 전제하는 것이다. 미드는 이 긴장 관계를 개인의 사회화 과정과 맞물려 있는 개성화 과정의 동인이 된다고 한다. 마찬가지로 자신이 어떤 존재인가 라는 자기를 이해하는 것 또는 개인적 정체성 역시 이 두 과정의 긴장 속에서 형성된다고 본다. 호네트는 바로 이 긴장 관계 속에 '인정투쟁'을 연계시킨다. 주격인 나는 사회적으로 규정된 목적격 나와 다른 어떤 부분을 타인으로부터, 사회로부터 인정받으려는 투쟁에 위치한다는 것이다. 또한 이 투쟁을 통해 사회적 주체들이 자신의 정체성 요구를 통해 완벽하게 인정될 수 있는 '이상적 공동체'를 추구하려고 노력한다는 것이다. 물론 이 경우 인정투쟁은 전체 사회적 영역으로 확대되며 그 형태 또한 집단화되고 조직화되는 경향을 보인다.

인정과 투쟁의 관계는 인정이라는 사건이 유보되거나 불인정의 상태가 지속될 때 더욱 확연하게 드러난다. 어떤 사회에 속한 개인 주체가 정서적 욕구를 분출하거나 이 욕구의 충족을 가로막는 신체에 대한 억압과 폭행이 가해 질 때, 혹은 법적 권리가 유보되거나 불인정 될 경우, 사회적 연대로부터 배제될 경우에 직면할 수 있다. 그 경우 그 당사자로서 개인 주체는 이런 경우들을 자신을 무시하거나 모욕으로 느낄 수 있으며, 이는 분노라는 심리적 반작용으로 발전한다. 뿐만 아니라 여기서 그치는 것이 아니라, 이들이 사회적 투쟁을 행하는 데 심리적 동기로 작동된다는 것이다. 또한 사회적 무시나 모욕은 각 개인의 정서적 욕구나 도덕적 판단 능력, 고유한 개성을 부정하기 때문에 해당 개인 주체는 자신에 대해 긍정적인 이해를 하기 불편하며, 자신의 정체성을 형성하는 데 장애를 갖게 된다.

이러한 사회적 무시가 개인 주체의 평정심과 안녕을 해치려는 의도에서 일어난다면, 이는 분명히 도덕적 '불의(Unrecht)'와 같다고 본다. 따라서 인정관계를 해치려는 사회적 무시나 모욕 행위는 일종의 '도덕적 훼손(moralische Verletzung)'으로 이해될 수 있다. 도덕적 관점은 인간 삶의 과정에서 이런 훼손 행위를 보호하는 목적이 있다. 그렇기에 이러한 훼손 행위를 극복하기 위해 노력하는 사회적 투쟁 즉 인정투쟁은 도덕적으로 정당한 행위이다. 이런 점에서 '인정투쟁'은 사회적 투쟁의 도덕적 형식으로 평가될 수 있다. 이 글에서 연구자는 결혼이주여성들의 인정투쟁은 상호문화 소통의 형태로 나타나며 상호협상적 노력으로 보았다.

초국적 공간의 출현은 글로벌화가 가져온 중요한 사회적 결과로서 기존 국제이주의 공간 개념을 획기적으로 변화시킬 뿐만 아니라 기존의 인간관계와 자기 인식에 대한 관점과 담론을 바꾸고 있다. 물론 다양한 배경을 지닌 타인은 물론 동질 집단 내 모든 타인들과의 상호문화 소통의 중요성이 증대되었다. 이는 타자철학을 실천하는 요구를 가져왔다. 또한 이주자 측면에서 보았을 때 초국적 이민자들이 기존의 정주민과 다름없이 평범한 우리의 이웃으로서 공존할 수 있는 계기를 만들고 기존의 정주민들과 별반 없는 소통의 주체로 자리매김할 수 있다.

이런 관점은 초국적 이민자가 두 개 이상의 국가로 연결된 사회 관계망을 구성하고 모국과 정주국이라는 현실의 이분법적 경계를 약화시키는 유연하고 적극적이며 문화매개적인 집단으로 간주하는 데 기여한다. 이전까지는 이민자들의 문화적응을 정주국에 온전하게 동화되고 주류사회로 편입하는 것을 목적으로 이민의 성공 여부를 판단했다. 그러나 최근의 이주 담론은 초국적 이민자들이 전 지구적 이주 시대에 복수의 로컬을 가로지르는 다층적인 사회적 관계망을 형성하는 주체임을 강조한다. 이처럼 초국적 이주라는 개념은 기존 이민자 이론을 대체하는 설명의 패러다임으로서 이주자들의 새로운 경험과 의식을 설명할 수 있다.

그렇다면 이 패러다임을 이 책에서 기술하고자 하는 결혼이주여성들의 정체성 협상을 생각해 보자. 국제이주 현상에서 주목할 점은 1장에서 언급한 바와 같이 여성의 이주가 점차 증가하고 있다는 점이다. 또한, 그 이주 패턴이 여성의 섹슈얼리티에 근거한 결혼, 성 산업, 가사노동자 등으로 나타난다(이수자, 2004). 특히 아시아 지역에서 여성의 이주는 급격히 증가하고 있으며, 대부분 이주의 흐름은 중국, 필리핀, 베트남 등에서 한국, 대만, 일본 등의 동아시아 지역으로 향한다는 것이다. 또한, 상업화된 결혼중개업소로 인해 대규모의 국제결혼이 성사되고 있다는 것, 국가차원의 국제결혼 장려 정책 등의 특징을 가지고 있다(Hugo, 2005; 김혜선, 2014: 50).

국제결혼이주는 이주여성들의 정착지에서 당사자인 그들은 물론 정주민의 문화변용에도 중대한 영향을 미친다. 이 점에서 정주국의 정부와 지방지치단체는 이주민들에 대한 정책적 관심을 높일 수밖에 없다. 결혼이주여성들은 자녀양육이나 '사회적 송금' 등 사적이고 공적인 다양한 분야에서 정주국과 모국, 두 국가 모두를 자신의 삶의 터전으로 삼고 있다. 이는 양 국가 간의 국경이란 경계를 넘는 실천을 수행하고 있는 것으로 이해할 수 있다. 이주여성들은 초국적 이주자로서 정주국과 모국 혹은 여러 국가에 걸쳐 복수의 로컬을 연결하는 초국적인 사회적 장 안에서 다양한 유대 관계를 형성하며 생활한다. 또한 초국적인 사회적 장 안에서 복수의 로컬이 자신에게 허용하는 기회와 자원을 적극 활용하고 다층적으로 결합함으로써 일종의 초국적인 생존을 경험하기도 한다(김정선, 2010: 22).

결혼이주여성들은 초국적 사회의 장 속에서 자연스럽게 경계에 놓인 혹은 이를 가로지르는 정체성을 구성하게 된다. 그들은 국제적으로 다층적인 상호연결망에 의존하여 자신의 정체성을 복수의 로컬과 연관시켜 구성하는 이주민이기 때문이다(이민경 · 김경근, 2012). 결혼이주여성들의 정체성 협상은 그녀들이 초국적 유대 관계를 맺고 그 속에서 상호작용을 하며 자신의 이해를 실현시키는 것으로 이해할 수 있을 것이다. 즉 이들은 초국적 사회의 장 속에서 모국과 정주국을 가로지르는 다양한 유대 관계들을 형성하고 이러한 사회적 연결망 안에서 자신의 정체성을 재구성하게 되는 것이다. 심영희(2011)에 따르면 결혼이주여성은 삶의 계기에 따라, 즉 정체성 혼란으로 인한 탈영토적이고, 자녀출산 후에는 법적으로 한국 국적을 획득할 수 있다는 희망에 의해 재영토화 된 정체성으로 발전하며, 고향방문 후에는 고향에서의 장점을 발견하고 이를 다시 자신의 강점으로 활용하게 되면서 임파워먼트가 발생하게 된다고 한다. 이에 따라 이주여성은 사실상 실질적 이중 정체성을 보이며, 초국적 정체성으로 변화하는 것을 알 수 있다

이주재 · 김순규(2010)에 의하면 결혼이주여성과 그들이 속한 이주 사회의 구성원 간의 상호작용은 이주여성들의 가치관의 변화에 핵심적인 요인으로 작동한다. 이 때 형성된 사회 연결망은 이들의 정체성 형성에 영향을 미치고, 긍정적이고 안정적인 정체성의 확립은 이주여성의 자기 효능감과 삶의 만족감을 높여 준다. 결혼이주여성들이 만들어가는 사회적 연결망은 초국적 유대 관계로 이해할 수 있으며, 이 관계 속에서 그들은 다층적인 이해를 실현시키고자 한다. 정체성이 협상되는 공간은 바로 초국적 유대 관계가 발생하는 장소이다(설진배 외, 2013: 238).

결혼이주여성들의 초국적 유대 관계에서의 실천은 남성들의 초국적 실천과는 성격을 달리한다. 이주여성들은 한국의 가족 내에서 특정한 성 역할을 수행하는 가족 구성원이라는 특수한 조건을 가지며, 이 조건에 의해 초국적 실천의 내용과 범위는 달라지게 된다. 다시 말해 결혼이주여성들의 측면에서 '아래로부터의 초국적주의'는 비엘리트라는 계급적 지위, 한국 특유의 가족성으로부터 부여 받은 젠더적 지위와 정주국과 모국이 지닌 로컬의 특수한 상황이 허용하는 기회와 부과하는 제약에 의해 실현

되는 과정을 말한다(김정선, 2010: 7). 왜냐하면 그동안 그들이 대면해 왔던 한국 사회는 이주여성들에게 온전한 한국 사람이 되어 한국에 통합하도록 지원하는 동화주의 정책을 펼쳐왔고, 가족 내에서도 배우자와 시부모들로부터 한국 문화만을 강요받는 경우가 대다수였기 때문이다. 특히 한국인 남편과 시댁 구성원들은 이주여성이 자녀에게 자신의 모국어를 가르치는 것을 허용하지 않는 경향이 있다. 이러한 현상은 김정선(2010: 153-154)에 의하면 "이주자 어머니의 역사와 문화적 유산의 흔적들을 지우도록 강요하는 가부장적인 동화의 유령에 짓눌러 있는 한국사회의 모습을 반영"하고 있는 대표적인 사례이다.

결혼이주여성들의 초국적 유대 관계를 가장 잘 나타내주는 공간은 바로 '초국적 가족'이라고 일컬을 수 있다. 이 초국적 가족이란 국가 간 경계를 넘어 가족 구성원들이 떨어져 살아도 가족적 유대 관계를 유지하는 가족을 말한다(김혜선, 2012). 결혼이주여성은 초국가적 국제결혼을 통해 서로 다른 문화적 · 사회적 · 경제적 배경을 가진 두 국가 사이를 오간다. 이런 국가 간 왕래를 통해 초국적 가족의 사회관계를 지속한다. 이러한 관계는 그들의 이주생활에 도움이 되기도 하고, 남편과의 관계에서 가시적인 협상의 전략으로 활용된다. 이 저술에서는 결혼이주여성의 눈으로 그들이 어떻게 상호문화 소통을 행하고 있는지, 초국적 사회의 장에서 구축하는 유대 관계는 어떠한지 파악하고자 한다. 나아가 이 과정 속에서 어떻게 그들이 자신의 이해를 초국적 장에서 실현시키고 있는지, 자신의 정체성을 어떻게 협상하고 있는지를 기술할 것이다.

3. 상호문화 소통과 정체성 협상 연구방법

본 연구에서는 한국 남성과 결혼한 이주여성들이 자신의 이주 배경과 초국적 유대 관계를 어떻게 의미화하고, 그것을 활용하여 자신의 정체성을 협상하는 과정을 살펴보고자 한다. 이를 위해 해석학적 현상학(interpretive phenomenology)을 연구의 주된 방법적 토대로 삼았으며. 현상학적 사례연구 방식의 질적 연구방법을 사용하였다. 질적연구 방법은 어떤 상황에 처한 혹은 사건을 경험한 개인이나 다른 집단들로부터 경계지어진 특정 집단과 그 집단 속의 개인을 심층적으로 연구할 때 주로 적용된다. 특히 귀납적으로 발견되는 맥락에서 얻어지는 새로운 사실들을 추구한다는 점에서 문제의 맥락을 심층적으로 파악할 수 있는 장점을 지닌다.

이 저술을 위한 자료 수집과정 및 분석을 위해 질적연구 방법을 도입함으로써 우리는 연구대상인 결혼이주여성의 입장에서 그녀들이 경험한 세상을 기술하고 그녀들이 바라보는 방식을 이해하고 해석할 수 있다. 특히 결혼이주여성들에 대한 기존의 많은 연구들이 그들을 한국 가족 내로 편입될 수 있는 존재로 간주하고 대상화 해왔기 때문에, 본 연구에서 주된 관점으로 선택한 현상학적 사례 연구는 결혼이주여성이 문화적응 과정에서 실제로 경험한 사례들을 기술하고 그 의미의 본질을 규명하기 위해 적합한 관점과 방법이 아닐 수 없다.

사례연구는 '어떻게'와 '왜'에 관한 연구문제를 탐구하는 데 적절한 연구방법으로 알려져 왔다. 특히 일상적 사건들의 전체적이며 의미 있는 특성을 그대로 보존하도록 하면서 복잡한 사회적 현상에 대한 심층적인 이해를 이끌어낼 수 있다(Yin, 1994; 고미영 외 2009). 사례연구는 맥락 속에서 풍부한 정보의 다양한 자원과 관련되어 자세하고 깊이 있게 자료를 수집하여 제한된 체계 혹은 사례를 시간의 흐름에 따라 탐색하기 위한 것이다. 또한, 사례연구는 개인, 프로그램, 사건, 집단, 공동체, 현장, 맥락 등과 같은 경계 지어진 체계에 대한 집중적으로 기술하고 분석한다. 즉 사례연구는 제한된 맥락 안에서 일어나는 현상을 연구하는 데 적합하며, 실례, 현상, 또는 사회적 단위에 대해 집중적이며 전체적인 묘사와 분석을 행한다. 이를 통해 하나의 결과물을 도출하는 현장 중심의 연구이다(Merriam, 1988; Wolcott, 1992: 36).

사례연구는 인간이 지각할 수 있는 사물의 형태나 상태와 같은 현상과 사건의 인과 관계 혹은 사정이나 사건이 진행되어 가는 과정인 정황 사이에 경계가 명확하게 드러나지 않을 때, 일상생활의 맥락 안에서 조사하는 경험적인 연구이다(Yin, 2009). 우리가 다루고자 하는 주제의 경계성은 인터뷰할 수 있는 대상의 제한, 관찰을 위한 시간과 장소의 제한 등 자료수집에 대한 제한을 통해서 사례로서 충분한 경계를 지울 수 있다. 사례연구는 경계 지어진 체계, 즉 주위에 경계가 있는 일에 집중하도록 함으로써 우리가 연구하고자 하는 현상을 분명하게 볼 수 있다. 이 글에서의 '경계

지어짐'은 결혼한 기혼 여성 중 결혼이주여성이라는 사실이며, 이주여성들 중에서도 특정한 나라 출신, 특정한 기간 동안 문화적응을 경험한 여성들에 한정한다.

사례연구는 일상생활의 현실적인 맥락과 그 맥락 안에 포함된 의미를 심층적으로 이해하기 위함이다. 그럼으로써 결론 도출이나 확증에 초점을 두기보다는 과정이나 발견에 관심을 두어야 한다. 사례연구로부터 발견된 통찰과 내용들은 미래의 연구뿐만 아니라 정책 실행에도 영향을 줄 수 있다. 다시 말해 이 글을 통해 드러난 결혼이주여성들의 상호문화 소통과 정체성 협상에 관한 심층적인 이해들은 향후 다문화가족 지원정책 혹은 사회통합정책에 참고 자료로 기여할 것이다.

또한 이 글은 결혼이주여성들의 사회문화적 맥락에 주목하기에 이들의 행위성(agency)에 초점을 두고, 행위자의 주체적인 실천과 이러한 실천 행위가 사회관계를 변형시킬 수 있는 가능성을 설명하는 행위성 접근방법을 활용하였다. '행위성'이란 인간의 주체성을 보다 포괄적으로 이해할 수 있는 요소로서, 행위 주체의 실천적 삶의 맥락을 고려하며 그들이 활동하는 삶의 다층성에 주목하고 그 속에서 발현되는 그들의 주체적 역량을 확인할 수 있는 방법이다.

이와 같은 행위성 접근에 따르면 현실을 살아가는 주체들의 실천은 자율적 선택 또는 억압의 선택이라는 이원론적인 방식으로 설명할 수 없고 사회문화적 맥락에 따른 주체들의 저항과 의지 등으로 인해 그들의 행위성이 발휘될 수 있다고 인정된다(허라금, 2012: 307). 따라서 이 저술에서는 결혼이주여성의 초국적 유대 관계 속에 등장하는 다양한 이해 당사자들과의 상호작용을 하는 사회적 행위자로서, 결혼이주여성들이 원하는 목적을 이루기 위해 자신이 지닌 자원을 동원하고 정체성을 협상하는 실천 행위를 살펴보고자 하였다.

이 저술을 집필하는 데 있어서 연구자가 수행한 이주여성에 관한 두 가지 연구가 토대가 되었다. 다음 5장의 경우 결혼이주여성의 다양한 상호문화 소통 양상을 기술하는 데 있어서 인하대 부설 다문화융합연구소가 수주한 한국연구재단의 인문사회토대연구인 '이주민의 다문화 생활세계 연구'의 현장 자료들이 도움이 되었다. 또한 6장의 초국적 유대관계에서 나타난 이주여성들의 문화정체성 협상의 경우는 인하대 교육연구소가 수주한 한국연구재단의 학제간 융합과제 '지속가능발전교육 활용 다문화 가정자녀 케어 시스템에 관한 융합적 연구'에 기반을 두고 있다. 이 프로젝트의 한 축이 결혼이주여성들의 생애 주기적 삶과 정체성의 변화를 살펴보고자 하는 것이었다.

이 저술의 사례연구 부분은 크게 5장의 결혼이주여성의 상호문화 소통 사례와 6장의 결혼이주여성의 초국적 유대 관계에 나타난 정체성 협상 사례로 구분된다. 이 두 장 모두 사용된 자료수집 방법은 심층적이고 풍부한 정보를 얻는 데 유익한 의도적 표집방법과 눈덩이 표집방법이다. 질적 연구에서는 적합한 표본을 추출하는 것이 중요하다. 이를 위해서 연구 주제에 관해 심층 있는 정보를 제공해 줄 수 있는 연구참여자 선택이 급선무다. 이를 연구참여자 선정의 '적절성'이라고 한다. 또한 이와 더불어 연구 현상을 설명하기 위한 자료를 확보하는 데 이것이 포화될 때까지 자료를 수집하는 '충분성'의 기준을 충족시켜야 한다(Creswell, 1998).

따라서 이 저술에 있어서 연구자는 '적절성' 기준을 충족시키기 위해, 우선 한국 남성을 배우자로 둔 국제결혼 후 한국으로 이주한 결혼여성을 선정했으며, 특히 심층면담이 가능할 정도의 한국어 구사 능력이 있는 자로 기준을 정하였다.

〈표 4-1〉 5장 연구참여자의 특성 (그룹 A_중국 한족)

구분(A)	출생년도	입국년도	가족원	현재직업
연구참여자 01	1979	2008	남편, 자녀2인	화장품 가게 운영
연구참여자 02	1971	1999	남편, 자녀2인	화장품 회사 판매원
연구참여자 03	1971	2007	남편, 자녀1인	화장품 판매
연구참여자 04	1981	2007	남편, 자녀1인	의료 코디네이터
연구참여자 05	1986	2007	남편, 자녀2인	주부
연구참여자 06	1969	2004	남편, 자녀1인	주부 / 모텔 청소 아르바이트
연구참여자 07	1972	2012	남편, 자녀3인	인천출입국관리소 중국어 통역 / 어시장 아르바이트
연구참여자 08	1984	2007	남편, 자녀1인	자영업(화장품 가게)
연구참여자 09	1974	2012	남편, 자녀2인	공장 근무
연구참여자 10	1975	2002	남편, 자녀1인	통역사

〈표 4-2〉 5장 연구참여자의 특성 (그룹 B_재중동포)

구분(B)	출생년도	입국년도	가족원	현재직업
연구참여자 01	1981	2002	남편, 자녀2인	중국음식점 운영
연구참여자 02	1980	2001	남편, 자녀2인	화장품 회사 실험 연구원
연구참여자 03	1979	2008	남편, 자녀1인	중국어 강사
연구참여자 04	1972	2007	남편, 자녀3인	이중언어 코칭 강사
연구참여자 05	1980	2008	남편, 자녀1인	회사원
연구참여자 06	1979	2009	남편, 자녀2인	다문화센터 통번역사
연구참여자 07	1979	2012	남편, 자녀1인	주부
연구참여자 08	1977	2007	남편, 자녀2인	인터넷 쇼핑몰 운영
연구참여자 09	1972	2004	남편, 자녀1인	학교 하굣길 도우미
연구참여자 10	1978	2002	남편, 자녀1인	다문화센터 이중언어 코칭 강사

〈표 4-3〉 5장 연구참여자의 특성 (그룹 C_고려인)

구분(C)	출생년도	입국년도	가족원	현재직업
연구참여자 01	1981	2006	남편, 자녀2인	무역회사 통역
연구참여자 02	1987	2013	남편, 자녀2인	다문화이해강사, 이중언어강사
연구참여자 03	1983	2011	남편, 자녀2인	중학교 이중언어강사
연구참여자 04	1985	2005	남편, 자녀2인	이중언어강사
연구참여자 05	1987	2009	남편, 자녀3인	이중언어강사, 통역
연구참여자 06	1978	2007	남편, 자녀1인	이중언어강사
연구참여자 07	1980	2016	남편, 자녀2인	이중언어강사
연구참여자 08	1986	2011	남편, 자녀3인, 어머니, 오빠2인)	이중언어강사

우선 〈표 4-1〉, 〈표 4-2〉, 〈표 4-3〉은 5장에서 연구참여자 대상 그룹으로 선정한 중국 한족계, 재중동포계, 중앙아시아 고려인계 결혼이주여성들의 연구참여자 현황이다.

그 다음으로는 6장의 결혼이주여성의 정체성 협상을 위한 면담 연구에는 출신 국적이 중국 및 베트남인* 결혼이주여성을 기준으로 한 연구참여자를 확보하였다. 이어서 사회적 관계망에 의한 초국적 유대 관계 경험의 다양한 사례를 수집하기 위해 현재 취업중이거나 혹은 사회활동을 활발히 하고 있는(했었던) 자를 마지막 기준으로 추가하였다. 자료의 '충분성'을 유지하기 위해서는 연구참여자들로부터 더 이상 새로운 자료가 나오지 않았을 때까지 심층면담을 수행한다. 그뿐만 아니라 면담시간과 횟

* 여성가족부(2013)의 다문화실태조사에 의하면 중국과 베트남에서 온 결혼이주여성들은 전체 대비 74.0%를 차지하고 있었다. 흥미로운 것은 2010년까지는 우리나라에 온 결혼이주여성의 순위는 중국, 베트남, 필리핀의 순이었으나, 2011년부터 베트남, 중국, 필리핀의 순으로 순위가 바뀌어 집계되었다.

수를 충분하게 확보하여 자료를 수집하였으며, 연구참여자 별로 진행된 면담은 1차의 면담에서 충분한 자료가 나오지 않았을 때는 2차의 면담을 추가적으로 수행해 연구의 자료를 충분히 수집하였다.

연구참여자들은 인천에 소재한 다문화가족지원센터와 인천국제문화교류센터의 다문화 프로그램을 수강한 이력이 있는 사람들로 본 연구자들이 직접 섭외하거나 5년 이상의 경력이 있는 현장 전문가 2인의 추천을 받아 결혼이주여성 총 10인이 선정되었다. 선정된 연구참여자들의 일반적인 특성은 〈표 4-4〉와 같다.

6장의 연구를 위한 연구참여자 10인은 한국 거주 경험이 4년부터 14년이 되며, 현재 모두 한국인이 경영하는 회사 및 기관에 근무하고 있다. 따라서 한국어로 진행하는 면담에 어려움이 없을 정도의 모습을 보였

〈표 4-4〉 6장 연구참여자의 특성 (그룹 D)

구분(D)	출생년도	입국년도	가족원	출신국	현재직업
연구참여자 01	1989	2008	남편	베트남	인천 외국인 인력지원센터
연구참여자 02	1977	2007	남편, 자녀1인	중국	무역회사
연구참여자 03	1982	2007	남편, 자녀1인	중국	무역회사
연구참여자 04	1984	2008	남편, 자녀2인	중국	컴퓨터 가정방문 강사
연구참여자 05	1988	2008	남편, 자녀1인	베트남	남구다문화가족지원센터
연구참여자 06	1973	1997	남편, 자녀2인	베트남	재한베트남문화징검다리 회장
연구참여자 07	1981	2009	남편, 자녀2인	중국	다문화강사
연구참여자 08	1976	2008	시어머니, 남편, 자녀1인	중국	화장품 회사 근무(판매)
연구참여자 09	1991	2010	남편, 자녀1인	베트남	화장품 회사 근무(공장)
연구참여자 10	1978	2007	남편, 자녀1인	중국동포	다문화강사

다. 그럼에도 연구자들은 면담에서 되도록 이해하기 쉬운 어휘들을 선별하여 대화가 원활하게 진행될 수 있도록 준비하였다. 면담 진행 중 연구참여자가 표현하기 어려워하는 어휘가 있을 시에는 공동연구자의 언어능력, 즉 중국어 및 베트남어 통역이 가능한 인적 자원을 활용하여 소통할 수 있었다.

인하대 다문화융합연구소의 연구자들 중 몇 분은 약 10여년의 기간 동안 인천 지역의 결혼이주여성에게 한국어를 가르치고 지역사회에서 함께 자원봉사활동을 한 경력을 가지고 있다. 이 때문에 연구 목적에 가장 적합한 연구 참여자를 찾아 심층 면담을 하는 데 수월하게 진행할 수 있었다. 이처럼 풍부한 현장 경력을 가지고 있는 공동연구자들이 있어서 결혼이주여성들의 면담을 보다 원활하게 진행할 수 있었고, 면담 내용으로부터 경험의 의미를 추출하고 해석하는 데에도 면밀히 할 수 있었다.

6장 연구의 사례가 되는 연구참여자들은 중국과 베트남에서 한국으로 이주한 지 4년에서 14년이 된 결혼이주여성들로 모두 직업을 가지고 사회활동을 하고 있다. 연구참여자 D-01을 제외한 모든 연구참여자는 자녀들이 있었으며, 연구참여자 D-08만 홀시어머니와 함께 거주하고 있었다. 이들은 모두 생계를 위한 사회활동, 이른 바 '맞벌이'를 하고 있으며, 한국인 배우자들과는 최소 8년에서 최대 20년의 연령 차이가 있었다. 배우자들의 직업은 택시 및 트럭 운전기사, 중소기업 회사원, 대리운전기사 등이었다. 10인의 연구 참여자 모두 모국을 배경을 한 자조모임이나 재한베트남교민회와 같은 공동체 활동을 하고 있고, 자녀 교육에 관해 비다문화가정인 한국인 가정과 별반 다름없는 지대한 관심을 가지고 있었다. 연구참여자들 모두 스마트폰을 원활하게 사용하고 SNS를 활용하는 등 미디어 스킬이 익숙하다는 특징이 있다.

다음은 자료 수집 및 분석에 관한 내용이다. 이 저술을 위한 연구수행 시 자료 수집은 주로 면담에 의해 이루어졌다. 면담은 연구참여자의 경험을 기술하는 데 있어서 용이한 탐색 방법이며, 현상학적 연구의 주요 자료 수집 방법이다(Kvale, 1996, 신경림 역, 1998). 특히 해석학적 현상학에서는 개인의 경험을 통해 그 의미를 해석하는 데 중점을 두기에 주요 자료 수집 방법으로 심층면담이 채택된다(Marshall & Rossman, 1995). 따라서 연구자는 5장을 위해서는 세 그룹 각 10명씩 30명의 연구참여자를 채택했으며, 6장을 위해서는 10명의 결혼이주여성들을 대상으로 심층 면담을 수행하였다.

자료 수집을 위한 결혼이주여성들의 심층면담은 연구참여자의 상황, 연구팀과 연구 참여자 간 상호작용의 정도에 따라서 1회~3회 정도로 진행하였다. 연구참여자 1인 당 1회 면담은 약 75분~120분 정도가 소요되었고, 면담장소로는 연구참여자가 편안하게 생각할 수 있도록 그들의 자택, 근무지 및 커피숍의 스터디 룸 등을 활용하였다. 연구자가 남성이고 연구참여자가 여성이라는 이유는 자료수집 단계의 면담 단계에서 제한사항이 발생할 수 있어서 실제 면담은 연구팀의 여성 연구원에 의해 진행되었다. 연구자는 연구의 수퍼바이저로서 면담을 질문지 설계, 실제 면담 상황으로 연출하여 가상 면접을 진행하는 시뮬레이션 연습을 실시하였다.

연구팀의 연구자들은 연구참여자와의 면담 이전에 연구 권유 및 설명문, 즉 연구 목적과 방법, 연구 참여에 대한 참여자의 자발성 및 연구 참여 중단의 권리, 비밀유지를 위한 익명처리, 면담내용의 녹음처리 등에 대하여 설명하였고, 연구참여자로부터 문서화된 연구참여 동의서에 참여 서명을 받았다. 아울러 연구 참여에 대한 감사를 표시하는 소정의 사례품을 제공하였다.

실제 면담 시에는 연구참여자가 자신이 이민 이후 경험한 내용을 자유롭고 진솔하게 이야기할 수 있도록 가능한 연구자의 개입을 자제하였다. 면담 자료는 연구 참여자의 동의를 얻어 복수의 녹음기기로 녹음을 하였다. 연구자들은 연구참여자의 한국어 구사가 부족하더라도 면담 시간 동안 그들을 격려하고 그들의 말을 경청하기 위해 노력하였다. 또한 연구자들은 연구참여자에게 답을 유도하거나 암시를 주지 않기 위해 개방적이며 비구조적인 질문 형태를 유지하였으며, 연구참여자들이 외국 출신임을 고려하여 질문을 명확하게 라고 질문의 이해 유무를 물었다. 또한 질문의 내용을 어렵게 하지 않기 위해 가능한 쉬운 어휘들을 선별하여 사용하였다.

연구팀의 연구원들이 공동으로 면담을 진행했으며 이를 통해 습득된 자료는 의미의 유사성을 근거로 범주화 방법과 기오르기(Giorgi, 1985)의 분석방법을 활용하였다. 이 기오르기의 분석방법은 상황적 구조적 진술을 통해 연구 참여자의 개인적 독특성을 자세히 설명해주며, 연구참여자들의 경험을 일반적 구조적 진술로 통합하여 설명해주는 특성이 있다. 이 저술에서는 결혼이주여성들의 상황적 구조를 이해하고 이와 더불어 전체 연구참여자의 면담 발화 내용의 일반적 구조를 이해하려고 노력하였다. 그럼으로써 상호문화 소통과 초국적 유대 관계 속에 나타나는 결혼이주여성들의 정체성이 협상되는 과정의 본질을 심층적으로 이해할 수 있었다.

4. 마무리

이번 장은 결헌이주여성의 상호문화 소통과 정체성 협상을 파악하기 위한 연구설계를 제시한 부분이다. 논문으로 간주했을 때 연구설계 내지는 연구방법에 해당되는 글이라고 본다. 이번 장의 글을 잘 읽어야 5장에서 제시되는 결혼이주여성의 상호문화 소통, 6장에서 기술하게 될 결혼이주여성의 초국적 유대 관계와 정체성 협상에 대한 이야기들을 이해할 수 있을 것이다. 다시 말해 본 장은 5장과 6장의 도입 글 내지는 어떻게 결혼이주여성들로부터 생활세계의 이야기를 수집하고 기술했는가를 이해하는 데 필요한 부분이다.

5장의 결혼이주여성의 상호문화 소통 연구는 사례 연구를 중심으로 수행하였는 데, 세 가지 사례 집단, 즉 중국 한족계, 재중동포계, 고려인계 결혼이주여성 그룹을 구분하여 이 들 그룹의 소속 연구참여자들의 상호문화 소통의 경험을 범주화하는 작업을 진행하였다. 앞선 2장에서 소개한 상호문화 소통에 관한 다양한 학자들의 개념을 토대로 연구참여자로부터 얻어낸 면담의 전사록을 유의미한 단위들끼리 묶어 범주화와 유형화 하는 작업을 진행하였다.

6장의 초국적 유대 관계에 나타난 정체성 협상의 연구를 위해 면담 시 연구참여자의 체험을 개방적으로 경청하고 그 다음으로 연구참여자의 면담 내용으로부터 전체적 인식을 얻는다. 이후 결혼이주여성의 정체성 협상 경험에 초점을 두고 의미단위를 구분하여 고유번호를 부여하였다. 이렇게 구별한 의미단위를 학문적인 관점으로 전환하는 과정을 거쳐 일반적 범주에 도달할 수 있도록 하였다. 그리고 본질적인 의미와 그 의미들의 관련성을 밝히면서 구조를 통합하였다.

연구방법을 파악하면 어떤 현상과 사건에 대한 연구자의 기술과 해석을 이해하는 데 도움이 된다. 5장과 6장을 바로 읽기 보다는 4장을 읽음으로써 연구자가 어떤 방식으로 자료를 수집하고 그들의 이야기를 기술했는지를 알 수 있게 된다. 산이 아름다은 것은 높낮이의 굴곡이 있고 다양한 식물과 동물이 존재하기 때문이다. 결혼이주여성들의 다양성과 주체성을 이해하기 위해서 4장을 숨 가쁘게 넘기기 보다는 촘촘한 읽기를 권한다.

5장

문화집단별 상호문화 소통의 다양성

이번 장에서는 중국 한족계 결혼이주여성 집단, 중국 조선족계 즉 재중동포의 배경을 지닌 결혼이주여성(이하 재중동포계로 칭함), 중앙아시아의 고려인계 결혼이주여성 집단의 구성원들이 국제결혼이라는 초국적 이주를 선택하고 한국의 일상에서 나타난 상호문화 소통을 기술하고자 한다.

상호문화 소통은 앞선 2장에서 살펴본 바와 같이 다문화주의라는 다원론적 철학에 기반을 둔 다문화교육이라는 교육적 맥락에서 활용되는 개념이다. 특히 타자철학을 중심으로 조명을 받고 있는 상호주관성을 인정하는 것으로 이해될 수 있다. 이미 2장에서 다문화교육과 상호문화교육의 대안적 논쟁에서 정리된 바와 같이 상호문화성을 중시하는 상호문화교육이 다문화교육을 대체하는 개념이 아니라 상호 보완하는 개념임을 염두에 두어야 한다. 바로 상호문화역량이 다문화 사회에 살아가는 시민들에게 '다수자 대 소수자', '정주민 대 이주민'이라는 이분법적 프레임을 넘어 이 대조적인 집단 모두에게 필요한 개념이라는 것이다.

아울러 결혼이주여성을 세 개의 집단으로 나눈 것은 이들의 국가정체성, 민족정체성의 배경이 다르기 때문이다. 사실상 '민족 집단(ethnic group)'으로 표현하는 것이 타당하게 여겨질 수 있지만 중국한족계 결혼이주여성과 재중동포계 결혼이주여성은 국가정체성이 동일하고, 민족정체성은 다르다. 아울러 중앙아시아 고려인계 결혼이주여성들과 재중동포계 결혼이주여성들은 민족정체성은 같고 국가정체성은 다르다. 이런 연유로 국가정체성과 민족정체성과 다른 제 삼의 개념인 '문화 집단(cultural group)'이란 용어를 사용하였다. 따라서 이번 장에서는 초국적 이주 시대의 대표적인 소수자이며 이주민인 결혼이주여성들의 문화집단별 상호문화 소통의 다양성을 살펴보고자 한다.

1.
문화집단 사례 기술의 개요

초국적 이주 경험을 가진 이주민을 대상으로 상호문화 소통을 관찰하고 기술한다는 것은 그들이 접하는 일상생활에서 일어나는 생활세계를 기록하는 것으로 구조와 체계가 요구된다. 이미 2장에서 논의한 바와 같이 일반적으로 잘 알려진 상호문화 소통역량 검토 기준을 토대로 필자가 정리한 2장의 〈표 2-6〉을 기준으로 이주민의 상호문화 소통 양상을 분류하고 기술하고자 한다.

특히 초국적 이주 사회에서 이주민의 일상 삶에서 나타나는 상호문화 소통 과정을 기술하는 개인적 차원과 대인적 차원의 구조를 설정해 기술하고자 했다. 개인적 차원은 소통의 주체로서 인식과 해석에 중심을 두었다면 대인적 차원은 타인과의 의사소통과 상호작용 관찰에 중심을 두었다. 따라서 〈표 5-1〉은 결혼이주여성이 수행한 개인적 차원의 상호문화 소통 양상을 분류한 것이다.

〈표 5-1〉 이주민의 상호문화 소통 경험(개인적 차원)

영역	중심 요소	세부 의미
지식	한국어 능력	• 일반적인 지식은 습득했으나 구체적인 지식은 습득하지 못함 • 이중언어 습득으로 한국에서 자신의 직업을 찾음.
	육아법	• 주변사람을 통해서 습득하는 경우도 있지만 인터넷이나 책을 통해 습득하기도 함
	직업적 지식	• 자신의 어려움을 극복하기 위한 방편으로 직업적 지식을 습득함. • 모국에서의 학위를 인정하지 않아 한국에서 다시 직업적 지식을 습득하기 위해 노력함.
해석 및 연관 기술	문화적 차이의 인식	• 육아법을 문화의 차이로 이해하고 한국의 육아법을 선택함. • 자녀 교육방법도 모국과 다름을 인식하고 한국식 교육법을 따름. • 생활문화의 차이를 인성하고 한국식 문화를 따름.
	정치참여에 대한 인식	• 외국인이어서 선거권이 없음을 안타까워하고 있음.
	지원 서비스에 대한 인식	• 한국의 외국인 지원정책 서비스에 만족하며 모국의 정책에 대해 이해하고 해석함.
발견 및 상호 작용	취업	• 모국에서의 학위와 취업 경험을 한국에서는 인정받지 못함을 안타까워함. • 모국에서의 경력이 인정되지 않아 관련 직업에 취직하기 위해 교육을 받음. • 자신의 언어적 능력으로 다양한 분야에서 이중언어 강사로 활동하는 경우도 많음.
	국제결혼	• 자신의 경험을 토대로 국제결혼을 준비하는 사람들에게 조언을 함.
	한국어 학습	• 한국어를 학습할 때 교재나 책보다 주변사람들과의 소통을 통해 더 많이 학습할 수 있음을 깨달음. • 가족들과의 원활한 의사소통을 위해 한국어를 습득함.
	문화	• 결혼 후 한국 남편의 변하는 모습에 실망하고 당황함.
태도	주위 사람들에 대한 태도	• 자녀 학부모 모임 등과 같이 한국 사람들과 함께 하는 모임에 대해 비판적임. • 서툰 한국어 때문에 자신을 주변사람들에게 드러내지 못함.
	외국인으로서의 태도	• 외국인이지만 당당하게 생활할 것을 강조함.
	종교활동에 대한 태도	• 한국에서의 종교활동에 많은 문제가 있음을 인식하고 비판함.
	문화에 대한 태도	• 재중동포의 경우 자신의 문화와 한국 문화가 유사하지만 다른 부분도 있기 때문에 당황함.

영역	중심 요소	세부 의미
비판적 문화 인식	정체성 유지	• 언젠가는 모국으로 돌아갈 것을 희망하며 자신의 모국 정체성을 포기하지 않음.
	정체성 혼란	• 자신이 외국인임을 부끄러워하는 남편이나 아이의 모습에 정체성에 혼란을 느낌. • 다양하게 변하는 자신의 정체성에 혼란을 느낌.
	차별	• 같은 외국인이지만 한국 사회 내에서 일어나는 차별이 있음을 비판함. • 외국인에 대한 한국 사람들의 차별이 여전히 강함을 안타까워함. • 다문화 가정을 무시하는 풍조가 있음을 비판함.
	명칭에 대한 비판	• '다문화 가정', '이주여성'이라는 명칭이 오히려 편견과 차별을 조장한다고 생각함.

〈표 5-1〉과 같이 이주민의 상호문화 소통 과정 기술 중 개인적 차원에 해당하는 영역은 지식, 해석 및 연관기술, 발견 및 상호작용, 태도, 비판적 문화인식 등으로 구분되며 이들은 각각 세부적인 의미단위로 구성된다. 지식 영역에는 한국어 능력, 육아법, 직업적 지식이 중심 요소로, 해석 및 연관기술 영역에는 문화적 차이의 인식, 정치 참여에 대한 인식, 지원 서비스에 대한 인식이 중심 요소로 추출되었다. 발견 및 상호작용 영역에는 취업, 국제결혼, 한국어 학습, 문화 등이 중심 요소로, 태도 영역에는 주위 사람들, 외국인들에 대한 태도, 종교, 문화 활동에 대한 태도 등이 중심 요소로 추출되었다. 비판적인 문화인식 영역은 정체성 유지, 정체성 혼란, 차별, 명칭에 대한 비판이 하위 요소로 설정되었다,

다음 〈표 5-2〉는 이들의 대인적 차원에서 상호문화 소통 양상을 정리한 것이다. 〈표 5-2〉와 같이 이주민의 상호문화 소통 과정 기술 중 대인적 차원에는 이해와 존중, 상호작용, 대인관계, 공감, 자극선호, 글로벌 태도 등이 있다. 이해와 존중 영역으로는 갈등, 문화이해가 중심 요소로 설정되며, 상호작용 영역에는 의사소통, 주변 사람들과의 소통이 중심요소

〈표 5-2〉 이주민의 상호문화 소통 경험(대인적 차원)

영역	중심 요소	세부 의미
이해와 존중	갈등	• 시댁과 남편과의 갈등을 경험하고 해결함. • 외국인을 배척하는 한국 사람들의 편견을 경험함. • 이주민이기 때문에 겪어야 하는 생활에서의 차별에 대해 힘들어 함.
	문화 이해	• 한국 문화뿐만 아니라 여러 나라의 다양한 문화를 경험하고 이해함. • 자신의 적극적인 모습으로 주변 사람들에게 다문화에 대한 이해를 높이려고 노력함. • 모국의 문화와 다른 한국 문화로 가족 특히 남편과 갈등을 경험한 적이 많음.
상호 작용	의사소통	• 한국인 아버지와 다른 아이들과의 소통을 위해 한국어를 자녀에게 가르침. • 같은 외국인이지만 외국인끼리의 차별을 막기 위해 한국어를 습득함.
	주변 사람들과의 소통	• 자신의 상처를 보호하기 위해 다른 사람들과 소통하지 않는 모습도 나타남.
대인 관계	자녀 학부모 모임에서의 관계	• 자녀 학부모 모임에 참여했지만 외국인이라는 부담감과 차별 때문에 참여하지 않게 됨.
	주변 사람들과의 관계	• 주변의 좋은 친구를 만나서 긍정적인 관계를 맺음. • 봉사활동을 통해서 주변 사람들과 좋은 관계를 맺음. • 뒤늦게 자신이 이주여성임을 알게 되자 자신을 피하는 한국 사람의 태도를 경험함. • 비슷한 처지의 외국인들끼리 서로를 더 이해하고 긍정적인 관계를 맺음.
	종교	• 종교활동을 통해 다양한 사람들과 긍정적인 관계를 맺고 있음. • 지나치게 적극적인 종교적 권유로 관계를 끊는 경우도 있음.
	가족과의 관계	• 이혼 후 시댁과의 관계가 더 좋아짐.
공감	주변 사람의 어려움에 대한 공감	• 자신보다 힘든 처지에 있는 사람들을 이해하고 도와주려고 노력함.
자극 선호	이중언어	• 자녀에게 엄마 나라의 언어를 가르치는 것이 상호문화적 자극을 촉진한다고 믿음.
글로벌 태도	갈등 해결	• 자신을 모국과 이주국 사이의 갈등을 해결하는 매개체로 생각함.
	인재로 인정	• 모국에서의 재능을 이주국에서도 발휘할 수 있는 환경이 만들어지길 원함.
	가교적 역할	• 이중언어를 사용함으로써 가족 간은 물론 더 나아가 사회간 가교적 역할을 수행할 것으로 기대함.

로 선정되었다. 대인관계 영역에는 자녀 학교의 학부모 모임, 주변 사람들과의 관계, 종교, 가족과의 관계 등이 중심 요소로 추출되었고, 공감 영역에는 주변 사람의 어려움에 대한 공감이 유일하게 선정되었다. 자극선호 영역은 이중언어가 중심 요소로, 글로벌 태도 영역에는 갈등해결, 인재로 인정, 가교적 역할이 중심 요소로 선정되었다.

2. 중국 한족 이주여성의 상호문화 소통

앞선 1장에서 결혼이주여성 현황을 살펴 본 바와 같이 중국 출신의 결혼이주여성(조선족 포함)은 2013년 전까지만 해도 결혼이주여성 출신 중 최고 수치를 기록했다. 중국은 56개의 민족으로 구성되어 있으며 그 중에 최다 인구수는 한족이 차지하고 있다. 이 번 절에서는 중국한족계 결혼이주여성의 상호문화 소통을 영역별로 구분하여 기술할 것이다.

1) 개인적 차원

결혼이주여성들의 상호문화 소통의 다양성을 기술하기 위한 개인적 차원의 기술은 지식, 해석 및 연관기술, 발견 및 상호작용, 태도, 비판적 문화인식 영역 등으로 구분할 수 있다.

첫째, 지식 영역에 해당하는 상호문화 소통의 경험은 자신이 공유하고 있는 언어나 문화에 대한 지식을 포함한다. 뿐만 아니라 타인, 즉 소통하고 있는 상대방의 문화와 언어에 대한 지식을 의미한다. 중국 한족에서 나타난 지식의 영역으로는 한국어 능력이나 육아와 같은 일반적인 지식과 의료코디네이터와 같은 구체적인 직업 지식의 내용으로 나타났다.

> "6급 땄는데 사실은 말은 하나도 안 되어요. 쓰기도 잘 못 해요. 자기가 문장 만드는 것도 힘들고 읽으면 대충 다 알아 거의 다 알아요. (연구참여자 A-02)

연구참여자 A-02의 경우 한국으로 시집을 오면서 한국어를 습득하기 위해 한국어 능력시험을 보고 6급 자격증을 획득하였다. 그럼에도 불구하고 여전히 한국어에 익숙하지 못하다는 것을 느끼고 있다. 이는 한국어 능력시험이 일반적인 한국어 지식을 확인하는 시험이지만 한국에서의 가정생활, 자녀양육 등에서 필요한 정보를 습득하는 데 한국어 지식이 아직도 미흡하다는 것을 느낀다.

> "책 봤어요. 인터넷도 찾았어요. 책 보고 애기 키워요. 양육법이 우리나라에서 배웠던거와 달라서요." (연구참여자 A-03)

연구참여자 A-03은 한국에 와서 아이를 양육하는데 있어 중국에서 경험했던 양육법이 한국과 달라 고민이 많았다. 어차피 한국에서 아이를 키우려고 마음먹고 있기에 책이나 인터넷을 통해 한국의 양육법을 배우려고 노력하고 있다. 특히 스스로 육아법에 관한 지식을 습득하는 이를 극복하기 위해 책이나 인터넷 등으로 한국의 양육법을 찾아 스스로 지식을 습득하였다. 자녀의 양육이라는 필연적인 책무 앞에서 자기주도적인 배움의 주체성이 발현되었다.

"제가 그동안 간 마음이 상처받으니까, 누구도 만나길 싫어해요. 왜 그러면 내가 누구 싫어하는 거 아니고 마음이 조금 상처니깐 좀 진지해요. 왜 그러면 '나는 왜 그렇게 살았어요.' 이런 마음이 더 많아요. 그래서 친구 만나기 싫은 거예요. 그 때 부터 의료코디네이터 공부를 시작한 거예요. (중략) 아 이런 좋은 직업이 있으니깐 남동공단 일 너무 힘들었잖아요. 그냥 이거 배우고 나중에 편하게 조금 할 수 있는 거, 돈 많이 못 벌어도 이거 해요." (연구참여자 A-04)

연구참여자 A-04는 행복한 결혼 생활을 기대하며 한국에 왔지만 계속되는 남편의 폭력으로 결국 이혼하게 되었다. 이혼 후 그녀는 자신의 마음에 입은 상처를 치유할 목적으로 의료 코디네이터를 학습하고 자격과정을 마쳐 그 분야의 일을 하기 시작했다고 한다. 연구참여자 A-04에게 이혼은 절망이나 이민의 실패가 아니라 자아를 찾고 자립할 수 있는 기회라는 것을 보여준다.

이와 같이 중국인 한족계 결혼이주여성들의 상호문화 소통의 지식 영역에는 언어의 습득과 문화 차이의 주체적 극복을 나타내고 있으며, 자신이 처한 위협적인 사건 즉 이혼이라는 비극으로부터 자신의 진로를 찾는 계기를 만들었다. 즉 지식 영역에서 나타난 것은 결혼이주여성들의 주체적 지식 습득을 들 수 있다.

둘째, 해석 및 연관기술은 자국 문화와 타문화를 이해하고 해석할 수 있었던 경험을 의미한다. 여기서는 일상 문화의 차이, 육아, 교육환경 등의 문화 간 다름을 이해하고 이에 대해 주체적으로 해석하는 것으로 나타났으며, 기타로는 정치참여에 관한 관심과 봉사활동에 관한 사항이 나타났다. 우선 육아나 교육 문제 등에서 나타나는 일상 문화의 차이를 이해하고 해석했던 경험을 기술한다.

"중국의 육아법하고 양육, 한국의 양육하고 많이는 아니고 조금씩 달라요. …… 저는 한국 스타일로 했어요. 지금 중국에…. 한국에서 선생님도 뭐 들었어요. 병원 의사선생님한테도 듣고 그래서 한국 스타일로 했어요." (연구참여자 A-01)

"(그러면 학교도 이런 쪽으로 보낼 생각이 있어요? 고등학교 대학교?)아니요. 이런 생각이 없어요. 왜냐면 미술 어려워요. 이것 …… 이런 사람이 …… 우리 일반 사람이 할 수 없어요. 왜냐면 한국 사람하고 우리들의 생각하고 달라요. 우리는 그냥 취미만 생각해요." (연구참여자 A-03)

연구참여자 A-01은 중국의 육아법과 한국의 육아법의 차이를 이해하고, 한국에서 생활하기 때문에 다른 사람들의 조언을 듣고 한국의 육아법을 따르기로 결정했다. 육아법을 문화의 차이로 이해하고 한국의 육아법을 선택하였다. 연구참여자 A-03 역시 육아법에 관해 고민이 많았지만 자기주도적으로 한국의 육아법을 학습하는 것으로 지식 영역으로 분류했었다. 아울러 연구참여자 A-03는 자녀가 미술에 재능을 가지고 있지만 그것을 직업으로 선택하도록 하는 것보다는 취미로 할 것을 자녀에게 권유하고자 했다. 그녀는 한국의 부모들은 자녀가 예체능에 재능이 있다면 전적으로 지원을 해주어 전문 예술인으로 성장하기를 바라는 편이라고 여긴다. 실제로 그렇지는 않다는 것을 아는 데 시간이 걸렸다고 한다.

> "시어머니랑 문화 차이도 있고요. 시어머니랑 다투는 것도 있어요. 애들 키워서도 만약 애들 열이 나면, 중국 우리 어렸을 때는 열나면 덮어서 땀내야 돼요. 근데 한국은 다 벗고 열이 떨어질 때까지 그렇게 해요. 근데 어떤 때는 시어머니들이 옷 벗어야 된다고. 근데 중국 며느리는 옷 입어야 된다고, 그 때는 좀 다투기도 그래요." (연구참여자 A-01)

> "근데 처음에 한국에 올 때는 '아! 왜 이 사람들 왜 나를….' 한국 사람들이 그거 있잖아요. '어디에서 왔어? 몇 살? 어디 살아?' 뭐 그런, 꼬치꼬치 묻잖아요. 나 진짜 기분 나쁘거든. 그런데 이제는 적응되어서 "아! 네, 네. 그럼요. 예. 예" 막 그냥…. 예. 처음에 올 때는 막 자존심 상하더라고. '왜 이렇게 물어보지? 뭐지?' 그런데 이제는 '아! 이 나라 사람들이 말 많지만 반대로 정도 많구나!' 이렇게 좋게 좀 생각하려고…." (연구참여자 A-10)

연구참여자 A-01은 자신과 시어머니 간의 문화 갈등을 경험했다고 한다. 아이가 열이 날 경우 중국에서는 몸을 모두 감싸서 땀을 내야 하는 방식으로 열을 내렸지만, 한국에서는 옷을 모두 벗기고 몸을 차갑게 해서 열을 내리는 방식이었다. 이로 인해 시어머니와 갈등을 겪었다. 연구참여자 A-10은 한국에 처음 왔을 때, 처음 보는 사람들이 자신의 출신과 나이 등등 개인적인 사항을 자세히 질문하는 것에 대해 거부감을 가졌었다. 하지만 지금은 오히려 한국 사람들의 그러한 질문이 상대에 대한 관심의 표현이라는 것을 이해하게 되었다.

"중국 아이들은 한국 아이들보다 더 힘들어요. 아침부터 저녁까지 다 공부해요. 그래서 나 그거 보는 거 아이 우리 아들 공부 어떻게 해야 되는지 진짜 고민 많이 했어요. 저도 중국식처럼 아침부터 저녁까지 노는 시간 좀 줄이고 공부 시간 좀 많이 하면 안 돼요? 이런 마음이 있어요, 근데 한국에 이런 관계니깐 아이들이 다 그렇게 놀아요. 저도 방법 없는 거예요." (연구참여자 A-04)

"처음에는 우리 아이 나는 뭐 영어 구 영어는 꼭 알아야 되는 걸 몰랐어요. 왜냐하면 저도 진짜 하아.. 영어해야 되는 거였구나. 그 학교 들어가면 국제학교는 국제학교 무조건 들어갈 수 있는 걸로 알았어요. 그런데 영어를 못 하면 안 되는 것을 아무도 알려 준 사람 없었어요. 그래서 여기는 이사 와서 체드윅에 한번 상담해봤는데, 영어 다 되어야 한다고 하더라고요. 그래서 갑자기 테스트를 받았어요. 테스트를 봤는데 영어 못하니까 또 그 좀 안 되는 것 같아요. 아이 너무 힘든 것 같았어요. 그래서 할 수 없이 달튼 스쿨에 갔어요. …… 사실 여기가 좀 경쟁 너무 심해요." (연구참여자 A-05)

연구참여자 A-04는 중국에서의 교육법과 한국에서의 교육법 사이에서 갈등을 많이 했다. 중국 아이들은 한국 아이들보다 더 많은 시간을 학습에 사용하는데 한국에 와서도 중국에서처럼 자녀를 교육시키려다 보니 아이와 갈등을 겪었다. 하지만 지금은 한국의 교육 현실과 상황을 이해하고 적응하는 중이라고 한다. 연구참여자 A-05는 자녀를 국제학교에 보내는 문제로 고민했었다. 한국에서도 국제학교의 경우 영어가 필수이며 경쟁이 심하기 때문에 아이가 힘들어 했던 경험을 가지고 있었다. 중국에서 물론 영어의 중요성을 모르는 것은 아니지만 한국의 경우 영어가 학업은 물론 직업을 잡는 데 있어서도 매우 중요하기 때문에 영어를 중시하지 않을 수 없다고 본다.

"저희도 투표 못하니깐. 근데 어떤 모임일 때 뭐 그때도 대통령 선거할 때도 어떤 사람이 될 것 같아 우리도 이야기해요. 외국 사람들 모여서도 아 이 사람이 나라에서 좀 잘 될 거 같나 라고 이야기해요. 근데 그거 투표 못해요. 그냥 말 만하고…." (연구참여자 A-01)

연구참여자 A-01은 한국에 와서 자신들에게 투표권이 없는 것에 대해 아쉬워한다. 주변 친구들과 모임에서 대통령이나 선거에 나온 후보자들에 대해 많은 이야기를 나누지만 정작 자신들은 투표하지 못하는 현실에 대해 안타까워 했다. 그러나 국적을 받게 되면 투표를 할 수 있다는 기대감을 가지고 있었다.

"요새 아무튼 그 한국에 와서 옛날에 부터 제가 왔을 때부터 그렇게 있었어요. 다문화 뭐 다문환데 좋은 거 막 공짜 만들고. 뭐 배추김치 만들고. 막 가져가고. 동사무소도 그러고요. 거의 많이 있어요. 아 그래서 한국에 막 좋은 게 많은 거예요. 어디 가도 어디 무슨 벚꽃축제 서비스를 또 받을 수 있고. 뭐든지 뭐 그런 거 이마트 가서도 먹는 거 보고 막 사는 거 잖아요. 중국에는 절대 안 돼요. 절대 없어요. … 큰일 나죠. 그렇게 하면 서비스 다 하면 중국인은 나 안사. 그냥 먹어. 그러면 한국에는 이미 이렇게 했으니까 니가 이렇게 해야 되는 거예요. 그렇게 그런 게 있었다고요." (연구참여자 A-05)

연구참여자 A-05는 한국 정부가 수립한 다양한 다문화 지원 정책들의 서비스에 대해 만족을 하고 있으며, 다문화 가족들이 많은 서비스를 받는 것에 대해 긍정적으로 생각한다. 하지만 이러한 서비스 문화가 중국에서 미흡하며 효과 또한 없을 것이라고 이해하고 있다. 중국에서는 이런 다문화 서비스를 제공하게 되면 더욱 더 많은 서비스를 요구하기 때문이라고 말한다. 그녀는 한국과 자신의 모국인 중국의 다문화 정책에 대해 이해하고 해석하고 있음을 알 수 있다.

셋째, 발견 및 상호작용 기술은 자국과 타문화에 대해 이미 배웠던 지식이나 습득한 기술 및 태도를 일상생활에서 실제로 활용한 경험을 의미한다. 이러한 기술과 관련해서는 취업, 국제결혼, 한국어 학습, 문화 등으로 나타났다. 특히 앞서 지식, 해석 영역 등에서 얻어낸 내용들을 토대로 한 일상생활에 적용한 사례라고 볼 수 있다.

"내 생각에는 지금 우리처럼 철없이 결혼하는 사람 없어요. 지금 중국 사람 한국에 편하게 올 수 있어요. 우리는 옛날에 결혼 먼저 하고 여기 왔어요. 지금은 그렇게 안 해요. 지금 사람은 먼저 여기 와서 가족도 보고, 사람도 보고, 그 사람에 대해 다 알면 결혼해요. 지금은 여행 비자를 만들어 와서 남자 집에 어떻게 사는지 보고 다시 결정해요." (연구참여자 A-06)

"중국에 있을 때에는 너무 잘해줬어요. 그래서 또 TV 볼 때 한국 남자들이 자상하고 열심히 살고 또 가정 책임감 있고. 사실은 제가 한국 올 때는 남편은 한국에서 무슨 지하방 살고 월세 보증금 500짜리, 그런데 와서 제가 같이 시작했거든요. (중략) 그런데 왜냐하면 살아보니까 그게 전부 아니더라고요. 특히 한국 오니까 180도 변하더라고요. 우리나라 있을 때는 다 나를 많이 의지하니까, 내가 다 해주니까. 그런데 한국 오니까 완전히 자기 나라고 자기 세상이니까…."(연구참여자 A-10)

연구참여자 A-06은 자신의 국제결혼 경험을 토대로 국제결혼에 관한 조언을 하고 있다. 자신은 무턱대고 아무 조건도 확인하지 않고 결혼을 했지만 그것이 조금은 잘못된 방식임을 인식하고 있었다. 그래서 앞으로 국제결혼을 하기 원하는 사람들에게 우선 결혼 상대자에 대해 자세히 알아보고 결혼한 것을 조언하고 있다. 연구참여자 A-10은 한국 남성과의 결혼 문화에 대해 이야기 하고 있다. 한국 남성과 결혼하여 중국에 살 때는 남편이 자상하고 책임감 있는 모습을 보였지만 한국에 오자 180도 돌변하는 남편의 모습을 보고 많이 당황했던 경험이 있다고 한다.

"한국어도 안 되잖아요. 왜 그러면 이거는 어렵잖아요. 일이 어려우니깐, 조금 위험한 거 있어요. 한국어 조금 안되면 이해 못하면 사고 많이 치잖아요. 처음엔 위험한 거 때문에 안 되고, 두 번째는 인정도 안 되고 한국에서 자격증 따야 되고 그거 두 가지 다 어려운데요."(연구참여자 A-04)

연구참여자 A-04의 경우 중국 대학에서 간호학과를 졸업했다. 그래서 한국으로 이주하면서 간호원으로 일하려고 했지만 한국에서는 중국의 학위를 인정해 주지 않았고 또한 연구참여자 자신도 한국어에 익숙하지 못했기 때문에 관련 직업을 갖지 못한 경험을 가지고 있다.

> "사실 책에서 공부하구 그냥 기본 대화만 배웠어요. 대화 연습 많이 못 해요. 그냥 한국말만 배우고 음, 저는 그냥 사실 남편한테 더 많이 애기하고 선생님한테, 친구한테 애기하는 거 외는 다른 사람과 애기 할 기회가 없어서 못해요. 그래도 잘 배웠어요. 음 대화할 때…."(연구참여자 A-08)

연구참여자 A-08은 한국어 학습에 대해 이야기하고 있다. 한국어를 학습하는 데 있어 교재나 책을 통해 학습하는 것도 중요하지만 그것은 한계가 있음을 인식하고 있었다. 그래서 자신의 경험을 토대로 한국어 학습은 자신의 주변 사람들과 많이 대화하는 것을 통해 습득해야 할 것을 조언하고 있다.

넷째, 태도 영역은 이주민의 상호문화 소통 과정 기술 영역 중 사회적 행위와 관련이 있다. 다시 말해 타인이 사용하는 언어와 그가 지닌 문화에 대한 지식으로 인해 상대방에게 공감과 호기심을 가지고 실제적으로 했던 행동이나 태도의 경험을 의미한다.

> 우리 딸 초등학교 때 모임이 있었잖아요. 회비도 내고 그러는데 저는 몇 번 했어요. 회비도 내고. 애들 솔직히 애들끼리는 똑같아요. 차별 어디서부터 시작하냐면 부모로부터 이렇게 하고 그 다음에 애들 집에 가서 '저 누구 누구 엄마가 중국 엄마야.' 이렇게 얘기하는 게 아니에요?

그 다음부터 너희 엄마가 중국 엄마야 이렇게 차별하기 시작하는 것 같아요. …(이하 생략)….(연구참여자 A-03)

"내가 중국 엄마다, 무식하다 그런 말을 들은 적이 있어요. 저는 그냥 그하고 이야기 안 해요. 내가 당신보다 잘하니까 너랑 이야기하기 싫다 어쩔래, 우리 솔직히 말하면 우리 저소득 가정이잖아요. 다문화 가정 대부분이 어렵게 살잖아요. 그런 부분은 사실이에요. 우리 남편도 학교에서 무슨 저소득 지원금 그런 것 왔잖아요. 우리 남편이 나보고 신청하지 말래요. 왜, 이것 신청하면 선생님부터 알잖아요. 선생님부터 저 애기 집이 못 살구나 그런 생각을 가질 가 봐 우리 남편부터 그것 신청하지 말래요." (연구참여자 A-03)

연구참여자 A-03은 한국에서 자녀 학부모 모임에서 불편하고 불쾌한 경험을 한 적이 있다. 모임에 나온 비다문화가정 학부형들이 노골적으로 중국 사람을 무시하는 태도를 느꼈고, 2차, 3차로 이어지는 한국의 회식 문화를 불편하게 생각하고 있었다. 그 이후 학부모 모임을 잘 나가지 않았다고 한다. 또한 다문화가정임을 드러내거나 나타내면 무시와 멸시의 반응을 보이는 한국 사회에서는 다문화 가정임을 드러내지 않는 것이 더 현명한 것이라는 생각을 했다고 한다.

"저는 오히려 그렇지 않아요. 항상 우리 큰딸 학교에서 왕따를 당할 수 있냐고. 누가 엄마가 외국 사람이기 때문에 뭐라고 하면 쟤들 신경 쓰지 마세요. 너희들 외국 사람이 중국말 하면 오히려 "어? 너는 중국말 잘한다." 오히려 더 좋아요. 그것 때문에 속상하고 그러지 말라고 해요."

(연구참여자 A-02)

연구참여자 A-02는 엄마가 외국 사람이기 때문에 겪어야 하는 딸의 어려움을 고민하였다. 하지만 오히려 딸에게 당당하게 생활할 것을 강조하고 있었으며, 오히려 엄마의 나라 언어인 외국어를 잘할 수 있다는 것을 장점으로 생각하라고 애정어린 조언을 하곤 한다고 말했다.

"제가 다문화 센터 나중에 같이 상담 갔어요. 거기에서 인제 제가 심리치료 많이 받았거든요. 그다음에 병원에 가서 약 좀 먹으라고 그러더라고요. 그래서 우울증약, 한 6개월 약 먹고 그다음에 심리치료 한 1년 받았어요. (중략) 지금 저는 국제 무역 통역 중 하고 있어요. 외래어 통역도 다 하고 있지만…. 그래서 저는 다문화 활동, 제가 봉사를 많이 해요. 제가 과거 많이 힘들었고 많이 아팠잖아요. 그래도 이 나라는, '나'라는 사람 버리지도 않고 날 도와줬잖아요." (연구참여자 A-10)

연구참여자 A-10은 가정폭력으로 남편과 이혼하는 경험을 했다. 가정폭력을 행한 남편과의 이혼 과정에서 많은 상처와 아픔이 있었지만 다문화 센터에서 상담과 치료를 받고 취직도 하여 더 나은 삶을 살고 있다. 또한 자신이 힘들 때 도움을 받았다는 것을 기억하고 지금은 다른 사람들을 위해 봉사활동을 하고 있다.

태도 영역은 긍정적 형태도 있지만 부정적인 형태도 존재한다. 위의 면담 내용에서 보자면 비다문화가정 학부형들이 이민자들을 대하는 태도는 주로 부정적이어서 결혼이주여성들은 나름 자신의 배경을 노출하지 않으려는 태도를 보인다. 그렇지만 한국의 다문화가족 지원 정책에 대해서는 긍정적인 태도를 지닌다.

다섯째, 비판적 문화인식 영역은 개인적 차원의 영역 가운데 마지막 영역이다. 타인이나 타문화에 대해서 배웠던 지식이나 태도를 통해 새로운 문화정체성을 경험하는 것을 의미한다. 연구참여자들은 한국 사회의 다양한 일상에서 일어나는 적응과정에서 자신의 배경문화와 새로운 한국 문화 사이에서 협상을 진행한다. 특히 자녀의 진학, 진로, 이중언어 문제 등에 대해 고민하고 있으며, 이 가운데서 끊임없이 정체성의 변화를 경험한다.

"그런 거 많이 생각하죠. 왜냐하면 나중에 중국 이렇게 발전되니깐 아무래도 조금 엄마로서는 엄마 중국 사람이니깐 당연히 중국말 잘 해야 하는데 근데 아시다시피 애들은 엄마가 가르치면 너무 힘들어요. 아주 말 안 듣고 다른 사람 가르치면 하는데…" (연구참여자 A-02)

연구참여자 A-02는 자신도 이주여성이고 자녀도 다문화 가정 자녀이지만 언젠가는 중국으로 돌아가기를 희망하고 있다. 그래서 중국으로 돌아갈 것을 대비해서 아이가 중국어도 잘 해야 한다고 생각한다.

솔직히 말하면 제가 외국 사람이잖아요. 학교 가는 것 조금 부담스러워요. (중략) 저번에 학교 갔는데 우리 남편이 처음에 입학할 때는 우리 큰딸, 우리 남편이, 엄마가 학교 가야 하는데. 안가도 좋다고. 여기 사람이 한국 학교 나보다 더 아니깐 "왜요?" 물어봤는데 애들한테 왕따 시킬까봐. 엄마가 외국 사람이라서. 오히려 우리 남편부터 그런 생각을 가지게 되는 거예요. (연구참여자 A-02)

"내 생각에는, 그냥. 부끄러워요. 엄마 외국 사람이기 때문에 자꾸 엄마 한국 사람이면 좋겠다고 했어요. 지금은 자주 어떤 거 공부 모르는 거 문제도 있어요. 어쩔 때 엄마한테 물어보면, 엄마 몰라요. 엄마가 어떻게 알아요. 친구들 엄마는 한국 사람이어서 좋은데. 어쩔 때 국어 문제 틀렸어요. 나한테 물어보면 내가 어떻게 알아요. 내가 몰라요. 그러면 ○○이가 얘기해요. 다른 애들은 엄마가 한국 사람이라서 좋겠다고요." (연구참여자 A-06)

"애들은 유치원 때는 모르지만, 지금은 학교 다니며 친구 많잖아요. 사실 제가 중국 사람이라는 것을 비밀로 하고 싶어서요. 또 밖에서는 내가 중국말하면 그냥 중국말 하지 말라고 해요." (연구참여자 A-08)

연구참여자 A-02는 자신이 외국인이기 때문에 자녀의 학교에 방문하는 것을 부담스러워 하고 있다. 외국인에 대해 다른 시각을 가지고 있는 한국 사람들 때문에 자신의 정체성을 드러내는 것을 꺼려 하고 있다. 그리고 남편도 엄마가 외국인이기 때문에 자신의 자녀가 차별이나 왕따 당하는 것을 걱정하고 염려하고 있다.

연구참여자 A-06은 자신의 자녀가 자신에 대해 부끄러워 한다는 사실에 많이 실망하고 있었다. 외국인 엄마를 둔 자녀가 자신을 창피하게 생각하고 엄마가 한국 사람이었으면 좋겠다는 말들을 하는 것을 들으며 자신의 정체성에 대해 생각하게 되었다.

연구참여자 A-08은 초등학교에 다니는 자녀가 외국인 엄마를 부끄러워 할까봐 자신이 중국 사람이라는 것을 숨기고 있었다. 또한 자녀도 엄마인 연구참여자에게 밖에서는 중국말을 사용하지 말아달라고 부탁했다고 한다. 이러한 일들을 경험하면서 연구참여자 A-08도 역시 자신의 정체성에 대해 고민하게 되었다.

"우리는 완전히 한족. 왜 조선족은 엄마 초청하는 거 있잖아요. 그게 한 조선족하고 친정엄마, 형제, 자매, 초청은 1년 여기서 머무는 시간은 1년짜리, 동포들은 5년짜리 나오는데. 왜 우리들 초청하는 것 조건이 이렇게 많고 여기다 3개월밖에 못하고 차별이 심해요. 우리 중국에서 조선족도 솔직히 차별이 없었는데. 왜 똑같이 하는데. 왜 우리는 한국 사람한테 대우받는지. 그 친구가 그런 애기를 하더라고요. 조선족 친구 많아요." (연구참여자 A-02)

연구참여자 A-02는 친구 이야기를 통해 한국 내에서 조선족과 한족 모두 결혼이주여성이라는 공통점이 있는데, 중국 한족을 차별하는 문화에 대해 비판적인 생각을 갖고 있었다. 똑같은 중국 국적인데도 왜 한족과 조선족을 차별하고 있는지에 대해 의문을 제기했다. 그러면서 자신의 민족정체성에 대해 고민한다고 한다.

"아무리 욕까지 하고 중국 사람들 제일 싫다고 그래 가지고. 그럴 필요 없잖아요. 나중에 기사 아저씨한테 "조용해요." 이렇게 조용히 하라고 어떻게 손님하고 기사님하고 그 아저씨에게 "그만하라고"하고 말하지 말라고 하고 혼냈어요. 내가 혼낸 건 아니고 손님이 혼냈어요." (연구참여자 A-02)

연구참여자 A-02는 버스 내에서 전혀 모르는 사람으로부터 중국 사람이라는 이유로 온갖 욕설을 들어야 했던 경험을 이야기 했다. 특히 일부 한국사람들이 지나치게 외국인 혐오를 하는 것에 대해 자신은 외국인이 아닌 외국에서 한국으로 이민해 온 결혼이주여성이고 한국사람이라는 것을 열변했다. 아울러 그녀는 한국 내에서 외국인에 대한 차별과 인권에 대해 생각하게 되었다고 한다.

> "옛날에 1학년 때는 학교 앞에 데려다주면 괜찮았는데, 어린이집 다닐 때는 교실 안까지 데려다줘도 괜찮고, 그런데 2학년 때는 교문까지만 데려다 주고. 이제는 길 건너기 전에 그냥 가라고 해요. 제가 못생겼어요? 아니면 뭐 때문에 이렇게 해요? 아마도 자기의 체면 때문에 그러는 것 같아요. 아니요. 한국 사회에서 다문화가정에 대해서 안 좋게 생각하는 것을 ○○이가 아니까 그러는 거겠지요. 정말 속상해요. 다른 한국 엄마들은 교실 안까지 데려다 주고 하는데 우리는 신호등을 건너기도 전에 집에 가라고 하면서 혼자 뛰어 가요." (연구참여자 A-08)

> "저도 스스로 부끄러워요. 외국 사람은 다 가난한, 가난한 이미지 있어서 정말 살기 어려워요. 만약에 다시 이런 기회가 있으면 안 올 거예요. 물론 남편 사랑하니까 왔지만 한국에 그런 이미지 있는지 완전 몰랐어요. 모르고 왔어요. 그래서 적응하는 데 시간도 걸리고 힘들었어요. 그리고 저는 여기 와서 잘 살고 싶었는데요. 이민자들은 전체적으로 어려운 데 많아요. 특히 경제적으로 어려웠어요. 처음에 와서 아르바이트도 할 수 없어요." (연구참여자 A-09)

연구참여자 A-08은 외국인 엄마인 자신을 부끄럽게 생각하는 자녀에게 상처를 받은 경험이 있다. 특히 아이가 그렇게 행동하는 원인이 한국에서 다문화가정을 무시하는 문화때문이라고 생각한다. 연구참여자 A-09는 결혼이주여성에 대해 왜곡된 시각을 가지고 있는 한국 사회를 비판한다. 결혼이주여성은 무조건 가난하고 못 사는 사람이라는 편견 때문에 결혼이주여성이 한국에서 적응하는 것을 방해하고 있다고 생각한다.

> "한국 오니까는 밑바닥이 되어버렸잖아요. 저는 우리나라에서는 능력 있고 좀 자신 있고… 그런데 한국 오니까 완전히 한국 글자 아야어여 기초부터 배우고 어디 가면 이주여성으로 취급받고… 내가 아무리 능력 있어도 "아, 너는 그냥 다문화 여자야!" 그래서 진짜 많이 힘들었어요. 남편하고 한 6년 살았거든요. 참, 내가 이 사회에 오니까 나라는 존재가 없어지고 자부감, 그리고 모든 나는 이제, 이제는 밑바닥이니까 그걸 내가 인자 현실적으로 받아들이기가 힘들더라고. 나도 내가 중국에서 비행기 타고 왔다가, 중국이 얼마나 큽니까?" (연구참여자 A-10)

연구참여자 A-10은 중국에서는 능력있고 자신감 넘치는 모습이었지만 한국으로 결혼이주를 하면서 밑바닥으로 떨어진 느낌을 받았다. 특히 그녀는 중국에서 연애로 만난 한국 남편과의 이혼을 경험하고 한국에 대해 부정적인 생각을 가졌지만 상담센터 등의 정신 치유를 통해 자활에 성공하고 재기를 하게 되었다고 당당하게 이야기를 했다. 그러면 이주여성들이 한국 사회에서 무시당하는 것에 대해 우선은 언어의 문제가 있기 때문이고, 또한 이주민이면서 여성이기 때문에 한국 사람들에게 더 많은 좌절과 차별을 당한다고 생각했다. 그러면서 외국인들을 무시하는 한국 문화에 대해 비판을 했다.

"우리는 보통 적게 받아요. 그냥 노력은 똑같이 해요. 그런데 한국 사람이 더 많이 받아요. 노력은 하고 안 하고가 중요하지 않고, 한국 사람은 우리보다 더 많다고…" (연구참여자 A-08)

"네, 제가 전화했어요. 말도 중국말이고 하니까 무시하겠죠. 말 못하고, 그렇게 잘못하니까. 무시해요. 진짜예요. 대충 막하고 그, 막 우리 관할이 아니라고 이리 전화하라고 해서 이리 전화하면 저리 전화하라고 하고…" (연구참여자 A-08)

연구참여자 A-08은 급여 부분에 있어서 외국인에 대한 차별을 비판하고 있다. 동일한 시간, 동일한 업무량임에도 불구하고 외국인이기 때문에 한국인보다 더 적게 받는 급여에 대해 불만을 가지고 있었다. 또한 이러한 차별 문제를 상담받기 위해 단체의 노동자 센터에 전화했지만 그곳에서도 여전히 차별과 무시를 당했다. 이렇게 차별과 무시당하는 것에 대해 그냥 자신의 내적으로 담아두는 것이 아니라 이를 비판하고 한국 사람들이 변화하기를 바라는 마음을 가지고 있었다.

2) 대인적 차원

대인적 차원에는 이해와 존중, 상호작용, 대인관계, 공감, 자극선호, 글로벌 태도 등의 영역으로 상호문화 소통의 행위들을 구분할 수 있다.

첫째, 대인적 차원의 이해와 존중 영역은 자국 문화와 다른 문화권 사람들의 다양함을 이해하고 존중하는 경험이나 접촉하는 대화 상대의 다양함을 파악하고 차이점을 인정하며 존중한 경험을 의미한다. 면담에서 만난 중국계 결혼이주여성들은 이해와 존중 영역을 찾아볼 수 있는 영역은 주로 시댁, 남편과의 관계에서 나타나는 갈등이고 이를 이해하기 위한 노력들이 주를 이루었다.

"시부모들을 지금 가끔씩 만나니깐 좋아하죠. 시어머니도 좋아하고. 시어머니도 계속 며느리 보면서도 힘들지…. … 지금은 저는 적응했어요. 처음에는 많이 불편했는데. 여러 가지 불편했어요. 근데 지금 괜찮았어요." (연구참여자 A-01)

"집에서 있을 걸요. 지금은 다 잊어버렸어요. 싸운 적이 있어요. 애기 출산한 후에 2주일쯤에 애기 배꼽에 끼워 있는 것 떨어졌어요. 내가 무서워요. 이것 때문에 남편과 시어머님과 싸웠어요. 왜 이것 떨어졌어요? 원래 괜찮아요. 떨어져야 돼요. 나는 경험이 없어요. 그래서 이것 때문에 남편한테도 시어머니한테도 큰 소리 했어요. 내가 잘못했어요. (하하하 웃음)" (연구참여자 A-03)

"교회 분이 우리 집에 왔어요. 예배하고… 저도 옆에 있어서 같이 했었는데, 조금 힘들어요. 마음이 불편했어요. 신랑한테 애기했어요. 그랬더니 남편이 "불편하면 하지마. 마음이 편해야 해"라고 했어요." (연구참여자 A-09)

연구참여자 A-01은 결혼 초기에는 시어머니와 함께 생활했다. 하지만 문화의 차이로 불편했으며 시어머니와의 관계도 좋지 않았다. 이후 분가를 했는데 분가 이후로는 오히려 시어머니와 더 좋은 관계가 되는 경험을 했다. 연구참여자 A-03은 신혼 초기 아이 출산과 육아 문제로 시어머니와 갈등을 경험했다. 하지만 곧 자신의 잘못을 인정하고 서로 이해하게 되었다. 연구참여자 A-09는 시어머니와 종교 문제로 불편한 관계였었다. 그러나 남편이 자신의 편에서 이해하고 존중해 주어서 조금은 편하게 되었다.

> "그렇게 뭐 조선족이나 중국 여자들 안 좋다고 하니까 다른 사람들이 중국 느낌 안 좋아요. 그랬잖아요. 그래 가지고.. 당신 말하는 게 진짜 싫어요. 애들 옆에서 중국 여자, 중국 사람, 그렇게 하니까 싫어요. 저 중국 사람이잖아요. 어 그렇게 하면 안 되지. 그래서 하지 말라고 했어요. 싸워요." (연구참여자 A-05)

연구참여자 A-05는 자신이 모국과 관련한 내용으로 남편과의 갈등을 경험했다. 남편이 노골적으로 중국을 폄하하거나 무시하는 발언을 많이 하는 편이며 아이들 앞에서 자신을 중국 여자 또는 중국 사람으로 호칭하는 모습을 보였다. 이러한 모습에서 연구참여자 A-05는 다른 문화나 다른 문화권에서 온 사람을 이해하지 못하는 것을 비롯하여 이러한 처지인 자신의 아내를 아끼지 않는 남편의 모습에 대해 실망하고 많이 아쉬워했다.

> "가장 힘든 것. 중국 사람이 아직도 이것 때문에 나 이렇게 생각해요. 한국인과 중국인 사이에 거리가 있어요. 내가 한국인과 차이가 있어요.

배척하는 심리가 있어요. 내가 한국말 잘하지 못해서 그럴 수도 있어요. 때문에 엄마들 교류할 때 부담 조금 있어요. 내가 항상 한국 사람들이 내 말 못 알아들을 수도 있다고 그런 생각이 있어요." (연구참여자 A-03)

연구참여자 A-03은 한국인과 중국인 사이의 거리감에 대해 인식했다. 한국인들이 외국인을 배척하는 모습을 가지고 있지만 그 원인을 한국 사람들의 미성숙한 다문화감수성으로 인한 것이 아니라 자신의 언어 부족의 문제로 귀인시키는 모습을 보였다.

"한국 사람 애들한테 뭐 이제 엄마 외국인 사람이니까 애들 엄마 더 많이 도와주고 생각하고 엄마는 진짜 대단하다 뭐 그렇게 좀 입장에서 그 나라도 완전히 좋은 나라, 무시하지 않게 뭐 한국 문화 전통문화 못지않게 보게. 그리고 애들 위해서 여러 나라 있잖아요. 그러면 세계를 알아야 하잖아요. 아이 모여서 그렇게 서로서로 이렇게 알게 되면 조화가 돼요. 그리고 아이들 생각하는 것도 틀리고 그렇게 우리는 이제 국제학교 다니니까 다른 언니랑 대화하고 이 언니랑도 대화하고 좋은 거… 진짜 아이들 외국에 나가서 또 보는 거 완전히 틀려요. 그렇게 애들이 되게 교육적이었으면 좋겠어요." (연구참여자 A-05)

연구참여자 A-05는 자신의 자녀들을 위해서 한국 문화뿐만 아니라 여러 나라의 다양한 문화를 접하고 경험하게 해주고 싶다고 하면서 그것이 진정한 다문화교육적이라고 생각한다. 그녀는 자신의 아이뿐만 아니라 다문화가정 아이들에게 한국의 문화는 물론이고 엄마의 나라나 주변 친구들의 나라의 문화에 대해 함께 알려준다면 서로를 이해하는데 큰 도움이 될 것이라고 주장했다.

> "미국 대통령 봐봐. 오바마 대통령 얼마나 대단해! 그분도 다문화 자녀라고. 미래는 누구도 모른다. 항상!" 그래서 요즘은 아이가 많이 진짜, 진짜 밝아졌어요. 당당하더라고. 처음에는 왜 나는 내가 다문화 아이야? 엄마, 왜 엄마는 외국 엄마야? 많이 힘들어했어요. 그래서 저는 막, 그걸 좀 없앨라고 학교 가서 봉사를 많이 하고 그다음 또 다른 데 행사 있으면 그 제조 회사 가서 그거 좀 달라 내가 학교 좀 주게. 돈을 떠나서 잔잔한 것들이… 얼굴 찍히면 좋잖아요. 그래서 인제 담임도 그렇고 학교도 그렇고 아이도 신경을 많이 써주더라고요. 일단 내 아이라는 게 있는 게 얼굴 좀 많이 찍혀야 내 아이에게 좀 잘해주잖아요. 그래서 학교 봉사를 진짜 많이 했어요." (연구참여자 A-10)

연구참여자 A-10은 자신의 자녀가 다문화가정의 출신이라는 사실에 힘들어하는 것에 대해 긍정적인 마인드를 심어주려고 오바마 대통령의 예들을 이야기 해주는 등 상당한 노력을 했다. 다문화 가정이지만 더 당당하게 생활할 것을 이야기하였다. 또한 연구참여자 스스로도 아이의 학교 봉사활동에 적극적으로 참여하여 자녀와 주변 사람들에게 좋은 모습을 보여주려고 노력하였다. 이런 모습을 통해 연구참여자 A-10은 적극적으로 상대방을 이해하려고 노력하는 모습을 볼 수 있었다.

둘째, 상호작용 기술 영역은 사람들과 상호작용을 할 때 효과적이고 원활한 의사소통을 제공한 경험을 뜻한다.

> "애들 여기서 유치원 가야되니깐 그냥 중국말 처음에 중국말만 하면

애들 유치원 가면 힘들어서 그 생각이 들어서 그래서 처음에는 한국말 좀 가르쳐 줬어요. 그리고 애들 아빠한테도 소통해야 되니깐…” (연구참여자 A-01)

“조선족한테, 조선족 한국말 잘해요. 무슨 일이 있어서 같이 있을 때 마음이 불편한 일이 있으면 조선말을 하니까 못 들어요. 그래서 좀 이상해요.” (연구참여자 A-07)

연구참여자 A-01은 유치원에 가게 된 아이에게 유치원에서의 다른 원아들과의 원활한 의사소통을 위해 한국어를 가르쳤다. 또한 아빠와의 의사소통을 위해서도 아이들에게 한국어를 가르쳤다고 한다. 그렇지만 자신이 외국 출신이라 정확한 발음 등을 걱정하면서 그래도 열심히 아이에게 한국어를 가르치고자 하는 결심을 보였다.

연구참여자 A-07은 한족임에도 불구하고 한국에서 재중동포에게 차별을 느낀다고 응답했다. 재중동포들은 한국어를 잘하기 때문에 오히려 한국에서는 자신들(한족)이 차별을 받는다고 생각했다. 이러한 이유로 서로 의사소통을 비롯한 상호작용이 제한되는 것을 경험하였다.

“근데 선생님 나 이런 말은, 누구도 알리기 싫은 거예요. 나는 그렇게 살았는 거, 이런 사람 만났어, 이런 일이 있는 거, 이건 누구도 이야기하기 싫은 거예요. …… 제가 그 친구 대신 안 만나니깐 일을 할 때는, 그래서 일을 더 많이 해요. 직장 있으니깐 직장 동료들도 있잖아요. 직장 동료들한테는 이런 말 이야기 안하는 게 좋아요. 그래서 나는 이거 그냥 비밀처럼 추구하려고 하지, 그냥 비밀처럼 하는 말 안하고 싶어요. 마음

이…." (연구참여자 A-04)

연구참여자 A-04는 남편과 이혼을 하여 가정해체를 경험했다. 그러한 이혼의 상처와 자신의 처지 때문에 다른 사람들과 상호작용하고 소통하는 것을 힘들어 하고 있었다. 자신의 힘든 처지를 다른 사람들과의 관계를 통해 치유하는 것도 하나의 방법이 될 수 있는데 마음의 문을 닫고 소통을 차단하고 있다고 말했다. 그러면서 기회가 닿으면 상담 등을 통해 자신의 처지를 회복하고 타인들과 상호작용을 하고자 노력한다고 말했다.

셋째, 대인관계 영역은 다양한 문화권으로부터 온 사람들과 상호의 존적이며 긍정적인 관계를 구성한 경험을 의미한다.

"어렸을 때는 많이. 학교에서 청소같은 거 참여하고 몇 번 갔는데. 그것은 안 갔어요. 왜냐하면 부모님이 다 한국 사람, 저만 외국 사람이어가지고 그냥 가기 좀 부담스러웠어요. 어렸을 때는 적어도 학교 가니깐 그때는 다 알고 있어요. 중학교는 거의 안 가니깐 아마 대부분 대부분이 우리 큰딸 엄마가 외국 사람인 것을 모르실 수도 있어요." (연구참여자 A-02)

"응, 알아요. 같이 차 마시고 한두 번 적이(밖에) 없어요. 거의. 만나서도 말도 잘 안 해요. 어떻게, 친해요." (연구참여자 A-03)

"그 처음에 제가 밴드 있잖아요? 그건 안에 제가 초대했어요. 저도 안에 들어가 있어요. 근데 그때는 만난 적도 없었어요. 제 자신도 조금 부족하고 외국 사람이니깐 한국말 조금 못하니깐 혹시 만나면 더 안 좋은 점도 있어요. 그래서 이런 생각 다른 친구 애도 있으니깐. 그 친구 엄마들이 그 한국 여자잖아요. 제가 한국 여자 나쁜 거 아닌데 신고되는 거예요. 자주 비교해요. 비교해요. 집에 뭐 아파트 살아요? 빌라 살아요? 뭐 이런 거 직업 어떤 거해요? 뭐 한다거나 얼마 벌어요. 이런 거 자주 이야기해요." (연구참여자 A-04)

연구참여자 A-02는 아이가 어렸을 때는 학교행사나 모임에 종종 참여했지만 자신만이 외국인 엄마라는 부담감 때문에 학교에 가는 횟수가 줄었다. 그래서 큰 아이의 친구들이나 선생님은 아이의 엄마가 외국인이라는 것을 모를 수도 있다고 했다. 연구참여자 A-03은 아이의 친구 엄마들과 함께 모였던 기억이 한두번 밖에 없었다. 그래서 친해질 수 있는 시간을 갖지 못했다고 한다. 연구참여자 A-04의 경우 엄마들과 SNS 활동도 하고 처음에는 적극적으로 활동했지만, 그 모임 안에서 겪은 차별과 서로 비교하는 문화 때문에 상처를 받았다. 그 후에는 엄마들과의 모임을 회피하는 모습을 보였다.

"한국에 와서 안녕하세요 밖에 몰랐어요. 정말이에요. 언니 부르는 거 있잖아요. 너무 힘들어요. 안 들어오는 거예요. 어떻게 부르는지 모르는 거예요. 그래서 이제 TV보고 이제 글씨 뜨면 내가 예전에 배웠던 거 이제 들어오는 거예요. 글씨, 아 이렇게 천장이 무슨 뜻인지는 그렇게 그렇게 됐어요. 언니들 많이 만나고 이야기하면서 배웠어요. …… 봉사도 많이 하고요. 새마을 봉사 있잖아요. 새마을 다문화 …… 저한테 너무 친절한 거예요. 제가 제일 어리니까." (연구참여자 A-05)

연구참여자 A-05는 한국에서 자신을 이해해 주고 친절하게 대해준 언니들을 만났다. 연구참여자는 힘들고 외로운 결혼이주의 생활이지만 그 속에서 자신을 이해해주고 좋은 관계를 맺어 온 사람들을 통해 위로받고 있었다.

> "전도까지는 안 하고 처음에는 아무 생각이 없이 따라갔는데 다니다 보니깐 작은 선물도 주고 좋았는데 자주 전화오고 부담스러웠어요. 어려웠어요. 그래서 "전화해서 언니 나중에 찾아오지 마세요. 언니 제가 이유는 말씀드릴게. 좀 죄송하지만 제가 너무 부담스러워요. 나중에 내가 진짜 가고 싶으면 그때 언니한테 전화하고 갈게요" 그래서 한동안 안 가고 그래도 나중에 가게 됐어요." (연구참여자 A-02)

연구참여자 A-02는 자신을 이해해주는 언니를 만났지만 그 언니가 종교적인 문제로 불편하게 했던 경험이 있었다. 자주 연락하고 찾아와서 종교를 권유하는 상황에서 연구참여자는 정중히 거절한 뒤 관계를 끊었던 경험을 했다.

> "원래는 같이 있으면 잘 싸웠잖아요. 안 좋으니깐 근데 이혼하고 나서 지금 우리 아들 때문에 시어머니하고 저하고 원래보다 더욱 친하게 지내요. 서로서로 뭐라고 해야 되. 이거… 무시 안 해. 할머니도 가끔씩 "엄마한테 전화해봐 엄마 아프지 말고 약 잘 지어먹어." 제가 지금 들을 수 있어요. 제가 지금도 할머니가 아픈 거, 이 소리 들으면 저도 마음이 조금 안 좋은 거예요. 아프지 말아야 돼. 왜 그러면 할머니 아프면 우리 아들도 고생 많이 해요. 그래서 나도 지금 참 이상한 거예요. 같이 살

았을 때는 안 좋게 살았잖아. 이혼하면 왜 더 좋을 수 있어요? 이런 생각 조금 가끔씩… 생각나는 거예요. 이상한 거예요. 그런데 지금 더 좋아요. 아이 아빠도 싸우지도 않고 안 만나고." (연구참여자 A-04)

연구참여자 A-04는 이혼 후에 오히려 시어머니와의 관계가 더 좋아졌다고 한다. 함께 있으면서는 자주 갈등을 겪었지만 오히려 이혼 후에는 서로 더욱 이해하며 좋은 관계가 되었고 남편과도 사이가 좋아졌다. 하지만 함께 살면서 더 좋은 관계를 맺을 수 없었던 것에 대해 이해하지 못하는 모습을 보였다.

"나도 이렇게 밖에 나가는 거 다 도와주고 하는 거 좋아하니까 그러니까 할머니들이 나를 데리고 나갔어요. 뭐 농장 가서 농사도 짓고, 고구마도 키우고 배추도 심고, 그래서 김치도 하고, 향교에서 뭐도 만들고 노인정 어른 밥 먹는 것도 도와주고. 많이 했어요." (연구참여자 A-05)

연구참여자 A-05는 활발한 성격을 가지고 지역 사회에서 많은 봉사 활동을 하고 있었다. 특히 노인정 자원봉사를 통해 지역의 노인 어르신들 뿐만아니라 많은 사람들과 긍정적인 대인관계를 맺고 있었다.

넷째, 공감 영역 부분은 타인의 의견을 경청하고 그들의 감정을 이해하려고 노력하며 그들의 입장에서 생각하는 경험을 의미한다.

"지금은 너 혼자도 돈도 잘 벌고 나보다 네가 얼마나 잘 살아. 시간 지나면 괜찮아. 그러지마. 아니, 진짜 친구들 다 알아요. 내가 상담 선생님 같아요. 맨날 일하다가 전화 받아서 내가 일하는 모텔 사모님도 나한테

화냈어요." (연구참여자 A-06)

연구참여자 A-06은 이혼을 고려하고 있는 주변 친구에게 조언을 해 주는 경험을 했다. 친구의 마음을 이해하고 공감하는 태도를 보였으며 친구에게 조언을 통해 상담자로서의 정체성도 느끼게 되었다. 다섯째, 자극 선호 영역은 상호문화적인 상황에서 개인이 지닌 인지적 특성인 자극을 중시함으로써, 일상생활에서 조우할 수 있는 여러 다양한 상황에 대응할 수 있도록 더욱 적극적인 태도를 가진 경험을 의미한다.

"(그러면 ○○○ 씨가 생각할 때는 아이들은 언제부터 엄마 나라 언어를 가르치는 게 좋다고 생각하세요?) 애들 말 알아들었을 때 하면 더 좋을 거 같아요." (연구참여자 A-01)

연구참여자 A-01은 아이들에게 엄마의 언어를 가르치는 것을 중요하게 생각했다. 즉, 엄마의 언어를 배움으로써 아이들이 일상생활에서 상호문화적 자극을 받을 수 있도록 해 주는 것이 중요하다고 판단했다. 그래서 연구참여자는 아이들이 말을 알아들을 수 있을 때부터 엄마 나라의 언어를 가르치는 것이 좋다고 생각했다.

여섯째, 글로벌 태도 영역은 초국적 이주자로서 본국과 이주국 사이의 문화매개자 역할을 경험한 것을 의미한다.

"북한 때문에 전쟁 일어날까 봐서 빨리 중국에 와요." 남편 한국 사람이니까요. 그냥 함부로 못 하고 중국 가면 만약에 한국 관계 안 좋으면 남편 거기서도 못 살잖아요. 그때 기간 이런 갈등? 아니면 그런 거 문제에서 사실 우리한테 진짜 가까운 관계에 있는 거예요. 한국하고 다른 나라가 문제가 있으면 우리는 상관없어요. 하지만 중국이랑 무슨 일 있으면 누구보다 더 걱정하는 거, 우리 이민자들이 못 갈까봐. 또 북한하고 한국 무슨 이산가족 그런 거 있잖아요. 역사 다시 이쪽으로 오면 어떡해요. 항상 걱정해요." (연구참여자 A-08)

연구참여자 A-08은 사드 문제로 한국과 중국이 갈등을 겪었을 때, 중국에 있는 가족들과 한국의 가족들 사이에서 걱정하고 염려했던 경험이 있었다. 결혼이주자로서 자신의 정체성이 중국과 한국 모두에 있다는 것을 인식하고 두 국가 사이의 갈등을 염려하고 그러한 갈등이 원만히 해결되기를 바라는 마음을 가지고 있었다.

"이거는 진짜, 그 한국 와서 센터에 가면은 다 똑같이 한국말 배우고 누구누구는 무슨 기술을 가지고 있으니까 그걸 개발해서 일할 수 있게 하고, 또 뭐 할 수 있는지 조사해서 연결해주면 결국 우리도 좋고 또 나라도 좋은 거예요. 우리 인재들이 많은데 왜 인정 안 해줘요. 인정해주고 잘 살 수 있다고 해주는 게 더 좋은 것 같아요. 지금 엄마 나라의 문화, 언어 배우면 나중에 무슨 한국에서도 좋은 일자리 갈 수 있다고, 저도 사실 다른 사람 앞에서 말을 안 하니까 점점 자신감이 없어지고. 나는 당당하게 살고 싶은데, 애기한테도 당당한 엄마가 되고 싶은데요." (연구참여자 A-08)

연구참여자 A-08은 중국에서 뛰어난 인재가 이주해 오지만 한국에서 인정해 주지 않는 것에 대해 비판했다. 중국의 인재를 인정해 주지 않는 것이 다만 개인의 문제로 그치는 것이 아님을 역설했는데, 외국에서 이주해 온 인재들을 인정해 주고 그들이 한국에서 자신의 능력을 발휘할 수 있는 기회를 주는 것이 한국의 입장에서도 더 많은 유익이 있다고 주장했다.

3. 재중동포 이주여성의 상호문화 소통

이번 절에서는 재중동포 결혼이주여성의 상호문화 소통을 2장에서 제시한 개인적 차원 및 대인적 차원을 범주로 구분하여 해당 영역별로 기술할 것이다.

1) 개인적 차원

재중동포 출신 결혼이주여성들의 상호문화 소통의 개인적 차원에는 지식, 해석 및 연관기술, 발견 및 상호작용, 태도, 비판적 문화인식 등의 영역으로 구분할 수 있다. 첫째, 재중동포에서 나타난 지식의 세부요소로는 언어적 지식과 육아 지식 등이 있었다.

"그나마 편하게 지나갔는데 말 표현할 때 가끔 가다가 단어를 여기서는 이렇게 쓰고 중국에서는 또 다르게 쓰고 하니까 그게 달랐지. (어떻게 노력했어 그러면?) 그거는 하다보니까. TV도 많이 보고 하니까 그게 고쳐지던데. TV보고, 그다음에 사람들이랑 많이 접촉하고…. 그러다가보니까." (연구참여자 B-01)

"이중언어 같은 경우는 중국어 가르치는 게 아니라 엄마 나라말을 아이한테 하게끔 엄마를 교육시키는 거에요. 근데 뭐 교육이라 하면은 어머님들 오셔 가지고 또 잘 안 들으려고 해요 (중략) 근데 그냥 아이들 같이 놀 때 같이 아이 눈높이에서 이렇게 놀이하면서 가까워지니까 그때 엄마 나라말을 엄마가 자연스럽게 하면 아이가 자연스럽게 듣고 대답을 하고 이제 이 방법을 저는 택해서 해요. 그래서 놀이 위주로 그담은 만들기 위주로 아이랑 같이. 첨엔 많이 어려웠어요. 근데 한… 3월달에 들어와서 한 8개월 정도 이제 되다 보니까 조금 요령도 생기고 이제 나름 보람도 느끼고 있어요.." (연구참여자 B-04)

연구참여자 B-01은 재중동포이기 때문에 한국어를 어느 정도 알고 있었지만, 실제 중국에서 사용하는 한국어와 한국에서 사용하는 한국어가 다름을 알았다. 그 후 TV나 주변 사람들과의 소통을 통해 한국어를 더 잘 습득하기 위해 노력하였다. 연구참여자 B-04는 자녀들의 이중언어 습득에 관심이 많을 뿐만 아니라 자신이 또한 이중언어 코칭 강사이기도 했다. 그래서 자신의 아이들에게 나아가 결혼이주여성들의 모든 자녀들에게 엄마 나라의 언어를 가르치는 것이 얼마나 중요한지 인식하고 있었다. 그리고 이러한 이중언어 코칭에 있어서 가장 중요한 것은 아이와 친밀한 관계를 유지하면서 아이가 자연스럽게 언어를 습득할 수 있도록 하는 것이 중요하다는 것을 느끼고 있었으며, 이러한 이중언어 코칭 방식에 대해 본인이 스스로 이중언어 강사의 역할을 수행하면서 터득하게 되었다. 연구참여자들은 결혼이주여성들이 지녀야 할 한국어 능력의 중요성과 그녀들의 자녀가 가져야 할 이중언어 능력의 필요성에 대해 깊은 이해를 하고 있었다.

> "지금은 그것은 아니에요. 왜냐하면 그것에 관련된 일을 하고 싶었는데, 그것을 하려면 자격증이나 학력이 필요하잖아요. 그래서 방송대 들어가서 유아학과를 지망하려고 했어요. 근데 유아교육학과가 매년 경쟁률이 높아서 들어갈 수 없다고 했어요. 또 직업 고등학교, 그런 것을 다녔다 보니까, 대학교를 안 졸업했잖아요. 1학년부터 다시 공부를 해야 하는 상황이에요. 만약에 대학을 중국에서 졸업했다고 해도 편입해서 3학년이라고 4학년 들어가면 바로 딸 수 있다고 하더라고요. 저는 안 되니까 1학년부터 시작은 했어요. 대신 이제 유아학과를 다니려고 했었는데, 경쟁률이 항상 심하고 어렵다고 하니까 중문과로 시작하고 나중에 기회가 되면 넘어가거나 편입할까 생각하다가 쭉 왔어요." (연구참여자 B-03)

연구참여자 B-03은 결혼이주 후에 유아교육 전공을 희망하여 방송대에서 공부를 할 계획이었다. 그래서 한국에서 유아교육을 전공하려면 어떻게 해야 하는지에 대해서도 자세한 정보들을 수집하고 준비도 하였다. 그 예로 우선 중문과로 입학해서 학업을 한 뒤 편입하는 방법까지 확인하였다. 그러나 자신의 선행 학업과정이 부족해서 1학년부터 다시 시작하는 등 자신의 목표를 위해 노력하는 모습을 보여주고 있으며, 자신의 목표에 어떻게 하면 효과적으로 도달할 수 있을지에 대한 지식을 확실히 습득한 경우라고 할 수 있다.

둘째, 재중동포 결혼이주여성의 상호문화 소통에 있어서 개인적 차원 기술의 세부요소 '해석 및 연관기술' 영역은 주로 문화적 차이와 종교적인 문제로 나타났다.

> "표현이 다른 거? 말 뜻이 여기 말이랑 중국에서 쓰는 한국말이랑 뜻이 다른 거. 뭐 가끔가다 생각하면 괜찮다고 얘기할 때 우리는 '일 없다'고 얘기하니까. 또 그게 되게 기분 나쁘게 듣고, 그렇게 들으니까. 그것도 그렇고." (연구참여자 B-01)

> "용돈 드리는 때에 왜 한국은 하얀 봉투를 많이 쓰더라구요. 근데 이게 좋은 날인데 중국 같은 경우는 네 이제 빨간 봉투에 길게 뭐 길할 길(吉) 길하게 뭐 오래 사시라는 그런 의미에서 축의금이나 이런 거를 다 빨간 봉투에 넣어요. 근데 여기는 다 하얀 봉투에 넣으니까 당황했죠. 왜 하얀 봉투는 사람들이 돌아갔을 때? 뭐 세상 떴다거나 이럴 때 드리는 봉투인데…그런데 예식장 가든 어디가든 뭐 봉투가 똑같으니까 아 여기 문화가 그렇구나 했죠." (연구참여자 B-03)

> "그렇죠. 음식도 다르고 그냥 저희 그냥 어머니 뭐 하시면 그냥 쫓아서 하고 그래서 다른 사람이 어, 재가 빨리 배웠다고. 근데 저희 어머니가 좋으셨어요, 솔직히 저희 시어머니가 참 좋으신 분이어서. 현명하고 좋으신 분 만나서 제가." (연구참여자 B-07)

"솔직히 제가 그래요. 저처럼 이렇게 좋아해서 만나서 결혼한 사람도 많지만 또 소개로 열 몇 살, 스물 몇 살 차이 만난 사람들은 그게 잘 행복하게 산다는 게 보장이 제가 보기엔 참 어려운 거 같아요. 저도 솔직히 저희 신랑 6살 차이인데도 모순이 많은데 열 몇 살, 스물 몇 살 말도 안 통하고 습관이 저희보다 또 완전히 틀린데 더 많이 틀린데. 그 사람들은 과연 행복해 질 수 있을까? 자기가 행복해야 자신들도, 자기 자녀들도 행복하잖아요." (연구참여자 B-07)

연구참여자 B-01은 한국어와 모국어의 차이점에 대해 경험했다. 특히 '일없다'라는 표현이 자신들에게는 보통의 표현이지만 한국 사람들에게는 기분 나쁘게 받아들여질 수 있다고 생각했다. 연구참여자 B-03은 한국의 설날 문화와 중국의 설날 문화의 차이점을 경험했다. 설날에 부모님께 용돈을 드릴 때 중국에서는 붉은색 봉투를 사용하지만 한국에서는 흰색 봉투를 사용한다. 중국에서 흰색 봉투는 조의금을 전달할 때 사용한다. 이러한 문화 차이에 대한 경험을 통해 한국의 일상문화에 대한 지식이 높아졌다고 했다.

연구참여자 B-07은 자신이 조선족인데도 불구하고 한국에 와서 문화의 차이가 큰 것에 당황했지만 시어머니에게 많은 것을 배우고 익히면서 한국 문화를 빠르게 익힐 수 있었다. 또한 이를 통해서 시어머니와의 관계도 좋아졌다고 한다. 연구참여자 B-07은 한국의 국제결혼 문화에 대해 비판적인 입장이었다. 자신도 국제결혼 당사자였지만 자신은 한국 남성을 사랑을 통해 결혼한 데 반해 다른 부부들은 그렇지 않고 나이 차이가 많이 나는 한국 남자와의 결혼이 행복하지 않다는 것에 안타까워 하고 있다.

"근데 나는 굳이 그게 신앙이 있어야 된다고 생각해 본 적이 없는데. 우리는 신앙은 없지만 그래도 시댁에서 우리 형님이 기독교 믿거든요. 그러니까. 제사도 없앴어요. 작년부턴가 재작년부턴가. …… 시어머니도 이제…. 뭐. 본인이 그냥 니네 하고 싶은 대로 해… 이런 식이야. 십 몇 년 동안 열심히 모셨잖아. 같이 모셨지." (연구참여자 B-01)

연구참여자 B-01은 한국에서 오랫동안 조상을 섬기는 제사를 행해 왔다. 그러나 시어머니가 연로해지고 자연스레 기독교인 손위 형님에게 집안 행사권이 이양됨에 따라 기독교 식의 제사를 없앴다고 한다. 물론 중국에서는 사회주의 국가라 종교, 신앙 등의 제한이 있어서 기독교 문화에 대해 잘 알지 못했다고 한다. 이번 제사 없애는 문제를 통해 기독교 문화에 대한 이해가 높아졌다고 한다.

셋째, 재중동포 결혼이주여성의 상호문화 소통에 있어서 개인적 차원 기술의 발견 및 상호작용의 세부요소로는 의사소통, 취업 그리고 봉사활동으로 나타났다.

"(언어 쪽에서 집에서 남편 자녀들하고 어떤 언어를 사용하십니까?) 한국어. 셋이 아무도 못 알아들어. 우리 왔을 때 그때만 해도 그때는 다문화라는 거 자체도 알려지지 않고 주변에도 거의 없었고." (연구참여자 B-02)

"(집에서는 중국어로 대화하세요? 아니면 한국어로 대화하세요?) 중국어로는… 하고 싶은데. 그 대화 좋은 기간은 놓치고, 우리 처음에는 시어머니하고 큰아버지 같이 살았어요. 한국 식구들 더 많았으니깐 그때는 그렇게 살았으니깐 그때는 처음에는 한국말 써라. 중국말 사용하지 마라. 저는 그냥 한국 사람 많이 있으니깐 저도 스스로 한국말 쓰게 되요. 그렇게 시어머니도 저한테 이렇게 요구하게 되고 저는 중국어 쓰고 싶지만 그래도 '아 너무 귀찮아. 제가 중국어 쓰게 되면 또 잔소리 또 나오겠지.' 무서운 거 아니지만 그래도 잔소리 듣기 싫었으니깐 그래서 천천히 한국말 쓰게 되었어요." (연구참여자 B-06)

"예. 그러다 보니까 얘가 먼저 한국어를 알아야 되겠다 싶은 생각이 들고, 그래야 자녀가 사회 생활을 할 때 어려움을 겪지 않겠다. 이런 생각이 들거든요. 그러다보니 한국어를 먼저 하게 되다 보니까 자연스럽게 한국어만 하게 되더라고요." (연구참여자 B-08)

연구참여자 B-02는 남편과 아이들과의 원활한 소통을 위해 자신이 한국어를 습득하였다. 자신이 결혼이주를 해 왔을 때는 다문화라는 용어가 익숙하지 않았고 또 자신이 이주민인 것을 드러내고 싶지 않았다고 한다. 그 때문에 더욱 한국어를 열심히 배워 일상생활에 불편함이 없도록 했다. 연구참여자 B-06은 집에서는 중국어를 사용하고 싶어 했다. 하지만 함께 거주하는 시부모님이 중국어를 사용하지 말도록 요구했고, 자신도 계속 중국어를 사용하게 되면 시어머니의 잔소리 등 가족 간의 관계가 나빠질까봐 한국어를 배우고 사용하게 되었다. 연구참여자 B-08은 자녀를 위해 한국어를 사용하게 되었다고 한다. 자신보다 한국에서 생활해야 하는 아이가 사회생활을 할 때 어려움을 겪지 않도록 한국어를 사용하는 것이 옳다고 판단했고 그러다 보니 자연스럽게 한국어를 습득하게 되었다.

"인정이 안 되었어요. 한다 해도 고용센터를 통해서 한국에 6개월~

9개월 정도 디딤돌이라는 과정을 거쳐서 유아교육학과에 공부했던 것을 겸해서 일을 해봤어요. 주안에 있는 어린이집에서요." (연구참여자 B-03)

연구참여자 B-03은 중국에서 유치원에서 근무했었다. 그래서 한국에 결혼이주를 해 와서 같은 업종으로 취업하려고 했지만 중국의 경력이 인정되지 않았다. 이런 연유로 그녀는 고용센터를 통해 9개월 정도 교육을 받은 후에 어린이집에서 일할 수 있었다.

"그것 이외 모임 같은 것은 저희 엄마들끼리 다문화, 이주여성 중국 엄마들끼리 모이는 수업이 있어요. 모여서 동아리 활동 하고요. 거기에서 지역사회나 이런 데에 가서 봉사활동도 하고 행사 있고 하면은 행사도 참여하고요." (연구참여자 B-03)

연구참여자 B-03은 같은 처지에 있는 결혼이주여성들과 함께 동아리 활동을 하고 있었다. 함께 모여 중국어를 배우고자 하는 주변 사람들에게 중국어를 가르치고 봉사활동도 하는 등 활발한 재능기부 활동을 하고 있었다.

넷째, 태도 영역의 세부요소이다. 중국동포 결혼이주여성에게 나타나는 상호문화 소통의 개인적 층위 중 태도 영역으로는 언어, 명절, 종교, 다문화 등의 키워드가 중심적으로 나타났다.

"그것은 조금 잘 못 된 것 같아요. 또 어떤 엄마들은 자기가 중국에서 왔다는 것을 표현하기 싫어서 제가 아는 언니도 아이가 4학년인가 그

정도 되는데 엄마가 중국 사람인 것을 몰랐데요. 중국에도 한 번도 안가고 그래서 어느 순간에 교회인가 그쪽에서 뭐를 하다가 우리 엄마도 중국어를 안다는 것을 느꼈어요. 그때서야 말을 한 거예요. 우리 엄마도 중국말 할 줄 알고 중국 사람이다." (연구참여자 B-03)

"엄마가 서투른 한국어로 아이하고 할 때 아이 언어 발달에도 더 지장이 된다. 아이들은 배우는 단계기 때문에 서투른 한국어를 하면 그대로 받아들이니까 오히려 엄마 나라말을 아이한테 해라 당당하게. 그렇게 하고 대신 한국어는 아빠가 가르치면 된다고 아빠하고. 아빠는 All 한국어, 엄마는 All 모국어. 이렇게 하면 아이가 50대 50으로 받아들이니까 처음에는 혼동이 있을 수 있어도 조금 지나면 바로 적응을 하니까 그렇게 해라 그러면 자기는 걱정되는 게 이렇게 하고 싶은데 밖에 나가서 아이가 자기 엄마가 모국어를 어… 한국어를 못 한다고 어… 느끼는 것 때문에 자기가 한국어를 열심히 하려고 한다는 거예요. 그래서 그 인식을 바꾸는 게 바로 우리가 하는 일이에요." (연구참여자 B-04)

연구참여자 B-03은 자신이 중국에서 왔다는 것을 드러내기 싫어하고 모국을 숨기는 엄마들의 경험을 이야기했다. 그와 같은 엄마의 경험을 통해 결혼이주여성들이 자신의 모국에 대해 숨기고 언어를 숨기는 것에 대해 잘못된 것이라고 비판하고 있었다. 연구참여자 B-04는 한국어를 잘 못하는 자신에게 속상해하는 어떤 엄마의 경험을 토로하고 있다. 그러나 오히려 연구참여자는 그러한 엄마들에게 모국어를 사용할 것을 제안한다. 엄마들이 잘 못하는 서툰 한국어를 사용하면 아이의 언어 발달에도 지장을 줄 뿐만 아니라 아이가 엄마를 부끄러워하는 상황이 발생할 수 있다.

하지만 엄마가 당당하게 엄마의 모국어를 사용할 경우에는 다른 한국 엄마와는 다르게 두 가지 언어를 사용하기 때문에 아이가 엄마에 대해 더 많은 자부심을 가질 수 있다. 또한 아이에게 한국어와 엄마의 모국어를 모두 가르침으로써 아이가 이중언어를 사용할 수 있도록 해 주는 것이 중요하다고 주장했다.

> "성당이 차라리 낫지. 성당은 좀 뭐라고 얘기해야 하지? 교회는 개인적으로 하는 데가 많잖아요. 그런데 성당 같은 경우는 어느 동에 딱 하나씩밖에 없잖아요. 어디 군, 어느 지구, 집으로 이렇게 뻗어나가는 거고, 근데 교회는 보면 거의 개인적으로, 개척교회 같은 것도 그렇고, 큰 교회도 솔직히 비리 같은 게 엄청 많잖아요. 그런 거 보면…. 그리고 그 믿음으로 다니는 건데 돈 안냈다고 얘기하고 그런 거 보면…. 아 난 차라리 다니지 말던가. 우리 아파트 살던 언니가 시댁이랑 같이 한 교회를 다녀요. 꽉. 그러면 거기 권사인가 전도사인가… 집이 그때 한창 신랑이 일을 안 다녀서 돈이 없을 때여서… 적게 냈더니 시어머니한테 십일조 안냈다고. 그러곤 자기들이 어떻게 알아? 십일조 그런 걸 얘기를 해야 돼? 십일조를 안 한다고 막 얘기해가지고. '아 저 교회는 진짜 아니구나.' …." (연구참여자 B-01)

연구참여자 B-01은 한국에서의 종교 활동에 대해 비판적인 태도를 보였다. 실제로 중국에 있을 때 종교 활동에 대한 이해가 없었으며 십일조와 같은 기독교 교리에 무지했기에 교회의 비리문제나 십일조 문제 등으로 인해 교회를 비판하고 있었다. 특히 십일조 문제는 어렵게 생활하는 이주민들에게는 민감한 문제일 수 있다. 이 때문에 십일조를 강요하는 한국의 기독교 문화가 이들에게는 거부감을 불러일으킬 수 있다고 본다.

> "아, 그래서 그게 이제 차례 지내는 게 조금 저희는 중국에서는 아침에 그냥 전날에 뭐 만두같은 거 삶아 먹고 그리고 나서 친족들 가족들끼리 뭐 화투치든 카드놀이 하든 이렇게 서로. 뭐 마작이든 이런 거 하고 나서 아침에 또 이제 다시 채소 같은 거 해서 먹고 할아버지나 할머니들한테 먼저 술 따라드리고 네 그리고 가족끼리 앉아서 먹고 하거든요. 근데 여기는 일단은 먼저 차례 뭐 제사를 먼저 지내고 그리고 나서 먹고 하니까 네 조금 당황스러웠죠. 어 이거 뭐지 제삿날도 아닌데 설날에 왜 이거를 하지?" (연구참여자 B-03)

연구참여자 B-03은 한국에서의 설날 문화에 적잖이 당황했던 경험이 있었다. 같은 동포임에도 불구하고 자신이 살았던 중국의 조선족 문화와는 달리 제삿날처럼 차례를 지내는 문화 때문에 당황스러움을 느꼈었다고 한다.

> "다문화 자녀가 참가하는 프로그램이 따로 있잖아요. 그래서 일반인 친구들도 잘 알고 하면 그 수업 하는 시간 되면 반에 있는 친구가 "야, 다문화 수업 있어!" 약간 그 말투가 뭔지 알죠? 그러니까 우리와 다른 뭔 그런, 그거 있잖아요. 선생님도 제가 직접 겪어보진 않았지만 제가 많이 들어본 결로는 선생님마저도 약간 다문화 수업 있으니까 존중, 이런 배려보다도 약간 다른 그런 차별? 같은 그런 느낌을 제가 좀 많이 들었고, 받았기 때문에 솔직히 저는 이제 다문화 맞기도 하지만, 일단 누구의 엄마잖아요." (연구참여자 B-08)

연구참여자 B-08은 소위 '다문화인'에 대한 차별에 대해 경험한 적이 있었다. 물론 한국 사람이 차별의 의도를 가지고 이야기한 것은 아니었지만, 다문화가정의 자녀가 참가하는 프로그램을 지칭할 때 "다문화 수업 있어"라는 표현이 다문화 구성원이 듣기에는 차별의 감정으로 느껴 질 수 있는 것이었다.

다섯째, 비판적 문화 인식이다. 중국동포 결혼이주여성의 상호문화 소통의 개인적 차원의 세부요소로 비판적 문화 인식은 이들이 이주민으로서 겪어야 했던 차별과 관련이 있었다.

"차별? 한국에서 살면서는 차별이라고 해봤자 뭐, 아 맞다. 회사 면접을 봤는데 완전 이상한 애가 갔는데, 아니 3명인가 2명인가 면접 갔는데 걔는 된다고 하더니, 조선족 안 된다고 하는 거야. 국적도 한국 국적인데 왜 안 되는지 내가 이해가 안 갔어." (연구참여자 B-01)

연구참여자 B-01은 취업에서 이주민이기 때문에 차별을 받았던 경험을 이야기했다. 취업을 위해 회사 면접을 봤었는데 본인이 보기에도 부족한 사람인데도 불구하고 자신은 조선족이어서 떨어지고 그 사람이 합격했던 기억을 이야기했다. 연구참여자 B-01 자신도 분명히 한국 국적을 가지고 있는데 단지 조선족이라는 이유만으로 취업에서 차별을 겪은 것은 이해되지 않았다고 한다.

"근데 아직 제가 다른 데서는 잘 모르겠는데 특히 애들 학교 보내니깐 아무래도 중 · 고등 이제 뭐 초등학생도 있고 중학생, 고등학생도 있는데. 음…. 제가 뭐 감히 뭐 제가 중국 사람인데 엄마들 앞에서 이런 이야기를 하는 게 뭐랄까? 그 사람들 어떻게 생각하나? 뭐 이런 생각이 많이 들게 돼요." (연구참여자 B-07)

연구참여자 B-07은 아이들의 학교에서 재중동포이기 때문에 다른 사람의 눈치를 봤던 경험을 했다. 자신의 아이가 다니는 학교의 학부모 모임에 주로 한국사람 밖에 없는 데 자신이 중국 사람으로서 어떤 이야기를 해야 할지 많은 생각을 했던 경험이 있었다. 이 모임에서 자신도 분명히 학부형임에도 불구하고 자신의 아이를 위한 의견을 잘 내지 못해서 아쉬웠던 기억으로 눈시울을 적시기도 했다.

"그러니깐 이제 학교에서 애들이 이런 이야기를 하는 거잖아요. 다문화 가정 애들이 있으면 애들이 "뭐 쟤는 누구지 뭐, 다문화 아니면 쟤는 엄마가 누구다." 이런 이야기를 하면 애들도 조금 별로 좋게 안 보는 거 같아요. 애들이. 실제적으로도 그래요. 제가 우리 딸을 5학년 때 데리고 왔거든요. 여기에. 근데 처음에 애가 되게 힘들어 하는 거예요. 그리고 애가 중국에서 왔다고 애들이 뭐 중국에서 왔다고 호기심을 가지고 보는 애 반면 막 중국은 뭐 어떠냐? 거기 사는 게 어떠냐? 거기 엄청 못 살지 않냐? 뭐 이런 이야기도 하나 봐요." (연구참여자 B-07)

연구참여자 B-07은 자신이 이주민이기 때문에 또한 아이가 중도입국을 한 자녀이기 때문에 학교에서 친구들과의 관계에서 어려움을 겪었던 경험을 이야기했다. 물론 면담 내용에서 나온 바와 같이 중국에서 온 것에 대해 호기심으로 대하는 친구도 있었지만 비하하고 업신여기는 친구들도 있었다.

“저는 사실 여기 와서 다문화 가정? 그 왜 명칭을 달아 줘 가지고 저 이름을 왜 타이틀을 달아줬는지 모르겠어요. 아니 그냥 어 우리 그냥 이렇게 외국 사람하고 결혼한 사람이라고 하면 되지 뭐 다문화 가정, 이주 여성 이거를 왜 달아줬는지 모르겠어요. 나한테 별명을 달아준, 좋은 별명도 아니고 그게 다 다문화 가정이라면 제가 그래도…. 농담 삼아 아니 못사는 나라 베트남, 필리핀, 중국에서 오면 다문화가정이고 미국, 영국, 이런 데서 오면 글로벌 뭐 그래서. (둘 다 웃음) 아니 되게 웃겨 내가 그러는 거예요. 저희들도. 그래서 미국에서 왔다고 다 잘사나? 중국에서 오면 다 못사나? 그런 건 아닌데. 저희들 농담 삼아 그런 이야기도 하고 있거든요. 그 왜 이름을 다문화… 저희는 ‘다문화 가정입니다’ 하게끔 만드는지….” (연구참여자 B-07)

이어서 연구참여자 B-07은 ‘다문화가정’, ‘이주여성’이라는 명칭에 대해 비판을 했다. 이 용어가 지니는 경제적 비하를 고정관념이라고 말하면서 이 용어가 반드시 사라지기를 바라는 마음을 가지고 있었다. 그러면서 결혼의 상대자가 단지 외국인일 뿐인데 외국인과 결혼했다고 해서 그 해당 가정을 다른 명칭으로 부른다는 것에 대해 이해할 수 없다고 했다. 이런 용어를 사용함으로써 한국 사회에서 정주민들은 이주민들에 대한 차별이 조장된다고 생각하고 있었다. 또한 미국이나 유럽에서 온 이주여성에 대해서는 결혼이주여성이라고 잘 부르지 않음을 비판했다. 특히 중국, 몽골, 동남아시아 등으로부터 온 이주여성에 대한 차별이 여전히 남아 있음을 아쉬워 하고 있었다.

“뭐 특히 어린이집이나, 초등학교. 이 다문화 가족이라 하면 한국 분들이 시선이 벌써 다르잖아요. 그래서 사실 학부모 모임 할 때, 솔직히 제가 외국인, 다문화 가족이라고 공개를 하지는 않아요. 왜냐면 제 자녀한테, 다른 친구들이 좀, 자녀가 학급 생활에서 좀 어려워질까봐…. 근데 어…. (웃음) 예를 들어서, 다문화 가족 지원 센터 같은 경우도 그렇잖아요. 솔직히…. 보면 한국 직원들이, 사회 복지사 직원들이 있고, 다문화 가족, 그 직원분들이 두 분 있잖아요. 이중언어랑 일단 급여 대우하는 거 자체가 다르잖아요." (연구참여자 B-08)

연구참여자 B-08은 자신의 자녀가 다니는 학교의 학부모 모임에서 자신의 가정이 다문화 가정이라는 것을 공개하지 않았다. 그렇게 다문화 가정이라는 것이 공개될 경우 자녀에게 직간접적인 피해가 갈 것을 염려하고 있었다. 또한 직장에서도 재중동포이기 때문에 다른 한국 직원들과의 급여에서 차별을 받고 있음에 대해 격한 심정을 토로했다.

2) 대인적 차원

중국동포 결혼이주여성들이 상호문화 소통을 어떻게 하는가를 알아보기 위해 개인적, 대인적 차원으로 구분하여 소통 양상을 기술하였다. 이번 절에서는 대인적 차원에 해당하는 '이해와 존중', '대인관계', '공감', '글로벌 태도' 등의 영역에서 일어나는 소통 양상을 기술한다. 첫째, 대인적 차원의 '이해와 존중' 영역에는 차별과 남편과의 갈등 등이 세부요소로 나타났다.

"카드 못 쓰고 현금 쓰니까 돈을 이제 잘 몰라서 이렇게 헤매고 있으면 완전 얼굴이 짜증 폭발해서 이러고 이러고 하늘 쳐다보고, 딴 데 쳐다보고, 막 이러는 그런 사람들 꽤 많이 보는 것 같애. 마트. 그리고 시식 코너도. 뭐 마음껏 드세요 해도 이렇게 막 외국인들 지나가려고 그러면 이제 거기 한 3명 정도 지나가면 정말 두 개나 세 개만 잘라놓고 딴 짓 하는 사람들도 많이 봤고, 우리는 티가 안 나니까 모르는데, 그 특정 외국인 딱 봐도 외국인인 사람들이 오면은 그런 거 많은 것 같애." (연구참여자 B-02)

"일단 이 사회에서 다문화가족으로 산다는 거 자체가 어려운 거 같아요. 너무 편견이 많은 거 같아요. 그리고 편견이 많을 뿐만 아니라, 선을 많이 긋는 거 같아요. (중략) 일단 뭐 일반사회에서도 그렇잖아요. 편견을 많이 갖는 거 같아요. 진짜 말 그대로 이분이랑 진짜 친해가지고 마음이 다 열려있는 상태에서는 그런 거가 해소가 되지만, 근데 많은 분들이랑 처음부터 마음을 열고 그렇게 할 수는 없잖아요. 친해지는 시간도 필요하고, 근데 친해지기 전에 벌써 사람들이 선을 긋고 거기에 대한 편견을 갖는데 사실은 친해지는 거 자체도 쉬운 거는 아니거든요." (연구참여자 B-08)

연구참여자 B-02는 물건을 사러 마트에 갔다가 이주민이기 때문에 차별을 경험했다고 한다. 외국인이어서 계산에 서툰데다 한국어도 어눌하기 때문에 이 사정을 이해하기는커녕 짜증을 내는 마트 직원이 있었다. 또한 마트의 시식 코너에서도 한국 손님들에게는 상냥하게 다가가면서 이주민인 자신에게는 정작 시식을 하고자 할 때 협조하지 않은 모습을 보였다고 하면서 자신이 차별을 경험했다고 한다. 연구참여자 B-08은 한국 사람들과 친해지려고 노력하는 편이었지만 많은 한국 사람들이 오히려 선을 긋고 편견을 가지고 자신을 대했다. 이런 경험을 통해 한국에서 이주민으로, 다문화 가족으로 사는 것이 많이 힘듦을 깨달았다.

> "우리 신랑이… 아 동창회를 우리 이제 고향 같은 경우는 땅이 넓잖아요. 그… 그리고 또 더구나 다 고향이 있는 분들이 거의 없어요. 뭐 지금은 저 때도 그랬고 대학을 나온 사람도 선생을 안 하고 다 나왔었거든요. 다 해체되어 있으니까 동창들 한번 만난다는 게 뭐… 5, 6년에 한 번씩 만날까 말까 못 만나요 너무 멀어가지고. 근데 이제 한국에는 땅이 좁잖아요. 그니까 동창들 자주 만난다 그러더라고요? 근데 아 동창회를 가는 건 좋아요. 근데 가서 하루 자고 온대요. 그래서 저 정말 그거 이해 못 했어요. (웃음) 아니 갔다가 당일에 오면 괜찮은데 좁은 땅에서 왜 하루 자고 와야 되냐 그거에요. 그래서 너무 그때 많이 싸웠어요." (연구참여자 B-04)

연구참여자 B-04는 남편이 동창회에 자주 가고 혹은 동창회를 가서 숙박을 하고 오는 것에 이해를 못하고 자주 갈등을 경험했다고 한다. 중국의 경우 면적이 넓어 동창회를 하기 어렵고 연구참여자 역시 동창회 경험이 거의 없기 때문에 남편이 동창회 나가서 친구들과 회식을 하는 것에 대해 이해하지 못하고 싸움을 했던 경험이 있었다.

둘째, 대인관계 기술 영역이다. 이 영역은 제중동포 결혼이주여성들이 자신을 비롯하여 다양한 문화권으로부터 온 사람들과 상호의존적이며 긍정적인 대인관계를 구성한 경험을 기술한다.

"저희 중국 사람, 중국에서 왔어요 라고 하니 다른 분들 아 그러세요? 하고 마는데 어떤 한 분이 동네 사람인 거 제가 아는데 그분이 어 인상이 바뀌는 거예요. 그리고 어? 이 사람이 중국 사람이었나? 뭐 이게 보는 시선이 전이랑 편안하지 못하고 약간 보는 빛이 별로 안 좋아. 그러다가 아 뭐 그렇게 마무리 짓고 왔어요. 그러다가 동네에서 제가 언제 한번 뭐 다니다가 만나서 "아 안녕하세요." 했더니 별로 이렇게… 뭐랄까 인사 받고 싶지도 않고 말하고도 싶지도 않은 그런 눈빛이었어요. 그리고 제가 그 동에선, 아파트에서도 만났는데 피하는 거야." (연구참여자 B-07)

연구참여자 B-07은 재중동포이고 한국어를 잘했기에 이웃 사람들이 이주여성임을 알지 못했다고 한다. 그러다가 자신이 중국 출신이라는 것을 알고 잘 지내던 주변 사람과 어색한 관계가 되는 경험을 했다. 면담 내용에서와 같이 한 동네에서 잘 지내는 사이였지만 자신이 결혼이주여성인 것을 안 이후부터는 인사도 제대로 받지 않고 눈빛을 피하는 것을 경험했다. 대부분의 재중동포 결혼이주여성들은 자신이 동포라는 것을 드러내지 않고 사는 것을 더 선호하고 있었다. 그렇기에 재중동포 이주여성들에게는 가능한 진짜 한국인으로 살아가기 위한 노력은 흥미로운 정체성 협상 현상으로 나타났다.

"예. 괜찮았어요. 저는 저희들이 중간에 아 어떻게 보면 이게 아 한국 사람들하고 말이 통하고 인제 습관을 아니깐. 그리고 이런 뭐 필리핀, 우즈베키스탄도 있고 많데요. 요즘에 뭐 러시아, 베트남, 필리핀 이런 사람들도 일하는 입장에서 저도 같은 입장이잖아요. 그러니깐 그거를,

그 마음을 좀 알겠는거야. 아 이 사람들 얼마나 고생하고 똑같은 사람인데 다른 나라에서 와서 고생하니깐 이제 이 마음 아니깐 이제 잘, 그게 말을 어떻는지 스스로 왜 이렇게 살았는지 이런 말은 안 통해요. 그래도 한국말 통하는 말해도 마음으로 저기 이렇게 와 닿는 게 조금 있어서 우리 그게 문제는 안 되는 거예요." (연구참여자 B-07)

연구참여자 B-07은 한국 사람과의 관계에서는 소통의 어려움을 겪었지만 다른 외국인들과는 동병상련의 입장에서 좋은 관계를 유지하고 있다고 한다. 이는 같은 이주민으로서 한국에서의 어려움을 서로 잘 알고 있으면서 서로의 마음을 이해하기 때문이라고 본다.

셋째, 공감 영역이다. 이 영역은 재중동포 결혼이주여성들이 타인의 의견을 경청하고 그들의 감정을 이해하기 위해 그들의 입장에서 고려한 경험을 기술한 영역이다.

"제가 같이 그랬게 느꼈으니깐 저도 통역하고 나서는 마음이, 마음이 힘들어요. 그러니깐 '아 이 사람이 제가 어떻게 도움, 도움이 될 수 있을까? 어떻게 도와야 되나. 제 힘으로 어떤 면으로 해줘야 되나.' 그렇게 해서 제가 업무 외에도 사람들 도와줬었어요." (연구참여자 B-06)

연구참여자 B-06은 다문화가족 상담 업무를 진행하면서 다른 이주여성들의 어려운 처지에 대해 공감하고 그들을 진심으로 도와주었던 경험을 토로했다. 자신도 힘든 처지였지만 더 힘든 처지의 사람들에게 동병상련의 감정을 느꼈고 도움이 될 수 있는 일을 찾아서 도와주었다.

넷째, 글로벌 태도 영역은 재중동포 결혼이주여성들이 초국적 이주자로서 본국과 이주국 사이의 문화매개자 역할을 경험한 것을 기술한 영역이다.

"네. 그래서 저희도 이거 하면서 느꼈는데 다문화 가정의 자녀라면은 그 부모도 그렇고 꼭 이 교육을 들으면 좋긴 할 것 같아요. 특히 아이들한테 모르고 있다면 어… 한 개 나라말만 갖고 가는데 알고 있으면 우연하게 엄마 나라말을 어릴 때부터 그냥 공부를 안 하고 놀이하면서 어… 가리킬 수 있으니까 아이가 어릴 때부터 두 개 나라말을 자연스럽게 갖고 가니까 아이 성장에는 아주 나중에 가서도 도움이 많이 되겠죠." (연구참여자 B-04)

연구참여자 B-04는 중국 한족 결혼이주여성들과 마찬가지로 다문화 가정의 자녀가 이중언어 사용하는 것을 중요하다고 인식하고 있었다. 자신의 자녀가 중국과 한국을 배경으로 직업을 가질 수 있고, 두 나라 사이의 가교적 역할은 물론 개인의 성취가 있었으면 하는 바람을 갖고 있다. 또한 다문화가정 자녀가 한국과 중국의 두 문화를 이어주는 매개체의 역할을 할 수 있을 것이라고 생각하고 있었다.

4.
고려인 이주여성의 상호문화 소통

이번 절에서는 중앙아시아 출신 고려인 결혼이주여성들이 행하는 상호문화 소통의 다양한 양상을 개인적, 대인적 차원별 그리고 각각의 요소별로 구분하여 기술한 내용이다.

1) 개인적 차원

고려인 결혼이주여성들의 상호문화 소통 행위들은 개인적 차원에서 볼 때 해석 및 연관기술, 발견 및 상호작용, 비판적 문화인식 등의 영역으로 구분할 수 있다. 다른 그룹들에서 나타난 지식 요소는 미흡하게 나타났다. 첫째, 고려인 결혼이주여성들에서 나타난 해석 및 연관기술의 세부요소로는 문화적 차이에 대한 이해가 주(主)를 이루었다.

"우즈베키스탄에서는 그냥 밖에 나가서 밖에 노는 애기들하고 서로 같이 놀고 서로 되게 스킨십도 좀 하고 많이 나누고 집단 서로 카페 이런 베이비 카페, 애기 카페 얼마나 없었어요. 그때 우즈베키스탄에는 네, 동네 놀이터요. 우즈베키스탄에서 아주 잘 살았어요. 우리 엄마 집에서 수영장도 있어요. 집도 넓고 한국에는 좀 시어머니 시아버지 집에 같이 살았어요." (연구참여자 C-02)

"그러니까 어렸을 때 들었는데 근데 제가 어렸을 때 그거 재미없었어. 이렇게 저렇게 들었는데 기억이 잘 안 나요. 할아버지는 거기서 우즈베키스탄에서도 고려인 문화센터에서도 봉사도 많이 하고 고려인들 문화 지금 젊은 사람들 문화 모르잖아요. 완전 이제 러시아 사람들처럼 살아요. 이제 그 우리 고려인 문화도 잊어버렸고 음식도 한국 음식은 잘 안 먹고, 러시아 음식 많이 먹고 음식은…" (연구참여자 C-04)

"그런데 너무 시간이 그쪽에서 넘어오는 시간이 너무 길다 보니까 점점 잊혀지는거죠. 그런데 거기도 이제 그 상황에 맞게 또 이렇게 바뀌게 점점 바뀌게 되더라고요. 그러니까 이제 고려인 반찬들 같은 것도 러시아 쪽이나 뭐 중앙아시아 되게 유명해요, 고려인들 하는 거. 그런데 막상 여기 한국에 와보니까 그런 반찬들 있지도 않아요." (연구참여자 C-05)

연구참여자 C-02는 우즈베키스탄에서의 육아문화와 한국에서의 육아문화의 차이점을 경험했다. 우즈베키스탄에서는 어린 아이들이 야외나 놀이터 등에서 활동하고 놀았지만 한국에서는 키즈카페와 같은 정해진 공간에서 아이들이 활동하는 문화에 대해 하필 아이들의 놀이에서도 돈을 내면서까지 해야 하는지를 잘 이해하지 못했다. 연구참여자 C-04는 최근의 젊은 세대 고려인들이 언어나 문화 그리고 심지어 음식까지도 대부분 고려인의 문화를 잃어버리고 러시아화 되는 것을 우려하고 있었다. 중앙아시아는 러시아와 근접해 있고 오랫동안 러시아로부터 통제 받았기에 러시아에 대한 저항감을 가지고 있으리라 짐작하겠지만 젊은 세대들에게 러시아 문화는 선호의 대상이다. 연구참여자 C-05는 고려인들의 문화가 한국의 전통문화를 계승하긴 했지만 시간이 흐르면서 점점 한국의 문화와 다르게 변하는 것을 경험했다. 특히 음식 문화에서 더 많은 차이점이 있었다. 이런 연구참여자들의 생각은 자신들이 처한 일상에서의 해석을 전제로 한 것이다.

둘째, 발견 및 상호작용에서는 자신의 언어능력을 사용하여 전문적인 직업으로 발전시키거나 봉사활동을 하는 등 자신의 능력을 한국에서 발휘했으며 이에 대해 자부심을 갖는 것으로 나타났다.

"아는 언니가 이제 너는 영어되니깐 애들 가르쳐볼래? 막 그러는 거예요. 그래서 그룹 하나 만들었어요. 영어. 그래서 가르치기 시작했어요. 나 애들 좋아하고 그게 이제 소문이 나서 초등학교 방과 후 뭐 그거 하라고 할래? 막 이렇게 제안들이 들어오는 거예요. 그래서 저는 점점 늘어나는 거예요. 그 일이 영어 가르치는 일이 정말 보람이 있어요." (연구참여자 C-01)

"그게 2011년이요. 제가 한국에 들어왔었고, 한국어 공부하는 게 좀 과정이 길었어요. 원래는 어학당에서 1년 반이면 6급까지 공부할 수 있는데 제가 하는 중간에 아르바이트 아르바이트도 하고 그래서 한 2년? 2녀쯤 걸렸어요. 2년쯤? 2년 반쯤 걸렸어요. 그래서 그리고 제가 자원봉사를 했어요. 한국어학당을 졸업하고 자원봉사를 했어요. 서울대, 분당 서울대 병원에서 외국인 환자를 대상으로요." (연구참여자 C-03)

"저는 원래 2002년도에 졸업한 다음에 여기 한국에도 온 적 있었어요. 연수 프로그램 통해서 연세대에서 언어 연수프로그램 받았고 2003년도부터 계속 러시아 이사 갈 때까지 비슈케크대학 한국어 학과에서 강사를 맡았습니다. 계속 꾸준히 한국어를 함. 그래서 우리 키르기스스탄에 교육원도 있습니다. 거기에서도 우리 한국어를 가르쳤습니다." (연구참여자 C-07)

연구참여자 C-01은 자신이 러시아어를 잘할 뿐만 아니라 영어도 능통했기 때문에 결혼이주 후 거주지역의 초등학교 방과 후 교실 영어 강사로 활동하고 있었다. 연구참여자 C-03은 한국으로 이주 후 한국어를 학습했다. 한국어를 학습하는데 많은 시간이 소요됐지만 한국어 학당을 졸업한 후에는 분당 서울대 병원에서 외국인 환자를 대상으로 자원봉사활동을 한 경험이 있었다. 연구참여자 C-07은 결혼이주 전, 키르기스스탄에 있을 때부터 한국어 강사로 활동했다. 세 명의 연구참여자 모두 자신의 언어 능력을 활용하여 한국에서 다양한 형태로 활동하고 있었다. 이를 볼 때 결혼이주여성이 자신의 모국어와 혹은 외국어 그리고 한국어 능력을 이중언어적으로 활용함으로써 한국 사회에서 적응하고 생활하는데 많은 이점을 된 것으로 볼 수 있다.

셋째, 비판적 문화인식 영역에서는 고려인 결혼이주여성들이 자신의 정체성에 대해 고민하는 모습이 많이 나타났다. 외모는 한국 사람과 같은데 자신의 생활 방식은 러시아 혹은 본국인 우즈베키스탄식으로 하고, 사고방식은 또한 고려사람 즉 고려인과 같다면서 한국의 이주 현실에서 당면하는 고민들을 토로했다.

"학교에서 우리 아기가 너무 몇 번 했어요. 말이. 너 엄마 외국 사람이야? 너 저기 약올렸어. 몇 번. 두세 번. 그런 거 신경 쓰지 말라고 했어요. 나는 너 특징이 있어요. 너 러시아 말도 알고 저기 한국말도 알고 영어도 배우고 그러니까 신경쓰지 마. 한 번 두 번 하고 그 다음 아이들 안 해요. 나이 먹어서 나이 어릴수록 안 해요. 그럼 우리 막내 아들은 한 번도 엄마 외국 사람이에요? 그렇게 얘기 안 했어요. 아직 몰라요. 일곱 살? 그냥 엄마 왜 러시아 말로 얘기해요? 엄마 왜 러시아 말로 얘기해야 해요? 그렇게 물어봐서 러시아 말로 얘기 안 하면 엄마는 외할머니랑 어떻게 얘기할거야. 너도 배워라. 그랬어요." (연구참여자 C-02)

"저희는 원래 조상들이 그 러시아쪽으로 가서 거기에서 귀화했고, 거기에서 생활했고, 저희도 그렇듯이 한국에 와서 귀화하고 여기에서 살게 남은 남을 수 있을거라고 생각해서 그래서 저희가 계속 한국에 살 생각이고요. 아이도 여기에서 한국 국적을 받았으니깐 한국인으로 살 수 있고, 있고, 우리도 네 아무튼 그런 그래요. 한국에 사는 게 어려울 수도 어려워요." (연구참여자 C-03)

연구참여자 C-02는 아이가 학교에서 엄마가 외국인인 것에 대해 친구들에게 놀림을 받았던 경험이 있었다. 사실상 아이도 엄마의 외모가 한국 사람과 같아서 학교 친구들이 모를거라 생각했는데 어떻게 외국에서 결혼이주한 것인지를 알아내서, 그 때문에 자신의 아이가 정체성에 혼란을 경험했다. 또한 연구참여자 C-02는 아이가 크면 우즈베키스탄의 친척들과 소통하기 위해서는 러시아어를 조금이라도 했으면 좋겠다는 생각을 했다. 연구참여자 C-03은 자신의 민족정체성에 대해 고민하였다. 원래 자신의 조상들이 한반도에서 이주한 이주민이고 뿌리가 한민족임을 알고 있었으며, 이후 러시아인으로 되었다가 다시 한국인으로 자신의 정체성이 변하는 것을 이해하고 있었다. 하지만 한국 국적을 취득했음에도 불구하고 자신이 한국에서 한국 사람으로 사는 것에 대해 주변 시선이 차가워서 어려움이 있다고 생각하고 있었다.

> "네, 엄마는 벨라루시에서 태어났고, 아빠는 우즈베키스탄에서 태어났어요. 근데 엄마는 한국말도 모르고 아 언제 왜 우즈베키스탄 살고 있는데 왜 우리는 그 나라 문화 써야 돼. 우리가 엄마가 이렇게 생각했어요. 근데 할아버지는 안 된다고 우리도 한국 사람이니까 이 문화로 살아야 돼. 근데 어려운거는 누가, 아 사람이 돌아가시고 아니면 결혼식 환갑 어디가면 문화가 다르니까 러시아 사람들 이렇게 하고 우리는 달라요. 거기 가면 우리 어떻게 해야 돼. 어떻게 축하해야 돼. 그래서 문화 우리 많이 바꿨어요." (연구참여자 C-04)

> "네 제가 아까 말씀드렸던건 우리나라는 이렇게 파티할 때 뭐 이렇게 서로 술먹고 춤추고 막 그러는데, 또 술먹으면 약간 사람이 오바하게 되잖아요. (중략) 여기 살다보니까 아 저아줌마 왜저러지? 약간 그런거에요. 그리고 이제 그 쪽에는 약간 옷을 나라가 덥다 보니까 좀 많이 이렇

게 파이게 입고 짧게라던지 이렇게 많이 드러나게 입어요. 그래서 그냥 그랬는데 그런데 요즘에 여기 이렇게 보면 가끔 이렇게 나이 한 삼사십대 오십대 아주머니들은 짧은 치마 입고 아~ 저건 아닌거같은데." (연구참여자 C-05)

연구참여자 C-04는 조부모 세대와의 갈등을 경험했다. 한국의 전통문화를 고집하는 조부모 세대와 러시아 문화를 따르려는 부모 세대와의 갈등 사이에서 자신의 정체성에 대해 고민한 경험을 토로했다. 그리고 한국에 이주해서는 한국 문화에 적응하기 위해 노력하고 있다고 말했다. 연구참여자 C-05는 결혼이주 후 자연스럽게 자신이 접했던 우즈베키스탄의 주류문화였던 러시아 문화를 현재의 한국 문화와 한국적 사고방식과 비교하면서 점차 한국 문화에 익숙해지는 경험을 이야기 했다.

"고려인들도 자기 사고방식을 조금 바꿔야 할 필요가 있다고 봅니다. 무슨 말이냐면 여기 고려인들은 보통 구소련에서 온 사람이죠. 거기서 아무래도 사회 오래 전부터 사회주의, 자라서 살기 때문에 약간 좀 사고방식이 달라요. 여기 한국에서 아무래도 자본주의에 방향으로 살기 때문에 그래서 약간 좀 예를 들면 많은 사람들은 다른 사람들이 저에게 해야 할 생각이 꼭 있어요." (연구참여자 C-07)

"불편한 점은 지금은 우리 뭐 처음 왔을 때 제가 우리 아버지께서 얘기 했었는데요 우리 고향에 가도 우리 그 쪽에서는 남이고 한국에서 한국 사람들처럼 이렇게 생활할 수 있다고 생각했는데요. 그런데 여기 처음 와보니까 여기서 우리 남이에요. 사실은. 우리 여기서도 외국인처럼 생각하고 있잖아요. 저희 처음에 마음 아팠는데요 그런데 살아보니까 제가 한국에서 성공하면 한국 사람처럼 될 수 있다고 마음 먹었어요. (웃음) 그래서 뭐 한국말도 열심히 배우고 아이들도 한국말 가르쳐주고 러시아 말도 열심히 배우고 이렇게 열심히 살고 있어요." (연구참여자 C-08)

연구참여자 C-07은 고려인의 문화가 한국 문화와 뿌리는 같지만 서로 환경이 달라 변화했음을 인지하고 그 차이에 대해 숙고하였다. 특히 사회주의 사고방식에 입각한 우즈베키스탄에서의 생활과 지금 이 곳 한국에서의 자본주의적 사고와 행동의 차이를 명확하게 인지하고 자신이 바뀌어야 한다는 자기성찰이 강한 것을 알 수 있었다. 다시 말해 자신이 고려인이지만 한국 국적을 취득했고 앞으로 계속 한국에서 살아가야 한다면 한국의 문화에 적응해야하고 한국 사람처럼 생각을 바꿔야 한다고 생각하고 있었다. 연구참여자 C-08은 자신이 한국 국적을 취득했고, 한국에서 한국 사람으로 살아가고 있음에도 불구하고 여전히 한국 사람들에게 자신이 외국인으로 취급 받는 것에 대해 안타까워하고 있었다.

2) 대인적 차원

대인적 차원에는 이해와 존중, 대인관계 등의 영역으로 상호문화 소통의 행위들을 구분할 수 있었다. 첫째, 대인적 차원의 이해와 존중 영역에는 '상대에 대한 이해'가 주를 이루었고 또한 상대가 자신을 이해해 주기를 희망하고 있었다.

"이주여성.. 글쎄 케이스가 너무나 많은데 되게 다양한데 그냥… 좀 더… 그 가치관을… 그니까 한국 사람들 입장에서 볼 때는 좀 더 많은 동정심을 가지고 같은 여자로서 여자에 대한 동정심. 아니면 역사적으로 보니까 같은 패배… 그니까 일본한테도 많이 당하고 해서 그런 사람.. 그런 걸로 해서 많은 사람들이… 그니까 저는 고려인이니까 어떻게 보면 역사적으로도 거의 피해자잖아요. 저는 직접적인 피해자 아니지만 저희 선조들이 조상들이. 아니면 다른 국가에서 온 사람들에 대해서는 이게 언어가 완벽하지 못하고 어떤 문화를 잘 이렇게 완벽하게 모르는 점을 조금 너그럽게. 여유있게 봐줬으면 좋겠다는 그런 바램이 있어요." (연구참여자 C-01)

연구참여자 C-01은 한국 사람들이 자신과 같은 고려인에 대해 역사적으로 이해하고 같은 민족으로서 인정하고 존중하는 태도를 요구하고 있었다. 한국 사람들이 고려인들도 일제에 의한 역사의 피해자임을 인정해 주고, 한국어나 한국 문화에 익숙하지 못한 것을 이해해 주는 태도를 가진다면 적응의 어려움도 없어지고, 같은 민족, 같은 국민으로서 더 좋은 사회를 만들어 갈 수 있을 것이라는 이야기를 했다.

둘째, 대인관계 기술 영역은 다양한 민족들과 긍정적인 관계를 맺고 있으며, 특히 종교활동을 통해 좋은 관계를 맺고 있는 것으로 드러났다.

"(다른 민족 마음에 안 들어요?) 아니요. 옛날에는 고려인들끼리 많이 결혼했는데 요즘은 여러 민족 같이 결혼해요. 저희 오빠도 삼촌 지금 제가 한국에 살고 있지만 언니는 독일에 살아요. 저희 엄마 아빠가 주로 생각하는 사람은 저희 오빠에요. 삼촌의 오빠인데 어렸을 때 엄마가 돌아가

셔서 우리 엄마가 키워줬어요." (연구참여자 C-02)

"거기서 친구 분들도 만나시고? 예. 지금은 사실은 한국사람 친구 하나도 없어요. 다 필리핀, 베트남, 인도네시아, 우즈베키스탄은 친구들도 없어요." (연구참여자 C-04)

연구참여자 C-02는 고려인들이 개방성이 있어서 다른 민족들과 결혼하는 경우가 많다고 하면서 결혼을 통해 다양한 민족이 긍정적인 관계를 맺는 것을 이야기했다. 예전에는 어르신들이 고려인들끼리만 결혼하는 것을 고집했는데, 지금은 꼭 고려인만이 아닌 다양한 민족들이 국제결혼 혹은 다양한 민족과 혼인을 맺어 가정을 이룬다고 했다. 연구참여자 C-04는 직장에서 다양한 민족의 사람들과 친구 관계를 맺고 있었다. 오히려 한국인 친구는 하나도 없지만 베트남, 필리핀, 중국, 인도네시아, 우즈베키스탄 등 다양한 나라로부터 온 노동자들과 친구 관계를 맺고 있었다. 그러면서 한국인들과 좋은 관계를 맺고 싶다고 했다.

"교회에는 고려인 분들도 많아요. 교회에서 새로운 친구들도 만나고 잘 지내고 있어요. 서로 도와도 주고 이렇게… 우리 아버지 돌아가실 때 많이 도움 받았어요. 그래서 우리 다녔던 그때 아르바이트 다녔었어요. 우리 아르바이트 사장님은 한국 분이었는데요, 그 때 300만원 주셨어요. 아버님 돌아가셨을 때 도와주셨어요." (연구참여자 C-08)

연구참여자 C-08은 한국에 이주하여 교회에서의 종교활동을 통해 좋은 대인 관계를 맺고 있었다. 교회에서의 다양한 활동은 그녀에게 삶의

에너지가 된다고 했다. 특히 종교활동은 서로 도와주고 도움을 받는 기회를 제공해주고 이주의 힘든 생활을 위로해주는 역할을 하는 것으로 나타난다. 그녀는 주로 교회를 통해서 친구와 지인 등의 대인관계를 유지하고 있었다.

5. 마무리

흔히 우리는 이주 사회를 바라볼 때 정주민과 이주민, 다수자와 소수자 등으로 대변되는 성급한 고정관념을 갖게 된다. 이 이분법적 프레임은 이주민을 연구하는 연구자들의 생각에도 만연해 있음은 반론의 여지가 없다. 특히 지금까지의 상호문화주의에 입각한 다수의 연구물들이 '정주민-다수자'에 중점을 두고 타자화된 이주민을 이해하고 공감하는 방법을 지향하고 있었다. 이번 장에서 필자는 '이주민-소수자'의 입장에서 상호문화 소통의 다양성을 다루고자 했다. 결혼이주여성들을 상호문화 매개자로서 소통의 주체로 설정하고 이들의 개인적, 대인적 차원의 상호문화 소통 양상을 다루었다.

개인적 차원에 해당하는 영역은 지식, 해석 및 연관기술, 발견 및 상호작용, 태도, 비판적 문화인식 등의 영역으로 구분되며, 대인적 차원에는 이해와 존중, 상호작용, 대인관계, 공감, 자극선호, 글로벌 태도 등의 영역으로 나눌 수 있다. 이번 장에서는 앞에서 밝혔듯이 중국 한족계, 재중동포계, 고려인계 결혼이주여성 등 세 개의 문화집단 구성원들의 상호문화 소통의 다양성을 기술하고, 그 내면의 주체성을 도출하였다. 세 문화집단의 큰 차이는 발견하지 못했지만 면담 내용 중에서 주목할만한 것은 중국한족계 결혼이주여성에 비해 재중동포계 결혼이주여성과 고려인계 결혼이주여성들이 자신을 인정받기 위한 활동이 강화되어 나타났다. 또한 재중동포계 결혼이주여성이 육아법, 자녀교육 등의 관심이 강하게 나타났으며, 재중동포계 결혼이주여성들은 자기끼리 모이는 자조모임 중심으로 내집단화와 자기들끼리의 네트워크를 형성한다. 반면에 고려인계 결혼이주여성들에게는 인간 관계의 개방성이 높아 다양한 나라로부터 온 이주민들과의 교제 성향이 강하게 나타났다. 또한 중국한족계 결혼이주여성들은 자신의 자녀들에게 중국어 교육을 지향하고 나아가 영어까지 공부했으면 좋겠다는 의견을 표명했으며, 경제적 자립을 추구하는 경향이 다른 두 문화집단에 비해 강세를 나타냈다.

중요한 것은 이런 주목할 만한 다양성들은 그들이 지닌 민족적 특성으로 연결하기 보다는 환경적 요인, 개인 및 가정별 경제적 상황에 따른 부분이 큰 것으로 평가할 수 있다. 이는 이주민의 상호문화 소통이 정작 해당 집단이 지닌 문화적 특징에 의해 기인한다기 보다 개인 및 해당 가정의 상황에 따라 다양하게 나타난다는 점을 간과할 수 없다는 사실을 알게 한다. 이런 점은 결혼이주여성들이 상호문화 소통에 있어서 주체성을 지닌 타자로 전환되었음을 시사하는 것이다. 따라서 필자가 만난 결혼이주여성들은 결코 이방인으로서 변방에 위치하는 것이 아니라 본국의 문화와 한국 문화 사이의 매개자로서, 가족 사회 내에서 자신에게 부여된 아내, 어머니, 며느리 등의 사회적 역할을 주체적으로 행사하는 존재로 평가받고 있었다.

6장

초국적 유대 관계와 정체성 협상의 경험

초국적 유대 관계는 이주자들의 초국적 이주에 따라 구성된 사회적 관계를 의미한다. 초국적 유대 관계는 개인적 차원의 '초국적 개인', 대인적, 사회적 차원의 '초국적 공동체', 그리고 이들 개인간, 공동체 간을 연결하는 '초국적 연결망'으로 구성된다. 이번 장은 앞선 3장의 '초국적 이주와 이주여성의 정체성'에 관한 면담을 근거로 한 결과를 기술한 장이다. 특히 결혼이주여성들이 초국적 유대 관계를 어떻게 맺고, 그 속에서 어떻게 정체성을 재구성하고 있는가가 이번 장의 핵심 질문이다.*

* 이번 장은 김영순 · 임지혜 외(2014)가 "결혼이주여성의 초국적 유대관계에 나타난 정체성 협상의 커뮤니케이션" 이란 주제로 커뮤니케이션 이론10-3호에 수록한 논문을 저술 형태로 보완한 것임.

1. 초국적 정체성 협상 경험의 의미 개요

이번 절은 앞선 4장에서 기술한 결혼이주여성들의 초국적 유대 관계에 나타난 정체성 협상 연구의 설계에 따라 자료수집과 분석을 한 결과를 기술한 것이다. 특히 개인 면담을 통해 결혼이주여성의 정체성 협상 경험을 수집하기 위해 연구참여자들의 경험 내용을 녹취하여 이를 전사하였다. 그 결과 총 10명의 연구참여자의 면담 내용에서 198개의 의미 단위가 도출되었다. 이렇게 구별한 의미 단위를 학문적인 관점으로 전환하는 과정을 거쳐 본질적인 의미와 그 의미들의 관련성을 밝히면서 구조를 통합하였다.

이러한 과정을 거쳐 세 가지 영역(초국적 이주민, 초국적 공동체, 초국적 관계망)의 일반적 범주를 도출하고 이에 상응하는 중심 의미 세 가지를 설정하였다. 이런 분석 작업을 통한 얻어낸 결과는 〈표 6-1〉과 같다.

연구참여자들의 정체성 협상의 경험은 〈표 6-1〉에서와 같이 총 세

〈표 6-1〉 결혼이주여성들의 초국적 정체성 협상 경험의 의미

영역	중심 의미	소주제: 세분화된 의미
초국적 이주민	경계에 선 이주여성의 딜레마	• 복수 국적의 경계인으로 살기
		• 송금과 저축의 부단한 갈등
		• 경제적 부양 의무를 대체하는 초청이주
		• 미래를 위한 투자, 모국으로의 회귀
		• 글로벌 교육자원 생성하고 활용하기
초국적 공동체	이주여성의 협력과 갈등	• 타지에서 만드는 상상의 고향
		• 사회적으로 확장된 가족 만들기
		• 이주 돕기의 보람찬 협력
		• 교제와 만남에 대한 견제
		• 계급의 형성과 공동체의 균열
초국적 관계망	미디어 매개를 통한 공간의 확장	• 초국적 소통의 자유로움
		• 모바일 미디어로 '나만의 공간' 확보
		• 생존과 생활을 위한 정보습득의 수단
		• 한국에서 베트남 보여주기
		• 초국적 공론장의 주체되기

개의 영역이에 해당하는 각 한 가지씩의 중심 의미로 구성된다. 이 중심 의미를 구성하는 세분화된 의미 단위는 각 중심 의미 단위별로 각 5개씩 모두 15개 소주제이다.

'초국적 이주민' 영역은 개인의 정체성 협상에 해당하는 것으로 출신국과 이주국의 경계에 선 주체로서 이주여성들이 부딪히는 딜레마를 기술했다. 이 중심 의미 '경계에 선 이주여성의 딜레마'를 구성하는 하위 의미 단위들은 '복수 국적의 경계인으로 살기', '송금과 저축의 부단한 갈등',

‘경제적 부양 의무를 대체하는 초청이주’. 미래를 위한 투자, 모국으로의 회귀‘. ’글로벌 교육자원 생성하고 활용하기‘ 등의 소주제들이다.

‘초국적 공동체’ 역역은 초국적으로 구성된 대인적, 사회적 영역으로 인간관계로 드러나는 행위와 소통의 총합이다. 이 영역은 ‘이주여성의 협력과 갈등’이란 중심 의미를 갖고, 이를 구성하는 하위 의미 단위들은 ‘타지에서 만드는 상상의 고향’. ‘사회적으로 확장된 가족 만들기’. ‘이주 돕기의 보람찬 협력’. ‘교제와 만남에 대한 견제’. ‘계급의 형성과 공동체의 균열’ 등이다.

‘초국적 관계망’ 영역은 미디어를 매개로 하는 소통 공간이 확장을 기술한 것으로 중심 의미는 ‘미디어 매개를 통한 공간의 확장’이다. 이 중심 의미를 구성하는 하위 의미 단위들은 ‘초국적 소통의 자유로움’, ‘모바일 미디어로 ‘나만의 공간 확보’. ‘생존과 생활을 위한 정보습득의 수단’. ‘한국에서 베트남 보여주기’. ‘초국적 공론장의 주체되기’이다

2.
초국적 이주민: 경계에 선 이주여성의 딜레마

결혼을 목적으로 한 결혼이주는 국제결혼이라는 '초국적' 결혼의 형태를 통해 새로운 가족, 즉 초국적 가족을 구성한다. 그러므로 결혼이주여성은 삶의 터전을 이주국에 두지만 출신국과 이주국의 경계에 걸쳐 생활한다. 이 삶의 과정에서 결혼이주여성은 모국의 가족과 정주국의 가족 사이에서 다양한 경험을 겪게 된다. 그러나 대부분의 경험은 딜레마 상황으로 치닫게 되어 다양한 갈등 속에 '경계의 정체성'을 나타낸다.

그녀들은 소위 경계를 넘은 '초국적 딸'과 '초국적 아내', '초국적 며느리', '초국적 어머니' 라는 사회적 지위와 역할 사이에서 길 찾기를 시도하며 방황을 하기도 한다. 결혼이주여성들에게 모국과 정주국은 다 같이 '유령의 장소'로 간주된다. 왜냐하면 모국의 집과 주거적 환경은 이주 이후 정주국에 실제 존재하지 않지만 이민 생활의 적응을 방해할 만큼 그녀들에게 많은 영향을 미치게 된다. 실재하는 정주국의 집은 모국의 집에 비해 안정을 주거나 온화하게 느껴짐이 부족할 수 있기 때문이다."(Radhakrishnan, 1996: 207). 결혼이주여성은 모국과 정주국 사이에서 결혼에 의해 획득된 다양한 사회적 지위로 인해 역할 갈등을 느끼며 이는 그녀들의 정체성 변화 과정에 있어서 두 개의 로컬 사이에 놓인 불완전한 협상을 지속하고 있다.

1) 복수 국적의 경계인으로 살기

결혼이주여성은 정주국의 국적을 부여받게 되는데 그 과정에서 정체성의 혼돈을 경험한다. 국적이 바뀌는 과정은 특정 기간이 필요하고 적응의 노력을 요구한다. 기존 연구들에서 결혼이주여성들은 "국적을 취득하지 않으면 어머니가 외국인이라는 사실 때문에 자녀가 불이익을 받을까봐서", "한국 사람처럼 살고 싶어서" 등 한국 국적을 취득하지 못하게 된다면 자녀의 정상적 성장과 본인의 현실에 대한 불안감을 가지고 있는 경우가 많았다(김미정 외, 2013). 그러나 본 연구를 통해 만난 결혼이주여성들에게 국적이란 그들의 이해관계에 의해 선택할 수 있는 하나의 기회로 의미화 되고 있다.

"사람마다 다르고 어떤 사람은 한국 국적이 좋고 또 어떤 사람은 베트남 국적이 좋다고 해서 지금은 베트남 이중국적해서 신청할 수 있거든요. 그래서 저 친구 중에서 다 이중국적 신청했었어요. 한국국적도 가지고 베트남 국적도 가지고. (중략) 지금 한국에 다문화 되게 많이 지원해 주거든요. 애기 유치원 갈 때 혜택도 해주고, 사업할 때 뭐 외국인 같

은 경우는 은행에 저금하면 한국사람 보다 이율이 더 높거든요." (연구참여자 D-01)

연구참여자 D-01은 인천국제교류재단에서 통역 일을 담당하면서 자신의 모국인 베트남에서 온 이주민들과 한국에서의 생활에 대한 많은 정보를 교환한다. 그녀는 특히 베트남의 복수 국적을 가지고 있으면 어떤 혜택이 있는지에 관심이 많다. 연구참여자 D-01의 면담 내용에서 그녀가 '이중 국적'이라고 표현했는데 우리나라의 제도적 맥락에서는 '복수 국적'이 바른 표현이다.

한국은 단일국적주의를 표방하고 있다. 그렇지만 2011년 국적법이 개정됨에 따라 "2011년 1월 1일부터 우수 외국 인재 유치와 사회적 소수자 보호 등의 취지에서 일정한 자에 대하여 대한민국에서 외국 국적을 행사하지 아니하겠다는 뜻을 서약하면 복수 국적을 허용한다." 연구참여자 D-01은 한국 국적을 취득하는 것을 희망하지만 베트남 국적을 포기하지 않으려고 한다.

"이중 국적 하고 싶어요. (중략) 만약에 한국에서 살면 한국 국적 받고, 만약 베트남에 가면 아직 베트남 국적 있잖아요. 뭐 한 달이나 있어도 비자 연장 그런 거 안 해도 되잖아요. (중략) 만약에 한국에서 돈 많이 벌면 베트남에서 땅도 살 수 있잖아요. 베트남 국적 포기 안 하면 땅 그런 거 살 수 있잖아요. 만약에 포기하면 그런 거는 살 수 없잖아요." (연구참여자 D-05)

연구참여자 D-05는 한국어 능력시험(TOPIK) 자격증까지 갖추었지만 모국의 학력이 낮아 지원하는 직장마다 낙방하는 경험을 했다. 그래서 방송고등학교를 졸업했고, 작년 한국방송통신대학의 청소년교육학과에 입학했다고 한다. 그 이후 현재의 직장을 갖게 되었다. 그녀의 남편은 식품 납품 업체에서 운송을 담당하고 있어서, 경제적으로 넉넉하지 않아 2년마다 이사를 해야 하는 어려움을 겪고 있다. 그래서 연구참여자 D-05는 부동산 가격이 한국보다 훨씬 낮은 베트남에서 땅을 사고 집을 짓고 싶은 마음에 복수 국적을 활용하고자 했다.

> "아뇨, 저요? 중국 국적 저는 안 바꿨어요. 지금까지 바꿀 생각 없어요. 그냥 우리 국적 포기하기 아까워요. 나중에 여기서 살면 바꿀 거예요." (연구참여자 D-08)

연구참여자 D-08은 중국이 눈부실 정도로 빠른 경제발전을 이루고 있다는 현실에 비추어 자기 자신이 중국인이라는 것에 자부심을 느끼고 있다. 이런 이면에는 한국과 중국이 밀접한 경제공동체를 유지한다는 점에서 자신의 국적 유지가 자녀의 장래에도 도움이 될 수 있다고 하는 기대가 보인다. 그럼에도 그녀는 조건부로 한국 생활이 필요하다면 한국 국적을 취득하고자 한다.

2) 송금과 저축의 부단한 갈등

결혼이주여성들은 결혼이라는 인생의 한 번뿐인 모멘트를 경험하면서 본국과의 감정적 교류를 다른 방식으로 시도한다. 비교적 경제활동의 기회는 물론 임금의 우위에 있는 한국의 여건을 활용하여 친정 식구들은 물론 지인, 친구 등에게 금전적인 교류를 행한다. 결혼이주여성들에 대한 기존 연구들에 의하면 외국 출신의 여성들이 한국 남성과 결혼하는 것은 자신이 처한 경제적 어려움을 극복하고 본국의 가족을 부양하기 위한 경우가 많다고 한다.

최근 들어 이주여성들이 모국으로의 송금 행위에 대해 '사회적 송금(social remittances)'이란 개념으로 설명하는 경우가 있다. 사회적 송금은 한 사람이 적정한 시간에 받은 기술, 아이디어 및 관행의 집합으로 규정되며, 자신의 성격과 삶의 방식에 반영하게 되는 것으로 사회 발전으로 이어지는 이주의 사회적 영향을 일컫는다. 이민자들은 가족과의 대화, 이메일 또는 전화 통화 등을 통해, 그리고 본국으로 휴가를 가거나 퇴직 후 완전히 돌아올 때 이러한 추가 송금을 지속적으로 전송하게 된다. 즉, '사회적 송금'은 돈, 아이디어, 관행, 사회적 자본 및 정체성 외에도 공동체(communities)를 보내고 받는다는 것을 강조하기 위해 만들어진 용어이다(Levitt, 1998).

이러한 사회적 송금의 특성을 이해하면 이주민들이 맺는 초국적 유대 관계를 설명하기에 용이하다. 또한 사회적 송금의 개념과 사회적 자본의 개념 사이에는 중요한 연관성이 있다. 이주자와 본국과의 관계적 자원의 확장은 이주 과정 전반에 걸쳐 화폐 송금의 사회적 가치와 영향뿐만 아니라 개인, 가족 및 지역 사회 간의 중요한 상호작용이 된다(Boccagni & Decimo, 2013).

연구참여자 D-08의 경우 현재 다문화가족지원센터에서 자신도 결혼이주여성임에도 이주여성의 상담을 맡고 있는 데 모국으로 송금하는 내용의 상담이 많다고 진술한다. 결혼이주여성들은 자신의 본국과 한국

간의 환차나 경제 수준 등에서 차이가 나는 점을 활용하여 한국에서 벌은 자금을 모국으로 송금하여 다른 가치와 교환하기도 한다.

다시 말해 송금한 돈이 땅 또는 주택과 같은 다른 경제적 자산으로 교환될 수도 있고, 가족들이 자전거나 오토바이를 이용하던 것을 자동차로 바꾸는 등 교통수단을 개선한다거나 동생이나 오빠의 교육비로 사용됨으로써 문화적 자본으로 변형되기도 한다. 특히 송금은 단순히 돈을 부치고 그것을 다른 경제적 자산으로 활용하는 것을 넘어 이들이 자신의 친정과 그 지역사회, 나아가 모국에 미치는 영향력을 증가시키고 사회경제적 지위를 높이는 사회적 자본으로 활용되는 특성을 지닌다. 그러나 결혼이주여성들은 모국으로의 송금과 현재 정주국에서의 생활을 위한 저금 사이에서 갈등하는 모습을 보였다.

> "아직도 한국어가 어려워요. (중략) 아이 교육비도 교육하는데 돈도 들고, 신랑도 많이 벌어오는 편이 아니라서 그냥 여유 좀 있으면 중국에 보내야지 하는 마음이 있는데 여윳돈이 없어서…" (연구참여자 D-02)

연구참여자 D-02는 한국으로 이주한 지 7년이 지났지만 여전히 한국어가 부족하다고 느끼고 있다. 하지만 자신이 가지고 있는 중국어와 영어의 능력을 십분 활용하여 한국어가 미숙해 결핍된 부분을 충분히 메꿀 만큼 삶에 의욕적이다. 면담에서 이야기하는 것처럼 연구참여자 D-02가 가장 신경 쓰는 부분은 교육비였다. 연구참여자는 중국에 있는 부모님에게 송금하는 것보다 현재 한국에 있는 내 자녀에게 어머니 역할을 하는 것을 선택한 것이다.

"지금 만약 연락받아서 부모님이 아프다고 하고 이것저것 바로 뭐..돈 같은 거 필요하다고 그런 거 할 때 마다 특히 부모님 아픈데 바로 갈 수 없어서 맘이 되게 속상하고, 그럴 때 마다 병원비랑 아니면 부모님 용돈 필요할 때마다 그냥 부모님 통장에 돈 조금 넣고… (중략) 지금 베트남에 집을 짓고 있어요. 힘들어요. 모아 둔 돈 다 줬는데, 완전 거지에요." (연구참여자 D-01)

연구참여자 D-01은 베트남어 통역 일을 해서 받은 월급을 베트남에 계신 부모님께 송금도 하고, 베트남에 집도 지었다고 한다. 그녀는 몸이 안 좋으신 부모님을 자주 찾아뵙지 못해 항상 미안한 마음을 가지고 있다고 한다. 그런 여유로 모국에 계신 부모님께 병원비를 송금해 드리기도 한다. 본인이 일해서 벌은 돈을 대부분 보내고 있기 때문에 현재 자신의 살림은 넉넉하지 않지만 곧 집이 완성된다는 기대감으로 즐겁게 일한다고 한다.

"제가 버는 거는 제가 통장이 있지만, 베트남에 안 보내요. 나중에 모아서 한국에 집 사고 싶어요. (중략) 남편이 반대해서. 여기는 살기 힘든데 왜 자꾸 보내고 싶으냐? 여기는 행복하게 결혼하러 오는 거냐? 아니면 돈 벌고 싶어서 오는 거냐? 많이 따져요. 제 생각에는 남편이 그런 생각을 가지는 것 맞아요." (연구참여자 D-05)

연구참여자 D-05는 베트남에 돈을 송금하지 않고 일해서 번 돈으로 한국에 집을 사고 싶다고 한다. 그 이유는 결혼 생활에 더욱 충실하고 이곳에 터전을 잡고자 하기 위함이고, 남편이 송금하는 것을 싫어하기 때문이라도 한다. 연구참여자 D-05의 남편은 한국에서의 생활도 어려운데 굳이 베트남에 송금을 왜 해야 하는지라는 반응을 보인다고 한다. 또한 행복하게 살기 위해 한국으로 결혼이주를 했는지, 아니면 베트남에 송금하기 위해 돈을 벌러 한국으로 온 것인지를 자주 묻는다고 한다. 연구참여자 D-05는 남편의 생각에 동의하기에 송금보다는 장래를 위해 한국에서의 저금을 선택하고 있었다.

3) 경제적 부양 의무를 대체하는 초청이주

결혼이주여성은 모국과 한국의 재한 베트남 이주여성들의 자조모임 등의 유대 관계를 활용하여 베트남의 친지들을 한국에 연결해주는 교량 역할을 하고 있다. 모국에 있는 친지들에게 한국의 괜찮은 신랑감을 소개하거나 일자리와 유학 정보 등을 제공한다. 나아가 한국에 있는 결혼이주여성은 베트남 친지들을 한국에 초청하기 위해 노력하고 초청을 위해 자신의 역량을 발휘한다. 그래서 베트남 친지들의 입장에서 한국의 이주여성은 그들에게 하나의 사회적 자원으로 평가된다. 대부분의 경우에 결혼이주여성은 아이 출산시 자신의 친정 어머니 혹은 부모 두 분 모두를 초청하여 양육 지원을 받기도 하고, 더불어서 한국에서 일할 수 있는 자리를 알선하려고 노력 한다. 이 연구를 위해 면담을 실시한 대부분의 결혼이주여성들 중에는 모국에 송금을 하고 싶지만 할 수 없는 현실을 대체하기 위해 부모님을 초청하기도 한다. 이는 송금이라는 경제적 부양을 초청의 형태로 전환 시키는 시도로 이해할 수 있다.

"지금 제가 한국에 오니깐 어머니 아버지께도 한국의 문화 여기저기 구경하고, 그리고 여기 일 알바를 하는데요. 지금 음..몇 개월 했었어요. 한국에 생활 여기서 몇 개월 동안 할 수 있고 일도 할 수 있는 게 도움이라고 생각해요. (중략) 그거는 인터넷에서 보고 검색해보고 농사일을 짓는 일이 많아요. 그리고 불법으로 한국 사람들은 못하니까요. 중국사람 잠깐 3개월, 6개월 하는 거는 돈도 되고..그렇게 농사일 거의 해요." (연구참여자 D-03)

결혼이주여성은 현행법상 자녀의 양육을 위해 본국의 부모님을 초청할 수 있는 것을 잘 알고 있다. 한번 초청하면 1년짜리 비자로 오는데 3번까지 연장이 가능하지만 취업은 제한되어 있다. 이처럼 한국의 이주정책은 가족이 방문할 경우 단기비자를 발급해 준다. 물론 초청 대상자들의 취업은 제한하고 있지만, 저임금 노동시장에 이들은 유혹받기 쉽거나 자발적으로 노동을 제공하기도 한다. 현재 한국의 노동시장은 이렇게 초청된 결혼이주여성들의 가족이 불법으로 취업할 수 있는 상황을 야기한다.

연구참여자 D-03의 면담 내용에 의하면 양육비자로 초청된 모국의 부모님들은 대부분 한국에 와서 일을 한다. 실제로 결혼이주여성들은 자신의 부모님들을 아이를 돌보게할 목적으로 초청하지만 실제 그렇지 못하다. 특히 농번기에 농장 일자리를 구하는 것은 쉬운 것으로 알려져 있다. 연구참여자 D-03의 부친은 건강이 좋지 않음에도 한국에 초청되어 오자마자 일을 했다. 그녀는 모국의 부모를 초청하여 한국에서 일을 할 수 있도록 기회를 주는 것이 부모를 돕는 것이라고 생각하고 있었다.

"… 인연이 되고 결혼하고 나서 바로 이제 저희 부모님 초청하고 해서 한국에서 같이 생활하니까, 어머니도 일자리 찾아서 일들하고 계시고 (중략) 일자리 찾을 때 여기 보면 소개소 같은 거 통해서도 하고, 그 다음에 우리 어머님이나 아시는 분들한테 부탁해서 찾기도 하고…" (연구참여자 D-10)

연구참여자 D-10에 의하면 모국에서 초청한 부모님의 일자리를 한국에 있는 시어머니와 그의 지인들이 찾아 주었다고 한다. 사실상 중국에 있는 그녀의 부모님에게 경제적인 도움을 줄 수 없는 사위나 사돈 댁의 입장에서도 그들을 한국에 초청하여 일자리를 알선해 주는 것이 최선이라고 생각한다. 이처럼 자녀 양육의 형태로서 모국으로부터 초청된 결혼이주여성들의 부모는 실제 초청 목적과는 달리 경제적 돈벌이를 행하고 있어서 결혼이주여성들이 유발하는 연쇄 이주의 고리는 계속될 수밖에 없는 실정이다.

4) 미래를 위한 투자, 모국으로의 회귀

이주민들은 모국과 정주국 사이의 초국적인 장에서 둘 중 어느 한 나라에만 소속 된 것이 아니라 두 나라에 동시에 소속된다, 그럼으로써 두 나라에서 서로 다르게 평가되는 자본을 취사선택하여 전략적으로 활용할 수 있다(구본규, 2013: 41). 이러한 논리는 결혼이주여성들에게도 적용된다. 그녀들은 초국적인 사회의 장에서 자본의 교환에 참여하고 있다. 한국에서는 저임금 노동 영역에서 일하면서 벌은 돈을 모국을 상대로 투자하거나 자본을 축적하기도 한다.

이는 결혼이주여성들이 본국과 가족들과 초국적인 사회의 장에서 자본을 교환하는 것으로 이해할 수 있다. 또한 결혼이주여성이 한국에서 획득한 경제적 자본은 모국 자영업을 시작하는 경우에 있어서 유리하게 작동하며, 모국에서 더 큰 평가를 받는 자본으로 활용된다. 물론 이러한 양국가에서 다른 가치를 지닌 자본의 교환은 모국에서 사회경제적 지위를 향상시키는 사회적 자본으로 평가될 수 있다. 결혼이주여성들이 생각하고 있는 모국으로의 회귀 계획은 이와 같은 맥락에서 이해할 수 있다.

> "중국에 들어가서 살고 싶어요. 뭐 제가 별로 할 꺼 없는데 왕핑이 아빠가 중국에 가서 화장품 같은 거 하나 내라고 했는데, 지금 노력하고 준비하고 있어요. (중략) 이번에 들어가서 가게 알아보고 임대료 뭐 여러 가지 경비 알아볼 생각이에요 이번에." (연구참여자 D-07)

연구참여자 D-07의 면담에서 결혼이주여성들이 모국으로 보내고 싶은 3대 인기 품목을 화장품, 인삼, 핸드폰으로 산정한다. 그만큼 한국의 화장품은 중국에서 인기가 있어서 시장 경쟁력이 높은 아이템이다. 또한 많은 결혼이주여성들이 모국을 상대로 사업을 한다면 이 화장품 관련 사업을 하길 원한다.

연구참여자 D-07의 남편은 한국에서 실업자 상태에 있는 상황이라서 자녀의 취업에 더욱 관심이 높아 자녀를 중국에서 교육을 시켜 일자리를 빨리 잡게 하고 싶은 생각이다. 그녀의 남편은 약 10년 정도 중국생활을 한 경험이 있어서 남편과 아이를 데리고 중국으로 가고 싶다고 했다. 이런 이유로 그녀는 현재 한국생활에서의 어려움을 극복하고 다시 재기하는 방법으로 모국인 중국으로의 회귀를 계획하고 있다.

"생각은 한국 음식 같은 거를 애기 아빠도 제가 음식 솜씨가 그나마 괜찮다고 하니까, 요리쪽으로 해서 중국에 가가지고 조그마한 가게를 차리면 어떻겠냐? 지금 계속 말을 하거든요." (연구참여자 D-10)

연구참여자 D-10은 자신의 재능을 살려 중국에서의 사업을 고민하고 있다. 그녀의 남편은 그녀가 요리에 재능을 있음을 인정하여 그 능력을 활용해 재중동포가 많이 사는 연변 지역에서 한국음식점을 여는 게 어떠냐는 제안을 했다. 중국 연변은 연구참여자의 고향이며, 남편도 중국어와 중국의 경제사정을 잘 알고 있어서 적응에 지장이 없을 것이다.

무엇보다 가장 큰 장점은 한국보다 인건비가 저렴하고 식재료 원가가 비싸지 않아 인력 활용과 식재료 구입에 유리하다는 점이다. 또한 사업을 위한 초기 자금을 마련하는 것도 한국보다는 중국이 더 수월하다고 보았다. 연구참여자 D-10은 어차피 남편이 무직 상태라서 중국 연변에서 요식업을 하면서 중국에서 자녀 교육을 시키고 싶은 생각이 간절하다. 식당도 잘 되고 아이가 적응도 잘한다면 한국에서 사는 것 보다 더 나은 삶을 살 수 있으리란 판단을 가지고 있기 때문이다.

5) 글로벌 교육자원 생성하고 활용하기

한국과 중국은 국교 정상화가 이루어진지 20여 년이 지나면서 급격하게 다양한 분야의 교류가 활성화되어 경제공동체를 이루고 있다. 따라서 양국의 언어는 상대국에서 글로벌 교육자원으로 간주될 수밖에 없다. 한국에서 중국어를 배우고 숙달하는 하는 것은 새로운 경제적 가치를 창출해 낼 수 있는 문화자본으로 판단할 수 있다. 결혼이주여성들은 자신의 모국어와 모국 문화를 자녀들에게 교육시키고 싶어 했으며 이를 적극적으로 활용하여 자녀들의 미래에 도움이 될 수 있는 기회를 갖고자 노력한다. 연구참여자 D-03은 자녀들에게 중국어를 배우게 하여 모국인 중국으로 유학을 보내고자 한다.

> "저는 한국 문화도 알려주고 싶고 중국 문화에 대해서도 알려주고 싶은 욕심이 있어요. 학교도 처음에 한국 학교에 다니다가 고등학교 끝난 후에 대학교는 중국으로 진학할 수 있도록..음..언어도 배울 수 있고, 중국부모들이나 친척이랑 지낼 수 있도록 언어 차이 없이 거기서 지내게 하고 싶어요." (연구참여자 D-03)

연구참여자 D-03은 자신의 자녀를 한국의 고등학교를 마치고 중국에 있는 대학에 보내려는 계획을 하고 있다. 중국이 경제적 성장을 하고 중국어가 전세계적인 언어로 확대됨에 따라 자녀의 장래를 생각하고 있다. 연구참여자 D-03은 자녀의 중국 유학을 위해 중국인 친지들과 정보를 교류하고 중국의 대학교 담당자들과 상담을 하기도 했다. 자녀가 중국의 경제, 정치를 배우고, 중국 문화를 체험하여 일자리가 비교적 많은 중국에서 일하거나 글로벌 인재가 될 수 있기를 바란다.

> "재작년부터 LG다문화 학교라는, 그거는 신청한다고 다 되는 거 아

니고, 언어 인재. 그 거 신청할 때 다 지원서 받고, 심사하고 나서 합격한 학생만 들을 수 있는 거예요. 전국에 몇 명밖에 없어요. 근데 우리 애들 두 명 들었어. (중략) 엄마 베트남 사람이어서 저는 생각을 아무래도 엄마 문화에 대한 꼭 알아야 되고, 언어 조금 할 수 있으면 약간 사람 더 친근함 드는 거죠. 조금 언어 통해서 조금 잘하면 문화도 이해할 수 있고, 나중에 한국과 베트남 서로 역할 하는 거. (중략) 꼭 한국 문화만 가르치는 거는 애들한테 너무 손해인 거 같아요. 아무래도 제가 저는 이런 문화도, 이런 언어도 배울 수 있는 그런 조건, 받을 수 있는 기횐데 근데 왜 놓쳐. (연구참여자 D-06)

연구참여자 D-06은 한국 이주 초기에 한국어를 잘 몰랐다. 그 때문에 결혼을 하자마자 태어난 자녀와의 소통을 어쩔 수 없이 베트남어로 할 수 밖에 없었다. 이러한 사정으로 그녀의 자녀들은 어렸을 때부터 이중언어를 접하였는데, 그 덕분에 베트남어를 익숙하게 구사할 수 있어서 'LG 사랑 다문화학교'*에 선발될 수 있었다. 연구참여자 6의 경우 베트남어라는 언어가 그 자녀에게 있어 한국에서 통용되는 문화자본의 역할을 하고 있다고 볼 수 있다.**

---

* 'LG 사랑 다문화학교'는 다문화가정 자녀를 위해 2011년부터 연구개발(R&D) 등 심화 교육 중심의 중등과정과 대입 대비 수학 · 과학 교육 등 고등과정으로 구성해, 연간 2회 정기교육과 방학 중 2회 캠프로 진행되는 프로그램이다.

** 2014학년도 대학수학능력시험에 베트남어가 최초로 선택과목에 채택되어 국내 베트남 출신 결혼이주여성들은 큰 기대를 가지게 됐다. 국내 결혼이민자 및 혼인귀화자 가정(22만 600여 가구)의 약 20%가 베트남 출신 가정(4만7천300여 가구)이다. 한 베트남 결혼이주여성은 "작년에 한국어로 베트남어를 가르칠 수 있는 이중언어 강사 양성과정을 수료했는데 아직 많은 역할을 못하고 있다. 베트남어가 대입 선택과목에 채택됐으니 앞으로 모국어를 한국 학생들에게 가르칠 수 있는 기회가 많았으면 좋겠다"고 인터뷰 했다. 〈연합뉴스, 2013년 4월 17일 기사〉

3.
결혼이주여성의 협력과 갈등

결혼이주의 본질은 모국을 벗어나 타국이라는 곳에서 가정을 이루고 제 2의 인생을 사는 것과 같이 낯선 세계로의 도전이다. 따라서 낯선 타지로의 '이주'는 결혼이주여성들에게 자신의 정체성의 기반이었던 언어, 문화, 가족, 이웃, 친구 등의 친숙한 사회적 관계를 벗어나는 상태를 경험하게 한다(김정선, 2006: 134). 이런 경험은 당사자인 이주여성들의 정체성 변화에 영향을 미치게 된다. 모든 것이 낯설게만 여겨지는 이주의 현실에서 이들이 우선적으로 선택할 수 있는 공간은 가정, 그리고 자신과 같은 모국의 배경을 공유하고 있는 민족 네트워크의 공동체와 자조모임일 것이다.

결혼이주여성들은 이런 초국적으로 구성된 사회적 공동체 안에서 자신이 경험한 '이방인'의 느낌 그리고 '타자'로서의 상황을 공유하고 함께 다양한 당면 문제를 해결하는 사회적 연결망을 형성하게 된다. 이러한 결혼이주여성들의 공동체는 구성원들 간에 정신적 교류와 물질적 지원 등을 주고받는 상호부조의 관계망이다. 아울러 상황에 따라 경쟁을 하기도 하고 서로를 견제하고 통제하는 기능을 수행하기도 한다. 그래서 결혼이주여성들은 공동체 내에서 같은 민족성이라는 동질감을 느끼기도 하고, 다양한 이해관계 속에서 지켜보고 질투를 하는가 하며 감시받는 갈등을 경험하기도 한다.

1) 타지에 만드는 상상의 고향

결혼이주여성들의 공동체는 '모국'이라는 고향과 '결혼이주'라는 공유된 경험에서 오는 동질감에 의해 형성된 연대의 공간으로 이해할 수 있다. 특히 이러한 공동체 공간은 결혼이주여성들에게 이민국 현실의 외로움으로부터 벗어나거나 본국의 노스텔지어를 경험하고 이를 충족시켜 주는 안식처 역할을 하기도 한다(권종화, 2004: 103).

이들 공동체는 출신국 나라의 문화와 모국어라는 공통된 유산을 통해 서로에게 동질감을 형성하고, 모국으로부터 도피나 추방의 경험을 함께 나누는 일종의 피난처가 된다(Ahmed, 1999; Aguilar, 2002). 이처럼 결혼이주여성들에게 민족적 공동체나 자조모임은 타지에서 경험하는 이방인의 고단함을 다독여줄 수 있는 안식처로서 상상의 고향을 구성한다.

> "가끔 친구들끼리 모여서 지금은 고통스럽다, 어떤 거에 스트레스 받는다, 일 있으면 같이 이야기하도록 하고 다 다 이해하잖아요. 다들 동질감 가지고 있어서요. (중략) 같은 동질성 가지고 있기 때문에 서로 얘기하는 것 다 이해해요. 속상한 얘기도 한 마디 한두 마디 얘기하면 어

떤 느끼는 게 딱 알아요." (연구참여자 D-02)

연구참여자 D-02는 결혼이주 초기에 다문화가족지원센터에서 함께 교육받았고 자조모임에 참여했던 중국 동료들을 정기적으로 모임을 갖는다. 대부분의 공통점은 한국에서의 자녀양육, 배우자와 시댁과의 인간관계, 경제적 자립 방법 등에 대해 대화를 나눈다. 그녀는 타지에서 모국어인 중국어로 이야기를 한다는 것 자체가 자녀양육과 소통의 미흡함에서 오는 스트레스의 해소에 큰 도움을 준다고 이야기했다.

서툴게 말할 수 있는 한국어는 정서적 교류 즉 마음을 털어놓는 언어로는 부적절하다는 것이다. 모국어인 중국어로 이야기 하면 "한 마디 한 두 마디 얘기하면 어떤 느끼는 게" 있다고 하면서 격한 공감을 느낀다고 토로한다. 이들 공동체는 같은 나라 출신이라는 점을 넘어 결혼이주라는 생애 전환기를 함께 겪는 동질감으로 서로 이야기하는 것을 이해할 수 있다고 한다. 연구참여자 D-02에게 있어서 정기모임인 이 공동체는 스트레스 해소의 공간이자 고향의 향수를 달래고 솔직한 감정을 털어놓을 수 있는 마음의 보금자리와 같다.

"결혼하러 한국에 와서 친척도 없고 친구들도 많지 않아서 좀 외롭잖아요. 그래서 주말 때 마다 친구들 모아서 남편들 모아서 같이 놀고 뭐… 일상생활 같은 문제들 다 얘기하기 때문에 되게 많이 좋아들 하고 있어요." (연구참여자 D-01)

연구참여자 D-01은 베트남에서 온 국제결혼가정 공동체인 〈한베가정○○모임〉에 일원으로 소속되어 활동한다. 그녀가 약 6년 전에 한국에 왔을 때 정말 막막했다고 한다. 친척도 친구도 없는 외로운 환경에서 의지할 수 있는 곳은 남편과 시댁 가정이었고, 가족 이외에는 바로 〈한베가정○○모임〉이 유일했다고 이야기했다. 이 모임이 없었더라면 이주 초기에 베트남에 대한 그리움과 고향의 가족들에 대한 생각으로 한국 생활 적응에 어려움이 있었을 것이라고 단정지어 이야기 했다. 그 모임은 베트남에서 온 결혼이주여성들이 자립적으로 만든 것이 아니라 그들의 배우자인 남편들이 주축이 되어 만든 공동체이다.

이 모임은 주말마다 만나 베트남에 처가를 둔 국제결혼가족들이 함께 모여 함께 음식을 나누고 한국 생활 적응과 베트남의 문화를 서로 익히는 상호소통과 친교의 시간을 가졌다. 연구참여자 D-01은 처음 한국으로 시집 왔을 때, 한국어가 서툴러 여러가지 불편한 점이 많았지만 〈한베가정○○모임〉의 베트남 동료들로부터 많은 도움을 받았다고 한다. 이런 사회적 지지가 있었기 때문에 한국 생활에 잘 적응할 수 있었다. 이렇듯 결혼이주여성들과 그들의 배우자들은 스스로 모임을 만들어 적응을 돕기도 하고 상호문화의 교류의 장은 물론 이주 초기의 결혼이주여성들에게 한국 정착을 위한 조언자적 역할을 수행하기도 한다. 이런 모임은 이주여성들에게 본국이 아닌 타지에서의 마음의 고향을 만드는 초국적 행위인 것이다.

2) 사회적으로 확장된 가족 만들기

이주자들의 정착 과정을 살펴보면 당사자들의 개인적인 태도와 가치관 뿐만 아니라 본국의 문화적 환경에 따라 다르기도 하지만, 그들이 정착하고자 하는 사회의 특성과 포용력 역시 큰 영향을 미친다. 특히 결혼이주여성들은 한국 생활에 가장 큰 도움이 되는 유대 관계로서 모국에 있는 친구와의 지속적인 관계를 꼽고 있으며, 모국 친구들은 한국 생활 적응에 다양한 정서적 지지를 제공하는 중요한 역할을 하는 것으로 알려져 있다(김도희, 2008; 홍달아기 외, 2012). 본 연구에 참여한 결혼이주여성들 역시 모국의 친구들과 정서적 교류는 물론 물질적 도움을 받으며 가족의 확장된 형태로서의 사회 관계망을 구축하고 있었다.

"주연이가 작아서 못 입는 옷 같은 거 장난감 같은 거 그 친구한테 주고. 우리 동네 물려받아요. 언니한테 물려받아요. 언니들한테 주연이가 입던 옷을 어떤 중국 친구가 애기 낳았어요. 그러면 주연이가 작아서 못 입는 옷 같은 거 장난감 같은 거 그 친구한테 주고 해요." (연구참여자 D-08)

연구참여자 D-08은 면담 내용과 같이 모국에서 온 다른 이주여성 친구들의 도움을 많이 받았다. 중국에 있을 때부터 알고 지낸 사이는 아니었지만, 집 근처 다문화가족지원센터의 한국어 선생님을 통해 모국 친구들을 소개받았다. 이들은 공과금을 처리하는 것에서부터 육아에서 시장을 보는 것까지 도움을 주었다. 하물며 아이에게 분유를 타서 먹이는 방법까지 도움을 받지 않은 것이 없었다고 한다.

연구참여자 D-08은 모국에서 온 똑같은 결혼이주여성이지만 자신을 도완 준 친구를 마치 본국의 '언니'처럼 여겼다. 이 언니가 한국 생활 전반에 걸쳐 많은 도움이 되었고, 자기 자신 역시 '언니'로서 다른 모국 친구들을 돕고 있다고 말했다. 위의 면담 내용에서 연구참여자 D-08은 자녀의 옷이나 장난감은 '언니'로부터 물려받은 것이고, 또 그 옷과 장난감은 다른 모국 친구에게 물려주고 싶다고 했다. 그녀가 이야기하는 모국으로부터 온 이주여성들의 모임인 공동체는 일상적인 정보뿐만이 아닌 가정생활 내 위기 상황이 올 때 필요한 도움도 받을 수 있는 친교 집단 이상의 의미를 가진다고 볼 수 있다.

> "제가 속상할 때는 경호(가명) 엄마한테 얘기하거나 영성(가명) 엄마한테 얘기하는데, 요즘에 아는 사람 한 명 있어요. 유빈이(가명) 엄만데 힘들 때마다 만나서 서로 이야기하고 나면 마음이 좀 풀려요. 그런 거예요. 친정 언니한테는 이런 말 못하잖아요. 걱정하니까… (중략) 그리고 친정언니는 너무 멀어서… 여기 있는 사람들은 다행히…" (연구참여자 D-09)

연구참여자 D-09는 배우자인 한국인 남편과 대화가 잘 통하지 않는다는 점이 늘 속상하다고 말했다. 언어적인 측면인 한국어로 대화 나누는 것이 잘 안 된다는 의미가 아니라, 그녀가 하고 싶은 일에 남편이 자주 반대하는 부부간 소통을 의미한다. 연구참여자 D-09의 면담에 의하면 "남편은 돈이 많은데 베트남의 친정엄마에게 송금하는 등 지원하는 것을 반대"해서 지난 모국 방문 시에 심한 갈등을 겪었다고 했다. 또한 그녀는 노래와 춤추기에 소질이 있어서 소래 축제, 월미도 축제 등 노래경연대회에 나가기도 했는데, 남편이 지지해 주기는커녕 반대해서 마음이 상했다고 한다. 이렇게 속상한 일이 있을 때마다 의지하는 사람은 한국에 거주하는 베트남에서 온 이주여성 친구들이다.

본 연구를 위해 면담으로 만난 대부분의 결혼이주여성들은 모국의 부모님과 친지에게 전화해서 속상한 일이나 부정적인 일을 말하는 경우가 없었다. 자신이 선택한 국제결혼과 이를 통해 이루어진 결혼이주가 모국의 사회에서는 사회적 신분의 수직 이동을 의미하기에 한국에서 일어난 불미스럽거나 안 좋은 일들을 웬만해서는 털어놓지 않는다고 한다. 다른 한편, 그렇지 않아도 자신이 모국으로부터 멀리 떨어져 있어서 걱정하고 있는 가족들에게 근심과 염려를 주고 싶지 않다는 데 있다. 그 대신 한국에 거주하는 모국 친구들로 이루어진 '끈끈한' 공동체로부터 마음의 위안을 얻고 격려를 받곤 한다.

3) 이주 돕기의 보람찬 협력

이주 연구에서 흥미로운 것은 선이주자 집단이 후에 새롭게 이주하는 사람들에게 정착 지원을 하는 현상이 나타난다. 이 때문에 이주의 위험과 불안정성에 대한 비용이 낮아져 더 많은 이주의 기회가 발생한다. 여성의 결혼이주는 이전의 이주자와의 연결망 속에 위치해 있고, 또 다른 이주를 연속적으로 불러들이는 이주의 지속화 과정으로 이해할 수 있다.(김혜선, 2014: 273).

본 연구에 참여한 결혼이주여성들은 국제결혼이라는 선택 이전에 미디어를 통해서 혹은 선이주자 집단의 다양한 자원을 활용하여 정보를 수집하고 능동적으로 이주를 실천하고 있었다. 필자의 연구팀이 2010년에 강화도의 결혼이주여성의 문화적응 실태를 연구할 기회에 한 동네를 찾왔는데 그 곳에서 만난 결혼이주여성들은 베트남의 같은 마을 출신들이었다. 그 이유를 물으니 먼저 결혼이주를 해 온 여성으로부터 같은 동네의 미혼 총각들을 소개 받아 결혼을 했다고 한다. 이는 선이주자가 자신의 본국의 여성들과의 교류와 접촉을 통해 이주의 연결 고리를 형성케 한 것이다.

> "이모가 재혼을 했는데 아저씨한테 딸이 하나 있어요. 그리고 한국에 오고 싶다고 그래서. 남편은 제 남편 고향 친구예요. 그렇게 소개했고. 지금 애기 낳고 살고 있어요." (연구참여자 D-01)

한국에는 국제결혼을 한 이주여성들의 모임이 다수 존재한다. 이 모임들 중의 많은 경우가 결혼중개업소의 만행과 사기 행각 등을 근절하고자 하는 취지에서 만들어진 공동체이다. 흔히 결혼중개업체를 통해 성사된 결혼을 매매혼이라 부르기도 한다. 그러나 이 공동체는 국제결혼을 하여 가정을 꾸린 사람들끼리 좋은 사람들을 서로 소개하여 더 많은 국제결혼을 성사시키고 있다. 이를 중매혼이라고 부르는 데 최근에는 이러한 중매혼이 성행하기도 한다.

연구참여자 D-01도 국제결혼 공동체를 통해 소개받아 한국으로의 결혼이주를 했던 여성으로 성공사례라 볼 수 있다. 이처럼 국제결혼 공동체의 소개를 통한 경우는 구성원들 간의 신뢰를 바탕으로 이루어지는 중매 행위라고 볼 수 있다. 이 때문에 경비를 절감하는 것은 물론 보다 안전한 결혼을 할 수 있으며 결혼을 결심하고 정착하기까지 안정된 생활에 대한 믿음을 가질 수 있다는 이점이 있다. 연구참여자 D-01은 남편의 고향 친구에게 자신의 이종 사촌 동생을 소개하여 국제결혼을 할 수 있도록 주선해 주었다고 했다. 그녀에 의하면 이렇게 국제결혼 공동체에서 알고 있는 사람을 소개해 주는 것이 안전하고 확실한 결혼이주의 방법이라고 강조한다.

> "베트남 여성 아시다시피 너무 힘 많이 들잖아요. 처음에 그냥 베트남 여성만 위한 중심으로 인권 같은 거 보호해주고 싶어서 센터 만들었거든요." (연구참여자 D-06)

연구참여자 D-06은 한국의 베트남 교민회를 주축으로 베트남의 문화를 알리고 베트남 결혼이주여성들의 인권을 보호하기 위해 ○○○○라는 비영리 단체를 운영하고 있다. 그녀에 의하면 베트남 출신의 결혼이주여성들이 접하는 어려움은 같은 모국으로부터 온 이주자들이 더 잘 이해할 수 있으며, 이주자들이 모여 서로 돕고 힘을 가질 수 있다면 한국과 베트남 양국에 긍정적인 영향을 미칠 수 있다고 믿는다.

그리고 이러한 환경을 조성하는 것은 앞으로 새롭게 한국으로 결혼이주를 할 예정인 후배 여성들을 위해서도 중요한 의미가 있다고 설명했다. 또한 국제결혼 공동체들은 ○○ 한 · 베 이주여성 멘토링 시스템을 구축한다든가, 다문화 관련 학과가 있는 대학교와 다문화 사업을 추진하기 위해 업무 협약 양해각서(MOU)를 체결하는 등 왕성하게 사회 참여 활동에 참여하고 있다.

금혜성 · 임지혜(2010)에 의하면 정착 초기에 이민자들은 주로 낯선 언어와 문화, 생존을 위한 정보의 필요성 등의 다양한 이유로 동포 이민사회를 형성하거나, 이미 형성되어 있는 이주민 공동체에 접촉하여 생활을 시작한다. 이러한 이주민 공동체는 주류 사회의 압력에 맞서 그들의 문화적, 사회적, 경제적, 정치적 권익을 보호하는 역할을 하며 주류 사회와 대칭을 이룬다는 것이다. 사회통합을 위한 긍정적인 과정으로서의 대칭사회가 잘 발달된 사회가 다문화주의를 실현하고 있는 사회라고 할 수 있다. 향후 우리 사회는 지속가능한 다문화 사회로 발전하기 위해 정주민들과 이주민들 간의 상호문화 이해는 물론 이주민들의 사회적 역량 개발에 힘을 기울여야 한다.

4) 이방인들끼리의 만남을 견제하는 모임

다문화 가정의 결혼이주여성과 한국인 배우자인 남성과의 연령 차이는 약 10년 정도로 국내 결혼의 경우보다 나이 차이가 크게 나타난다. 통계청(2010)의 자료에 따르면 국제결혼부부 간의 연령차는 국내결혼부부의 연령차보다 크며, 한국인 남자와 외국인 여자 부부간의 연령차는 2000년 이후 증가 추세를 보이고 있다. 구체적으로 살펴보면 한국인 남자와 외국인 여자 부부 간의 연령차는 2000년 6.9세에서 2009년 11.1세로 증가하였는데, 이는 한국여자와 외국인 남자의 연령차와 국내결혼부부의 연령차가 2009년 각각 3.7세, 2.2세인 것과 비교할 때 매우 높은 수치라고 할 수 있다.

특히 캄보디아, 베트남 이주여성의 경우 남편과 나이 차이는 17세 이상으로 가장 크게 나타나고 있다. 이처럼 부부간 연령 차이가 크게 나는 국제결혼의 사례일수록 한국 남성은 젊은 외국인 신부에 대해 더 큰 불안감을 가지게 된다. 최근 기사에 의하면 과거 다문화 가정에서 가장 큰 문제는 가정폭력, 시부모와의 마찰 등 소통의 부재로 피해를 보는 경우였다면, 지금은 가출한 아내를 찾아달라는 상담 요청이 증가하고 있다고 한다.

이러한 사회 분위기는 국내 국제결혼 공동체 내에서도 구성원 간에 서로를 견제하거나 감시하는 분위기를 야기할 수 있다. 이때 결혼이주여성들은 불필요한 오해를 피하기 위해 남성 이주근로자들과 소원해지는 등 같은 모국의 배경을 가지고 있지만 서로 만날 수 없는 벽을 만들기도 한다.

> "처음에 제가 베트남 이주여성들을 위한 단체를 만들고 싶었어요. 그래서 근로자들하고 같이 하는 거에 대해 걱정 많이 됐어요. 왜냐하면 남편들은 결혼이주여성들하고 근로자들하고 같이 모이면 무슨 일이 생길까 걱정 많이 해요." (연구참여자 D-06)

연구참여자 D-06에 의하면 대다수 국제결혼을 한 남성들은 자신의 외국인 아내가 같은 나라에서 온 젊은 남성 근로자들과 함께 하는 프로그램에 동의하지 않는다고 한다. 왜냐하면 자신의 아내와 언어 소통에 자유롭고 정서적으로 공감하는 공통분모를 가지고 있기에 그 남성 이주근로자들이 자신의 가정을 깨뜨릴 수 있다고 생각하기 때문이다. 실제로 이런 이유로 인한 가정 해체 사례가 있기 때문에 한국인 남성 배우자는 불안할 수밖에 없다는 것이다. 실제로 이런 원인으로 결혼 생활이 파탄나거나 사기성 결혼으로 피해를 당한 한국인 남성들은 SNS 등에 다문화정책 반대 공동체를 구성하여 정부와 지자체 다문화 정책에 대해 반대를 표방하기도 한다.

"왜냐면 사람들 그 근로자들 만나서 남편 몰래 뭐 남편 몰래 만나면 1-2년 지나면 다 도망가니까, 남편들은 만나지 못하게 하는 거죠. 다른 이유 없고 그냥 부인이 도망갈까 봐 걱정해서 못 만나게 하는 것 같아요. 왜냐면 도망 간 사람 중에서 다 그렇게 도망갔으니까. 뭐 시댁이 힘들어서, 남편이 나쁘다고 도망간 사람도 있지만, 근데 그 중에 나가서 다른 사람 만나가지고 도망간 사람이 있어서 그렇게 하는 것 같아요." (연구참여자 D-01)

연구참여자 D-01은 결혼이주여성의 남편들이 모국에서 온 남성 근로자들을 못 만나게 하는 이유에 대해 가출한 신부들은 대부분 입국 전에 철저히 한국 관련 정보를 수집하고, 한국에 거주하는 불법체류자 베트남 사람들 인맥을 활용하여 가출한다고 이야기 했다. 가출하는 신부들은 대부분 결혼하여 가정을 갖는 것이 목적이 아니고 한국에 취업하여 돈을 버는 것이 목적이라고 한다.

그녀는 자신이 소속되어 있는 국제결혼 공동체의 온라인 게시판 글을 보여주며 그 공동체 모임에 나가면 남편들이 술을 먹으며 자주 이야기하는 소재라고 말했다. 이런 상황이다 보니 남편들은 결혼이주여성들이 친인척을 제외하고 모국에서 온 남성 근로자들과 함께 있는 것을 엄격히 제한하며, 같은 공간에서 한국어 공부를 하는 것도, 심지어 같은 직장에서 일을 하는 것도 심각하게 생각하고 있다 한다. 그렇게 결혼이주여성들과 이런 분위기를 알기 때문에 스스로 조심하며 부득이하게 같은 나라 출신의 이주노동자와 만나야 할 경우 남편과 동행하기도 한다고 말했다.

5) 나눠지는 계급, 쪼개지는 공동체

결혼이주여성의 공동체는 출신국가의 공통점인 같은 언어와 문화를 공유하고 국제결혼을 통한 이주의 경험을 함께 가지고 있다는 동질감 및 익숙함이 연대를 가능케 하는 중요한 요소로 작용했다(김영옥, 2010). 특히 모국어라는 문화유산을 공유하고 있다는 사실만으로도 타지에서 이방인으로서 외로움을 느끼는 결혼이주여성들에게는 공동체가 큰 위안이 될 수밖에 없다.

공동체는 생애 처음으로 자신이 나라를 떠나 낯선 이국 땅으로의 이주에 의한 고통과 시련을 견디게 하는 유대 관계의 공간이다. 유일한 가족 이외의 유대 관계로 간주되는 공동체는 민족성에 의한 일치와 조화가 지배하는 공간을 생성한다. 그러나 학력, 나이, 종족, 직업, 배우자의 경제적 능력 등의 차이로 인해 공동체 내에서 계급이 구성되기도 한다고 말한다. 결혼이주여성들은 공동체 내에서 같은 민족성을 공유하고 있다는 것으로 영원히 친구일 것 같았다고 했다. 그러나 공동체가 구성원의 사회적 계급이 나눠지는 과정에서 갈등하고 있음을 확인할 수 있었다.

> "○○언니는 남편 잘 만나고, 나는 남편 못 만나고, 만약에 저는 남편 잘 못 만나서 그런 것도 있죠. (중략) ○○언니 저랑 잘 만나지 않는데 다른 애들은 자주 만나요." (연구참여자 D-09)

이주 초기에 많은 결혼이주여성들은 타지에서 모국 출신의 사람을 만났다는 것만으로도 위안이 되었다고 한다. 그리고 같은 모국을 공유하고 있다는 사실 하나만으로 연구참여자 D-09의 친구들로부터 격려를 받고 힘을 얻었다. 하지만 이 공동체 내에서 시간이 지남에 따라 보이지 않는 서열과 계급이 생기게 되고 이에 따른 갈등을 겪게 되었다. 이러한 갈등의 대표적인 예는 남편의 능력과 재산으로 구별되는 계급으로 인한 박탈감이었다. 이를테면, 결혼이주여성들은 자신의 모국을 방문할 때 친정에 보여줄 수 있는 경제적 능력은 같은 결혼이주여성들 사이의 비교 기준이 되어 서로의 감정을 불편하게 만드는 경우가 많다고 한다. 배우자인 한국인 남성의 경제적 능력, 이주여성들의 직업의 유사함 등에 의해 공동체 내에서는 '끼리'의 부류가 형성되며 이것은 사회적 과시의 형태로 나타나기도 한다.

연구참여자 D-09의 경우도 친하게 지냈던 ○○언니와 사이가 틀어지게 된 계기 역시 그 언니의 사회적 과시에 의함이라고 했다. 그녀는 함께 모이는 공동체 내에서 그 언니라는 사람이 자신과 차이가 나는 경제적 능력을 과시하는 행위를 보였다. 이런 일이 자주 있으면서 그녀는 그 언니와 멀어지게 되었다. 특히 넉넉지 않은 경제적 자원을 가지고 있는 그녀가 공동체 내에서 공감할 수 없는 상황들이 발생함에 따라 둘 사이의 관계는 자연스럽게 멀어지게 된 것이라고 한다.

> "저는 아쉬운 것은 아직 직장 안 다닐 때는 모임 할 때마다 다 나갈 수 있거든요. 친구들과 친해질 수 있었지만, 지금은 직장을 다니고 바빠서 못 나갈 수 있잖아요. 그런데 그 친구들은 나한테 더 좋은 직장 다녀서 좋은 사람 만나서 우리랑 같이 안 모인다. 우리 같이 안 어울린다. (중략) 그런 거 있어서 조금 섭섭하죠." (연구참여자 D-01)

연구참여자 D-01의 경우는 '직업'의 유무에 따라서 공동체내에서 유대 관계가 분리된다고 설명했다. 그녀의 경우 취업을 하기 전에는 베트남 국제결혼 가족들의 모임에 잘 참석하고 공동체에서 요구하는 활동에 적극적으로 임할 수 있었다. 그러나 취업을 한 후에는 주말에도 일을 해야 하는 경우가 생기면서 모임에 많이 빠지게 되었다.

베트남 국제결혼 가족들의 모임은 연구참여자 D-01이 처음 이주했을 때부터 한국 생활에 가장 큰 도움을 준 언니와 동생들이 있는 모임이다. 그 때문에 그녀에게 특별한 의미가 있었다. 하지만 다른 결혼이주여성들이 일하고 있는 환경에 비교했을 때 상대적으로 안정적인 직업을 가지고 있는 그녀는 질투와 시기의 대상이 되었다. 그 이후에 모임에 나가는 것이 꺼려 졌다고 한다. 이런 연유로 자주 나가지 못하면서 부터 공동체 구성원들과 조금씩 소원해진 관계가 지금은 시간이 있어도 모임에 나가지 않는 상황이 되었다. 이처럼 같은 이주자 공동체 내에는 '모국'을 배경으로 한 '베트남인'이라는 사실이 우선시 되어야 한다는 암묵적인 기대가 있다. 그렇지만 시간이 지남에 따라 다양한 이유로 인해 분리되는 구성원 간의 사회적 계급의 차이는 공동체의 연대를 해치는 계기가 되었다.

4. 미디어 매개를 통한 공간의 확장

첨단 미디어와 교통 통신이 발하기 이전에는 국가 간의 경계와 물리적인 거리는 이주에 적합한 환경을 제공하지 않았고, 불가피하게 본국을 떠난 이주민들에게도 소통의 장애나 제한사항으로 작동했다. 최근의 초국적 이주화에서 두드러진 현상은 초국적 사회관계에서 연락의 빈도나 연결성의 강도가 점차 높아지고 있다는 점이다.

현재 최첨단 미디어 기술과 교통 및 통신의 발달로 국가간 거리감은 약화되고 있으며. 이에 따라 정서적인 거리는 더욱 가까워지고 있는 경향을 보인다. 과거의 국제사회 공간이 물리적인 '모국'과 '타국'으로 정의되었다면, 현재의 국제사회 공간은 물리적 제약에서 벗어나 국가 간 경계를 넘나들며 형성되는 '초국적인 사회적 공간'으로 가시화되고 있다(박광성, 2010: 358). 이와 같은 '초국적인 사회적 공간'은 인터넷과 SNS(Social Network Service)에 의해 '모국'과 '정주국'을 넘나드는 일상적이고 잦은 접촉으로 더 확장된 초국적 관계망을 구축한다.

본 연구에서는 결혼이주여성들이 미디어를 매개로 구성한 초국적 관계망 속에서 그들에게 생존과 생활을 위한 정보가 일상적으로 교환되고, 소통과 참여를 통해 초국적 공론장이 형성된다는 점에 주목한다. 그들이 민족성을 강화하거나 정주국인 한국에 적합한 모국의 정체성이 창조되는 등 다양한 방식으로 타자성을 탈피한 주체화가 진행되고 있음을 알 수 있었다.

1) 초국적 소통의 자유로움

최근의 이주 현상은 교통 및 통신 기술의 발달로 이주자가 이주국에서 모국과 긴밀한 연계를 맺기가 수월해졌다. 다시 말해, 기존의 이주 현상에서 나타난 이동과 정착의 분리가 아닌 이들 간의 경계가 모호해졌다. 과거에 이주라는 행위는 모국과의 영구적인 단절을 의미했다. 현재는 이주가 모국과 끊임없는 연관을 만들어 내며 정서적으로 지속가능한 연결이 가능하다.

이것은 통신수단의 가상적 이동성(virtual mobility)에서 비롯한 것으로, 모국과 미디어로 연결된 주체로서의 이주민의 개념을 만들어 냈다. 결혼이주여성은 그들이 여전히 '모국에 존재하는 느낌'을 경험할 수 있다. 특히 모바일 미디어를 사용하는 결혼이주여성들은 "공간적 구속에서 벗어난 자유로움"(이재현, 2013: 81), 즉 미디어를 수단으로 모국과 정주국 사이의 물리적인 시공간적 구속으로부터 자유로움을 느낀다. 뿐만 아니라 미디어를 활용함으로써 그들은 한국이라는 새로운 사회에 정착하면서 동시에 모국의 친지들과 지속적으로 정서적 유대 관계를 유지할 수 있는 것이다.

> "가까운 그냥 어쩔 때는 오늘 저녁에 메뉴 뭐 먹었어… 찍어서 올렸어요. 그냥 다 같이 있는 것 같아요. 근데 그거 보면 덜 보고 싶어져요. 그냥 내가 오늘 뭐 집 정리했어, 집 사진도 찍고, 오늘 공원 갔어 사진도 찍었고, 그래서 바로 올리고 댓글도 달고 그래서 주고받고 그냥 같이 사는 것과 같이 느껴요." (연구참여자 D-04)

결혼이주여성들은 모국에 대한 그리움을 충족시키기 위해 SNS 프로그램을 적극적으로 활용하여 모국과의 일상적인 대화를 나눈다. 연구참여자 D-04의 경우에서 볼 수 있듯이 미디어를 통한 일상에서 일어나는 사건과 상황들을 공유한다. 그녀의 대화는 "같이 사는 것과 같이" 느껴지는 만큼 모국과의 정서적인 거리를 단축시킨다. 미디어가 매개하는 공간은 모국과 정주국인 한국 사이에서 결혼이주여성들이 스스로의 삶을 재현하고 원하는 방식으로 표현할 수 있도록 한다.

결혼이주여성들은 이주 초기에 한국 생활에 성공적으로 적응하고 안정적으로 정착하는데 미디어 활용 능력이 중요한 역할을 한다. 비교적 어린 나이에 국제결혼을 통해 한국으로 이주해 온 여성들은 모국에 있는 부모님에게 자신이 잘 생활하고 있다는 것을 보여주고 싶어 한다. 이 때 미디어는 이주여성들이 한국의 사적 공간을 모국과 공유할 수 있도록 해 준다. 그럼으로써 모국과 부모님에 대한 그리움의 욕구를 충족시킨다.

> "요즘에는 화상채팅이 잘 되어 있잖아요. 카메라 앱으로 그래서 그것을 늘상 켜 놓고 있어요. (중략) 남편이 설거지 하는 것도 보여주고 그러

면서 부모님한테 내가 이렇게 잘 살고 있으니까 안심해라 라는 것을 보여주는 거고." (연구참여자 D-04)

이러한 미디어를 통한 매개 공간은 결혼이주여성들이 몸은 정주국인 한국에 있지만 마음은 자신이 자라고 성장한 모국과 부모님 곁에 함께 한다는 생각을 갖게 한다. 그래서 모국에 있는 친지들로부터 한국에서의 안정적인 삶을 확인받고 스스로 자족감을 갖는다. 이와 같은 인정 행위는 이주의 연쇄의 바탕이 되어 또 다른 모국의 여성의 결혼이주 혹은 친지들의 이주를 자극하는 촉매가 되기도 한다.

"음… 요샌 친구랑 얘기하는 것도 스마트폰 있어서 중국 친구나 한국 친구나 많이 그냥 얘기하고 싶을 때마다 얘기할 수 있어서 좀 많이 편해요." (연구참여자 D-02)

연구참여자 D-02는 한국에 이주해 들어 온 모국의 친구들은 물론 모국에 있는 부모님과도 수시로 미디어 기기를 통한 대화를 한다. 소셜 미디어를 통해서 언제 어디서든 시공간의 제약을 받지 않고 편하게 안부를 묻거나 하고 싶은 이야기를 전달한다.

임희경 외(2012)에 의하면 스마트폰을 이용하는 결혼이주여성들은 '저렴한 비용으로 실시간 소통을 할 수 있다는 점'과 '국경에 상관없이 가입자 간의 사용이 가능한 점' 등으로 스마트폰 어플리케이션을 사용하고 있다고 한다. 과거에 사용했던 '선불카드'는 '인터넷 전화', '○○메신저', '국제전화 어플리케이션'으로 대체되었다. 뿐만 아니라 미디어 기기의 충전이나 사용하는 방식도 비교적 간소화되어 있어 많은 이주민들이 즐겨 사용하고 있다.

기존의 연구들에서는 과반 수가 넘는 결혼이주여성들이 소셜 미디어 이용경험이 없거나 활용도가 미약하며, 과다한 정보를 입력해야 하는 점 등으로 소셜 미디어 이용이 불편하다고 밝히고 있다(김미경 외, 2009; 임희경 외, 2012 등). 그러나 본 연구는 기존 연구에 비해 최근의 조사 결과이며 참여한 결혼이주여성들이 도시에 거주한다는 이유로 모두 스마트폰을 자유롭게 사용하고 있었다. 또한 그녀들은 다문화가족지원센터 등에서 만날 수 있는 지인들과의 정보 교류를 통해 적절한 어플리케이션도 보다 적극적으로 활용할 수 있게 됐다고 응답했다. 이처럼 결혼이주여성들은 미디어 매개를 통해 다양한 방식으로 모국에 접근하고, 모국과의 거리를 좁히고 있음을 알 수 있다.

2) 모바일 미디어로 '나만의 공간' 확보

결혼이주여성들에게 모바일 미디어는 자기 주체와 또 다른 주체와 연결하는 도구이며 외부 세계로 통하는 하나의 '문'과 같다. 모바일(mobile)이라는 개념은 '움직일 수 있는' '이동성'을 통칭하는 미디어의 속성이다. 이 모바일 미디어로 인해 결혼이주여성들은 가정이라는 제한된 공간에서 벗어나 용이하게 외부 세계로 나갈 수 있게 되었다. 이로 인해 모바일 미디어는 결혼이주여성들에게 제한된 가정 영역을 벗어난다는 즐거움을 기대하게 한다.

Spiegel(2001)은 텔레비전이 고정형 기기에서 휴대용 텔레비전으로 이동성을 갖게 되면서 가정이라는 사적 공간을 벗어나 집 밖으로 나갈 수 있는 새로운 '문화적 판타지 형식'을 제공하게 되었다고 한다. 전통적인 고정형 텔레비전이 오락 수단으로써 외부 세계를 보여주는 창이었다면, 휴대용 텔레비전은 제한된 가정 영역을 벗어난다는 즐거움(pleasure)을 만드는 미디어인 것이다.

결혼이주여성들에도 모바일 미디어는 가정이라는 공간적 구속으로부터 해방될 수 있는 열쇠가 된다. 기존의 고정형 데스크 탑 PC는 가정이라는 제한된 공간에서만 모국의 친지들과 연락을 주고받도록 했다. 그렇지만 모바일 미디어는 이들이 언제 어디서든 원하는 공간에서 연락을 주고받을 수 있도록 시공간의 자유를 확장시켰다. 결혼이주여성들은 모바일 미디어를 통해서 공간의 제한을 받지 않고 모국에 접속할 수 있게 되었으며, 이를 통해 그들은 '가정'이라는 공유공간을 벗어나 '자신만의 공간'을 확보하고 있었다.

> "(중략) 옛날엔 집에서만 채팅하고 지금은 외박 나가도 엄마 들어오면 그냥 채팅하자 그러면 바로 할 수 있어서 편한 것 같아요. (중략) 옛날에 스마트폰 없을 때는 되게 부모님이 가까운 느낌이 없었어요. 전화해야지 목소리 들을 수 있잖아요. 근데 지금 스마트폰 있어서 더 안심하고 더 가족이 더 가깝게 있는 느낌이 있어서 더 안심이 하고 더 그립지 않고" (연구참여자 D-01)

연구참여자 D-01에 의하면 스마트폰이 없었던 과거에는 '집'이라는 공간에서만 모국과의 연결을 시도할 수 있었고, 그것은 또한 모국에 있는 부모님 역시 '집'이라는 공간에서 동시간대에 대기하고 있어야만 가능한 것이었다. 하지만 스마트폰을 구입해 베트남에 있는 부모님에게 전달했고, 지금은 전화뿐만이 아니라 문자 메시지를 통해서도 모국의 친지와 일상적으로 대화할 수 있게 되었다. 최근에는 메신저 앱을 설치해 무료로 일상적 대화를 나눈다고 한다.

이는 모바일 미디어를 통해 고정된 물리적 공간의 한계를 넘어 모국의 공간을 가상적으로 전유한 형태라고 볼 수 있다.* 이처럼 결혼이주여성들은 첨단 미디어 기기를 적극적으로 활용하여 가상적으로 전유된 모국의 공간과 자신이 거주하고 있는 한국의 공간 사이에 위치해 초국적 관계망을 지속하고 있었다.

> "이거 당연히 생명이에요. 생명이라고 생각해요. 자기 좋아하는 친구들이랑 수다 떨기 밴드 가입해서 뭐 공유하는 거 언제 어디서나 중국 친척언니들이 연락할 수 있는 중요한 도구에요. (중략) 보통 있는 기능 카카오스토리 그리고 음악듣기(중국음악) 그리고 제2의 선생님이라고, 또 친구라고도 생각해요." (연구참여자 D-03)

연구참여자 D-03은 스마트폰을 '선생님'이나 '친구'라고 부른다. 그 이유는 스마트폰을 통해 해결할 수 있는 것이 많기 때문이다. 결혼이주여성들은 한국 사회에서 여러 가지로 제약받을 수밖에 없는 소통의 한계를 모바일 미디어를 통해 해소하고 있다. 또한 모바일 미디어는 공적 공간의

* 모바일 미디어는 결혼이주여성들에게 집 밖에서 사적인 삶을 가능케 해주는, 일상적으로 모국과의 연결을 지속하게 해주는 중요한 도구이다. 이러한 현상은 Spiegel(2001: 391-392)의 용어를 빌려 "사적화된 이동성(privatized mobility)"의 개념으로 설명할 수 있는데, 모바일 미디어가 결혼이주여성들의 '집'에서만 이루어지던 모국과의 연결 경험을 '집' 밖의 외부 세계로 이끌어 줄 수 있다는 것을 의미한다.

경계를 넘나들며 결혼이주여성들의 사적 공간을 확장시켜 주는 역할을 한다.

연구참여자 D-03은 집에서든 회사에서든 스마트폰을 이용해 중국에 사는 친척 언니들과 연락하고 대화할 수 있음을 기쁘게 생각했다. 그래서 스마트폰으로 소통하는 공간은 모두 자신만을 위한 공간으로 느껴진다고 했다. 이처럼 모바일 미디어는 남에게 보이지 않도록 커튼을 치듯 '가상적으로' 공적 공간을 분할해 타인과 차단되는 자신만의 공간을 구축한다(Ling, 1999; 이재현, 2013: 27 재인용). 그럼으로써 공적 공간을 미디어 기기를 통해 사유화하여 결혼이주여성들에게 '자신만의 공간'을 형성하게 해주고, 방해받지 않는 일상적인 초국적 대화의 공간을 제공하고 있다.

3) 생존과 생활을 위한 정보습득의 수단

기존의 결혼이주여성에 관한 연구는 그녀들이 인터넷 등 미디어 활용에 대해 소극적이란 견해를 보인다. 그러나 앞선 절에서 밝힌 바와 같이 이 연구의 연구참여자들이 비교적 도시 생활을 배경으로 해서 자신의 생존과 생활을 위한 미디어 조작을 능숙하게 한다. 최근 들어 우리 사회는 인터넷 미디어를 통한 정보수집 및 소통을 통해 삶의 질을 높이거나 다양한 기회의 선점을 추구한다. 연구참여자 D-02와 같이 본 연구에 참여한 대부분의 결혼이주여성들 역시 다양한 정보를 수집하고 활용하기 위해 적극적으로 인터넷을 사용하고 있었다.

"그리고 GPS도 이용하고, 어 인터넷은 무슨 일 있으면 원하는 일이 있으며 바로 인터넷에서 찾을 수 있어서요. (중략) 그리고 여러 가지 예를 들면 우리 아들 코피 났어요. 얘기 왜 코피 나는지 뭐 스마트폰 가지고 바로 찾아서 이거 어떻게 해야 되는지 다 알려주고… 빠르고 정확하고…" (연구참여자 D-02)

많은 결혼이주여성들은 결혼하기 이전에 한류를 통해 어느 정도 한국 문화에 대한 배경지식을 가지고 있다. 그러나 결혼 후 한국으로 이주하여 실제 생활을 하는 도중에 음식과 주거양식의 차이, 남편과의 불평등한 관계, 의사소통의 문제 등으로 어려움을 겪게 된다. 이 어려움을 그녀들은 인터넷 검색을 통해 해소한다.

연구참여자 D-02는 처음 한국에 이주해 왔을 때 한국 생활에서 발생하는 모든 문제를 시댁 가족들이나 교회 지인들에게만 도움을 요청해야 했다. 그러나 지금은 인터넷에 유용한 정보가 많고 모국어로 표기된 정보를 활용할 수 있어 편리하게 이용하고 있다고 했다. 기존 연구들에서는 인터넷에 많은 정보가 있지만 많은 부분이 한국어로 제공되고 있어 결혼이주여성들이 활용하기에 부적절하다는 의견이 많았다. 그렇지만 한국 정부의 이주민 정책의 진보로 점차 이주민들의 언어로 제공되는 정보가 많아지고 있다. 또한 인터넷을 활용하는 이주민들이 증가하면서 그들의 언어로 제공되는 정보의 양이 점진적으로 증가하고 있다. 그 때문에 결혼이주여성들이 적극적으로 인터넷을 활용할 수 있는 환경이 조성되고 있으며 다문화가족지원센터 등에서는 인터넷을 통한 생활 정보 검색 등의 정보활용 교육을 하는 곳도 많다.

"음 만약에 일자리 찾으면 알바천국이나 워크넷, 또 만약에 길이 어디 가든지 서울이라든지 찾으려면 지도하고, 이런 거 길이 만약에 인천에서 서울 어떻게 가냐고, 그러면 거기 찾아가서 가는 거예요. 버스 어디서 타고. 몇 번 타는지, 이런 거." (연구참여자 D-09)

연구참여자 D-09의 경우에도 새로운 일자리를 찾거나 혹은 친구들과의 만남을 위한 장소를 검색할 때 인터넷을 활용한다. 결혼이주여성들은 대부분 일자리를 찾을 때 인터넷 검색을 통해서 혹은 주로 아는 사람의 소개를 통해서 이루어진다. 그런데 지인의 소개라는 것은 대부분 SNS를 통해 직접 찾거나 혹은 전달받은 정보에 근거하고 있다. 특히 상대적으로 안정적인 다문화가족지원센터 통역사, 방문지도사, 의료코디네이터, 산후조리사 등의 결혼이주여성들의 일자리는 페이스북, 밴드 등을 통해 사적으로 공유되는 정보 공간을 활용하고 있는 것으로 보인다. 특히 직업을 가지고 있는 결혼이주여성들에게 컴퓨터를 활용하여 친구들과 소통하고 생활정보를 검색하는 것은 일상적이다.

4) 한국에서 자신의 모국 보여주기

미디어를 통해 매개되는 초국적 공간에서 결혼이주여성들은 자신의 모국을 드러내고 표현하고자 한다. 이런 사실은 그녀들이 한국으로 이주하여 겪을 수 있는 정체성의 변화를 미디어를 통해 발현하는 것으로 정체성 협상의 한 가지 모습이다. 특히 자신의 모국 문화를 적절하게 표현할 수 있는 능력은 결혼이주여성들의 문화적 자본으로서 활용된다. 이를 테면 '전통춤 자조모임'이 대표적인 예라고 볼 수 있다.

결혼이주여성들은 모국의 전통 춤을 연습하고, 다양한 행사에 초청되어 공연을 하면서 모국의 정체성에 대해 새롭게 인식하게 되었다고 이야기했다. 특히 공연하는 과정을 유튜브(YouTube)로 올린 후, 이를 통해 이웃들에게 모국의 전통춤 영상을 공유한다. 이 과정은 자신의 모국에 대해 자부심도 갖게 하고 모국을 더 깊이 성찰하는 계기가 되었다. 한국에서 모국을 표현한다는 것은 결혼이주여성들에게 한국인들에게 모국을 인정받기 위한 것일 수 있다. 또한 그녀들은 좀 더 모국적인 것을 찾고자 노력하며 모국의 개성 있는 문화의 전달자를 자처한다. 또한 모국의 이미지를 새롭게 창조하는 모임을 구성하기도 한다. 사실 이들이 공연하는 모국의 전통춤은 모국에서 유래된 것이지만, 모국을 창의적으로 표현하기 위해 이들 스스로 새롭게 창조한 것이다.

> "베트남 교민회 베트남 분만 모여서 이제 베트남 춤 연습하고, (중략) 춤 좋아하는 사람 모이는 거예요. 좋아해야 할 수 있어요. 왜냐하면 연습할 때도 계속 힘들거든요. (중략) 베트남 사이트에 춤 동영상 올려서 친구들끼리만 봐요. 제가 많이 올렸어요." (연구참여자 D-04)

연구참여자 D-04는 베트남 전통춤을 친구들과 만나 수시로 연습하고 또 행사 때마다 함께 공연을 하면서 그 영상을 인터넷 사이트에 올려 공유한다. 그녀가 '베트남 사이트'라고 표현한 공간은 유튜브에 베트남어로 올린 동영상을 의미한다. 물론 이영상은 모든 사람들이 볼 수 있지만 베트남어로 설명이 되어 있어 베트남어를 아는 즉 베트남 출신 이주민들이 함께 공유하며 서로의 민족정체성을 확립해 나가기도 한다.

또한 연구참여자 D-04에 의하면 모국의 전통춤을 연습하면서 '더욱 베트남처럼 보이는 춤'을 찾게 되고, 더욱 베트남의 정서를 담고 있는 아름다운 춤 동작을 연구하고 연습하게 된다고 한다. 이처럼 모국의 전통춤을 연습하는 것은 결혼이주여성 스스로가 모국을 표현하고 모국의 이미지를 자신에게 투영하는 것으로 이해할 수 있다.

> "네. 네 거기(핸드폰 유튜브 동영상) 들어가면 베트남 춤이 이렇게 치면 얘가 나오거든요. 거기 보면 들어가면 돼요. 베트남 춤 말고도 다른 게 들어있는 것도 많은데요. (중략) 다른 사람한테 우리나라 이런 것도 있구나. 만약 하면 좋죠. 저도 자부심 느끼고…" (연구참여자 D-09)

연구참여자 D-09는 자신이 공연한 베트남 전통춤이 미디어를 통해 사회적으로 공유되는 것에 자부심을 느끼고 있었다. 그녀는 인천 남동구 H센터에서 베트남 자조모임으로서 베트남 전통춤 팀을 조직할 정도로 적극적이었다. 그녀는 베트남 전통춤 모임을 통해 스스로 베트남인이라는 것을 자랑스럽게 생각하게 됐고, 더 많은 사람들에게 보여주고 자랑하고 싶다고 이야기했다. 이처럼 자신의 모국 전통춤을 연습하고 공연하는 것은 결혼이주여성들이 모국 문화를 유지하는 것에 긍정적으로 영향을 미치며, 이들 공동체의 연대감을 강화시키는 것으로 판단된다.

5) 초국적 공론장의 주체되기

결혼이주여성들에게 미디어는 정주민의 일상에서 활용하는 미디어 활용 실태와 별반 다름없다. 그녀들은 미디어로 매개된 공간을 통해 자신의 의견을 적극적으로 표현하고 자신의 출신국 사람은 물론 한국에서 사귄 다른 사람들과 공감대를 형성하고 있었다. 온라인 공간에서 만들어지고 유통되는 다양한 콘텐츠에 능동적으로 관여하고 또 자신의 이해를 위해 활용하면서 이들은 보다 적극적인 삶의 주체로서 자신의 정체성을 형성하고 있었다.

> "중국하고 베트남하고 약간 그런 문제(남중국해 영해분쟁)가 생기면 페이스북에서 얘기하고, 만나서도 얘기해요. (중략) 한국 뉴스도 봐요." (연구참여자 D-05)

연구참여자 D-05는 하루 일상의 특정한 시간을 SNS에 접속하여 타인들과 정보 교류도 하고 올라 온 포스팅을 통해 지식을 축적한다. 아울러 사회적 관심사에 대해 자신의 의견을 개진하기도 한다. 한 때 남중국해 해역에서 베트남과 중국 사이의 영해분쟁으로 긴장 관계가 조성되고 이에 따른 SNS의 댓글 토론에도 적극적으로 참여했다고 한다. 이는 자기 스스로가 모국에 있을 때 보다 이민 이후 모국에 대한 사랑과 관심이 향상되었고, 자신이 비록 이민을 통해 본국과 떨어져 있지만 스스로가 자신의 모국에 대한 국가정체성이 확고하게 자리잡히고 있다고 이야기했다. 물론 개인의 차이는 존재하겠지만 대부분의 이주여성들은 비록 몸은 이주국인 한국에 있고 자신의 가정을 한국에 꾸리고 있지만 출신국에 대한 관심은 물론 출신국과 이주국인 한국 사이의 관계에도 예민하게 반응하는 것을 알 수 있었다.

2010년 이전의 기존 연구들은 결혼이주여성들이 사회적 문제보다는 가정적이고 사적인 문제에 더 많은 관심을 기울인다고 보았다. 그렇지만 이주여성들은 SNS가 형성하는 초국적 관계망을 적극적으로 활용하기 시작하였고, 이전 보다 더욱 사회적 문제에 관심을 가지고 있으며 경우에 따라 자신의 의견을 피력하면서 참여하는 하는 모습도 보였다. 연구자는 이들 결혼이주여성들은 일상에서 SNS를 모국과 이어주는 매개 공간으로 활용할 뿐만 아니라 자신의 모국과 이주국과의 관계에 대한 관심과 참여의 공간으로 간주하고 있는 것으로 판단한다. 이들은 직접 대면과 소통의 부담이 없는 SNS를 통해 그들 나름의 정체성을 협상하고 있다고 본다.

연구참여자 D-05는 자기 스스로가 '베트남인이기 때문에' 자신의 모국인 베트남과 관련한 소식에 관심을 가질 수밖에 없다 하면서 베트남 관련 포스팅 글에 '좋아요'를 누른다고 한다. 페이스북에서 '좋아요'를 누른다는 것은 유저라고 하는 사용자의 관심사를 표현하는 행위이며, 동시에 자신에게 연결되어 있는 모든 친구들에게 그 소식을 공유하기를 바라는 마음이 있다는 것으로 이해할 수 있다. 이렇게 페이스북 참여활동을 통해 이주여성들은 자신의 생각과 소신을 적극적으로 분출하고 있으며 이는 페이스북이 정체성 협상의 장으로 기능하고 있음을 시사하는 것이다.

> "알로리(알로에로) 만드는 화장품 있어요. 처음에는 잘 팔리지 못해요. 한국에서 잘 파리지 못해 어떤 사람은 중국 사이트 올라가서 이 제품 어떻게 좋다고 해서 대박 나고 있어요. 잘 팔고 있어요. 중국 사람은 요즘 돈이 많은 사람 많아요. (중략) 요즘 뭐 인터넷 사이트 잘 이용하면 진짜

괜찮다고 생각해요." (연구참여자 D-02)

연구참여자 D-02는 인터넷을 통해 매개되는 온라인 공간에 대해 경제적 자본 즉 초기 투자자본이 부족한 사람들에게 경제활동의 다양한 대체 수단을 제공하는 기회의 공간이라고 설명했다. 그녀는 특히 초국적인 사회의 장에서 교환되는 자본의 속성을 잘 활용한다면 성공할 수 있는 가능성이 크다는 것을 알고 있으며 구체적인 아이템을 거론하기도 했다. 그녀는 한국에서 선호되지 않거나 잘 팔리지 않는 화장품을 중국 사이트에 올려서 성공한 사례를 예로 들었다. 특히 중국 출신의 결혼이주여성들이 위챗(WeChat, 웨이신)을 활용하여 자체적으로 활동하는 경우가 많은데, 한국에서 생산된 화장품이나 옷 등을 모국에 연결하는 미디어로 위챗과 같은 SNS를 이용한다는 것이다.

위챗은 우리나라의 카카오톡(Kakao Talk)과 같은 중국에서 사용되는 글로벌 모바일 인스턴트 메신저이다. 중국 출신 이주여성들은 대부분 카카오톡과 위챗 및 큐큐(QQ)를 병행하여 사용한다. 그녀들은 자신의 이해관계에 따라 적절하게 SNS를 활용하고 있었다.

연구참여자 D-02는 자신의 주변의 중국계 이주여성 친구들이 온라인을 통해 상품의 직접 구매 매개자로 활동하는 사람들이 꽤 있다고 전해주었다. 이는 예전에 성행하던 속칭 '봇짐장사'라는 한국과 중국 간 항로를 통해 오고가던 개인 무역 중개자가 이제는 인터넷 기반 온라인으로 바뀌고 있음을 알 수 있다. 여기에는 중국 출신 이주여성들의 기여가 크다고 할 수 있다.

5. 마무리

이번 장에서는 국제결혼을 하여 한국으로 이주한 결혼이주여성들이 다양한 초국적 사회의 장에서 발생하는 역동적인 상호작용을 고찰하고자 했다. 그녀들과 심층면담을 통해 이들이 초국적 유대 관계를 형성하는 과정과 그 속에서 어떻게 정체성을 협상하는지에 초점을 두었다. 특히 정체성 협상 경험이 그들 삶에 어떤 본질적인 의미를 가지는지, 그리고 그들을 둘러싼 세계에 어떤 영향을 주고받는지를 탐색하고자 질적연구를 수행하였다. 이를 위한 연구방법에 관한 내용은 이미 4장에 기술하였다.

연구 결과를 적절히 기술하기 위한 체계화 작업으로 크게 '초국적 이주민', '초국적 공동체', '초국적 관계망' 영역을 설정하고 각 영역별로 중심 의미를 구성하였다. 이 중심 의미, 즉 '경계에 선 이주여성의 딜레마', '이주여성의 협력과 갈등', '미디어 매개를 통한 공간의 확장'은 결혼이주여성들의 면담 내용을 전사한 자료로부터 유의미한 문장들의 결합을 통해 얻어낸 세부 의미들의 총합으로 구분한 것이다.

본 연구에서 나타난 결혼이주여성들의 경험은 기존의 많은 연구들에서 나타난 온정주의적 관점 혹은 동화주의적 관점을 뒤집을 수 있었다. 온정주의적 관점이란 이주여성들이 결핍되어 있고 부족하니까 이를 도와주어야 한다는 생각이고, 동화주의적 관점은 이들이 한국에 적응을 잘 할 수 있도록 배려라는 이름을 내걸고 '진짜 한국인 만들기'를 시도하는 것으로 이해할 수 있다. 이들 시각에서는 결혼이주여성들의 존재를 '타자화'하고 '객체화'해 왔다. 그러나 이번 장의 연구에서는 결혼이주여성들이 자신의 삶을 의미 있게 만들기 위해 노력하는 주체적 존재라는 점을 강조하고 있다. 본 연구의 결과를 정리하면 다음과 같다.

첫째, 결혼이주여성들은 초국적 이주민이라는 둘레에서 '초국적 가족'이라는 유대 관계를 만들어 내며, 그 속에서 초국적 젠더의 딜레마를 경험하고 있었다. 그들은 국제결혼이라는 생애 통과의례를 통해 '초국적 결혼'을 경험하였으며, 이를 통해 모국과 이주국이라는 복수의 로컬을 가로지르는 가족관계로서 '초국적 가족'을 형성한다. 이러한 관계는 결혼이주여성이 한국의 가족 안에서 '아내', '어머니', '며느리'의 역할을 수행하고, 모국의 가족에게는 한국으로 시집 잘 간 '딸'과 '누이' 등의 역할을 수행하도록 강요받는다.

그렇기 때문에 결혼이주여성은 초국적으로 구성된 두 개 단위의 가족으로부터 요구되는 각각의 역할들에 의해 책임을 전가 받게 되고, 경우에 따라 그 역할들이 서로 어긋나거나 부딪히는 순간에 심한 갈등을 경험하게 된다. 그녀들은 '초국적 딸'로서 '초국적 아내'로서 또한 '초국적 어머니'와 '초국적 며느리'로서 그들이 존재하고 관계를 유지해야 할 가족의 경계를 성찰하게 된다. 또한 이런 초국적 가족 맺기와 유지의 과정에서 갈등이 유발되고 고민이 생기는데 이는 이주여성들의 정체성 협상의 한 단면을 보여준다. 예컨대 송금의 문제가 가장 대표적인 것으로 한국에서의 가족을 부양하기 위해서는 저금을 해야 하지만, 모국의 부모님과 친지로부터의 '시집 잘 간'의 기대를 충족시키기 위해서는 송금 행위가 필요하다. 이러한 송금은 단순한 금전의 선물화가 아니라 금전이라는 것을 넘어 초국적 유대의 유지를 '사회적 송금'을 통해 실현한다.

결혼이주여성들은 송금과 저축 간 갈등의 순간에 초국적 가족의 관계 안에서 자신의 위치를 결정하고 상대로부터 인정받기 위해 다양한 전략을 구사한다. 모국 부모님의 초청이주는 경제적 부양 의무로서 송금을 대체하는 전략적인 행위 중의 하나라고 볼 수 있다. 초청이주의 본래 목적은 결혼이주여성의 자녀 양육을 돕는 것이지만, 초청 받는 대상들은 초청이주를 통해 한국에서 일자리를 찾고 경제적 소득을 창출하는 경우도 있다. 이처럼 초국적 이주여성들은 결혼을 통해 형성된 초국적 가족의 중심에 위치하여 자신에게 요구되는 다양한 역할들을 소화하고 그에 따라 정체성을 조정해야 하는 갈등을 느끼며 두 개의 로컬 사이에서 불완전한 협상을 지속하고 있음을 알 수 있었다.

둘째, 결혼이주여성은 '초국적 공동체'라는 유대 관계를 맺고 그 속에서 민족적 동질성을 공유하며 집단구성원 간의 협력과 갈등이 교차하는 이중적 감정의 모순을 경험하고 있었다. '이주'는 해당 이민자에게 자신이 지녔던 친숙한 문화, 사랑하는 가족과 친구 등을 벗어나게 하는 이동행위이다. 특히 결혼이주여성들은 결혼과 동시에 이주를 함으로써 그녀들이 지녔던 모국의 고유한 정체성의 기반이 사라지고 새로운 이민국의 문화와 시대의 분위기에 적응해야만 하는 이질적인 상태를 경험하게 된다. 이런 연유로 그들은 한국에서 '이방인'으로서 '타자'로서의 상황을 공유하고 함께 문제를 해결할 수 있는 사회적 연결망을 형성하게 된다. 그것은 '모국'이라는 동일 민족적 배경과 '결혼이주'라는 생애적 경험을 공유하게 된다. 이렇게 국제결혼을 통한 이주여성 들을 초국적 이주자라고 간주하며 이들 간 동질감을 공유하는 집단을 '초국적 공동체'라고 한다.

결혼이주여성들은 이러한 공동체 안에서 구성원 간에 정신적, 물질적 지원을 주고받는 상호소통과 상호부조의 관계망을 형성했다. 이들 공동체는 타지이자 앞으로 살아갈 이민국에서 경험해야 하는 다양한 어려움과 이방인으로서의 소외감을 위로하고 격려하는 안식처로서 기능을 한다. 또한 일상적으로 필요한 정보를 제공할 어떤 위기 상황에 적절한 도움을 받을 수 있는 친교 집단 이상의 의미를 가진다. 뿐만 아니라 이 공동체는 새로 이주해 오는 이주자들의 정착을 돕고 더 많은 이주를 촉진하는 선이주자 집단으로 기여한다. 아울러 이주민들의 안정적인 이주를 매개하는 교량의 역할을 수행하기도 한다. 그러나 이들 공동체 내에서 결혼이주여성들은 상황에 따라 혹은 이해 관계에 따라 서로를 견제하고 통제하기도 한다. 뿐만 아니라 이 공동체는 구성원들 간 행동을 제약하고 규제하는 관리자의 역할을 부여하고 있었다.

이를테면, 같은 모국으로부터 노동을 목적으로 한국에 이주한 남성 이주근로자들이 결혼이주여성들이 구성한 다문화 가정을 위협하는 위험 요소로 평가된다. 그래서 결혼이주여성들의 배우자인 한국인 남편들은 이들 남성 이주근로자들을 경계한다. 이런 경계는 같은 나라에서 온 결혼이주여성과 남성 이주근로자들이 서로 만날 수 없는 벽을 만들게 한다. 또한 공동체 구성원 간 자연스레 사회적 계급의 차이가 발생한다. 이에 따라 발생하는 여러 가지 오해는 같은 모국을 공유하고 있다는 동질성의 연대가 해체될 위기에 놓일 수 있다. 이처럼 결혼이주여성들은 그들이 관여하는 초국적 공동체의 협력과 갈등의 다양한 이해관계에 의해 모순적인 구조를 형성하며 공동체 내에서 자신의 위치와 역할을 조정하는 과정에서 자연스레 수반되는 정체성의 협상을 역동적으로 경험하고 있었다.

셋째, 결혼이주여성은 미디어가 매개하는 가상의 공간에서 '초국적 관계망'을 형성하고 있었다. 그녀들은 이 초국적 관계망 속에서 다양한 방식으로 타자성을 탈피하고 주체성을 발현하고자 하는 노력을 보이고 있었다. 인터넷 발명 이전의 국제사회의 공간이 물리적인 경계들을 지닌 각개의 국가들로 정의되었다면, 현재는 이주의 일상화로 인한 국경을 가로지르는 초국적인 사회저 공긴이 확상되기 시작했다. 이와 같은 초국적 공간은 인터넷과 SNS에 의해 물리적인 국경을 초월해서 실현되며, 일상적인 잦은 접촉으로 더 확장된 초국적 관계망을 구축하고 있다.

미디어를 매개로 하여 실현되는 초국적 관계망 속에서 결혼이주여성들은 자신이 원하는 방식으로 스스로의 삶을 재현하고, 필요한 정보를 교환하며, 초국적 공론장을 형성하는 등의 다양한 방식으로 능동적인 삶의 주체가 되고 있었다. 특히 결혼이주여성들은 미디어를 통해 매개되는 초국적 공간에서 자신의 모국을 드러내고 표현하는 정체성 발현의 공간으로 활용한다. 본 연구에 참여한 결혼이주여성들은 모국의 춤을 연습하고 다양한 행사에서 공연한 영상을 유튜브를 통해 공유하면서 자신의 모국에 대해 더 깊이 이해하고 성찰하는 계기를 만들고 있었다. 그들은 한국에서 자신의 출신국을 인정받기 위해 더욱 모국의 전통적인 것을 찾고 또 새롭게 모국의 이미지를 창출해내고자 노려하는 과정을 경험했다. 이처럼 결혼이주여성들은 미디어가 매개하는 초국적 관계망 속에서 자신의 본래 정체성을 고민하고 또 정주국에서 보여주고자 하는 새로운 정체성을 재구성하고 있음을 알 수 있었다.

이와 같이 본 장에서는 초국적인 사회적 장에서 발생하는 결혼이주여성들과 타인과의 상호작용에 주목하고, 이 상호작용의 총체를 초국적 유대 관계라고 칭했다. 아울러 그들이 초국적 유대 관계 속에서 표현하는 개인 정체성의 다양한 모습들과 상황에 따라 재구성하여 변하는 자아의 역할과 의미를 정체성의 협상이라는 것으로 설명하고자 하였다. 이를 고프먼(Goffman, 1959)의 '연극적 자아' 개념을 토대로 살펴본다면, 결혼이주여성들은 초국적인 사회적 장이라는 국경을 가로지르는 공간에서 '공연자로서의 자아'와 '배역으로서의 자아'의 줄타기를 수행한다.

결혼이주여성들은 출신국과 이주국의 복수적 로컬로부터의 기회를 배가적으로 활용하고 극대화하기 위해 투쟁하는 능동적인 주체로서 설명될 수 있다. 공연자로서의 결혼이주여성은 한국으로의 이주 경험과 모국과 정주국을 연결하는 초국적인 사회적 장이라는 무대에서 겪는 다양한 감정들을 자신의 내면을 있는 그대로 보여주었다. 이들이 공연자로서의 자아를 표현하는 공간은 주로 이주국인 한국에서 만들어내는 상상의 고향으로서 초국적 공동체를 들 수 있다.

이 공동체에서는 혈연관계가 없지만 같은 모국에서 왔다는 이유로 친한 언니와 동생의 관계가 쉽게 형성된다. 또 공연자로서 자아를 표현하는 공간은 인터넷 기반 미디어를 매개로 한 초국적 관계망에 있었다. 한편 배역으로서의 결혼이주여성은 초국적인 사회적 장이라는 무대 위에서 상호작용을 하는 타인들에게 좋은 이미지를 보이기 위해 효과적으로 자신을 표현하고 끊임없이 정체성을 협상하는 모습을 보였다. 이들이 자신의 이미지를 만들고 통제하는 방법은 두 가지로 구분하여 설명할 수 있다. 하나는 사회적 질서와 규칙에 부합하는 도덕적 이미지를 드러내고자 하는 의례적 방식이고, 다른 하나는 자신의 긍정적인 이미를 형성하기 위해 적극적으로 드러내거나 위협의 상황에서 자신을 보호하고자 하는 자기 관리적 방식이었다(장현미, 2014).

결혼이주여성들이 모국으로 송금하는 것은 단지 금전의 교환 즉 한국에서 번 돈을 모국의 부모님이나 친지들에게 보내고 이들로부터 지지나 인정을 받는 행위 이상으로 볼 수 있다. 이를 사회적 송금이라고 했는데 단순한 금전적 거래가 아니라 송금 행위가 초국적 유대 관계의 매듭을 지어주는 중요한 행위이어서 사회적 의미를 지닌다. 결혼이주여성들이 정주국에서의 송금과 저금 사이에서 갈등하는 것은 돈을 벌기 위해 한국에 결혼이주를 선택한 것이 아니라는 것을 의미한다. 그래서 모국으로의 송금 행위를 포기하거나 자제하는 모습의 의례적 방식으로 자신의 이미지를 관리했다. 또한 그들은 자신에게 도움이 되는 긍정적인 이미지를 만들기 위해 모국의 정체성을 탐구하고 더 아름답게 재창조하는 모습을 보이기 위해 노력했으며, 남성 이주근로자들과의 불필요한 오해를 피하기 위해 서로 만날 수 없는 정서적 벽을 만들거나 견제하고 감시하는 분위기를 조성하기도 했다.

참고문헌

갈라노바 딜노자(2019). 재한 우즈베키스탄 유학생들의 상호문화 소통 역량에 관한 연구. 인하대학교 대학원 박사학위논문.

갈라노바 딜노자 · 박미숙 · 김영순(2016). 우즈베키스탄계 고려인 결혼이주여성의 자녀 이중언어교육 방식에 대한 사례연구. 교육문화연구, 22(2), 317-342.

강란숙(2017). PWIM 활용 기반 어휘 교수-학습 방법의 효용성 연구: 한국어 입문기 중국인 결혼이주여성들을 대상으로. 다문화교육연구, 10(2), 65-87.

강미옥 · 이정애 · 최은경(2019). 베트남 결혼이주여성의 정체성, 자본, 이데올로기. 다문화와 평화, 13(2), 107-125.

강성영(2015). 본회퍼의 교회론: 십자가 아래 있는 타자를 위한 교회. 기독교사상, 5, 10-17.

강용수(2009). 문화담론과 연대성. 사회이론, 35, 107-134.

강현자 · 김선정(2012). 언어, 교육: 여성 결혼이민자의 구어 자유 담화 분석: 사회언어학적 능력을 중심으로. 비교문화연구, 26, 509-533.

고기숙 · 정미경(2012). 결혼이주여성의 가정 폭력 대처과정에 관한 근거이론 접근. 한국콘텐츠학회논문지, 12(10), 254-279.

고미영 · 하경희 · 박정임(2009). 정신장애인 사회복귀시설에서의 임파워먼트 실천경험에 대한 질적사례연구. 정신보건과 사회사업, 31, 63-99.

고진강 · 고선강(2009). 여성 결혼이민자의 의료서비스 이용 경험. 한국간호교육학회지, 15(1), 89-99.

공수연 · 양성은(2014). 결혼이주여성을 위한 이중언어 강사 교육프로그램 개발. 한국생활과학회지, 24(2), 171-184.

곽혜란 · 장유진(2012). 다문화 이주여성의 원예 활동 프로그램이 직업관 및 진로성숙도에 미치는 영향. 인간식물환경학회지, 15(5), 325-336.

______(2013). 다문화 이주여성 고용에 대한 원예산업 고용주의 인식 및 태도. 인간식물환경학회지, 16(2), 95-101.

구본규(2013). 다문화주의와 초국적 이주민: 안산 원곡동 이주민 집주지역의 사례. 비교문화연구, 19(2), 5-51.

구지은(2007). 국제결혼 이주여성을 위한 한국어교재 개발 방안: 부산 · 경남지역 중심으로. 한국어문화교육, 1(1), 145-170.

구현정 · 전영옥(2017). 의사소통의기법. 서울: 박이정.

구효진 · 김량희 · 나경화(2010). 일반유아 어머니들의 결혼이주여성 및 다문화가정 자녀들에 대한 인식 측정도구 개발. 아동과 권리, 14(4), 465-486.

국무조정실 · 국무총리비서실 보도자료(2018.02.12.). 외국인정책위원회 및 다문화가족정책위원회 연석회의.

국제이주기구 한국대표부 홈페이지 http://iom.or.kr (검색날짜 : 2014년 7월 10일)

권구영(2012). 국제결혼 이주여성의 주관적 삶의 질에 영향을 미치는 생태체계요인: 사회통합의 매개 효과를 중심으로. 인문사회과학연구, 35, 101-137.

권도경 · 이지영(2010). 여성 결혼이민자의 삶의 질 향상을 위한 연구. 한국행정논집, 22(3), 749-772.

권명희(2011). 결혼이주여성의 문화적응 스트레스가 심리적 안녕감에 미치는 영향: 심리사회적 자원의 매개 효과와 조절 효과를 중심으로. 한국비교정부학보, 15(1), 275-302.

권복순 · 임보름(2011). 결혼이주여성의 인권과 발달권 증진을 위한 담론. 인문과학연구, 16, 1-24.

권종화(2004). 한국 내 필리핀 이주자 공동체의 형성과 의미. 연세대학교 대학원 석사학위 논문.

권태연(2018). 결혼이주여성의 생활만족도에 관한 연구: 생태 체계적 관점에서. 한국산학기술학회논문지, 19(1), 239-250.

그레이스정 · 임지영(2011). 결혼이주여성과 한국인 여성의 결혼만족도 비교연구. Family and Environment Research, 49(5), 33-48.

금혜성 · 임지혜(2010). 독일 · 영국 · 한국의 다문화 사회로의 이행과정 국제비교: 외국인의 정치참여를 위한 제도와 정책적 배경을 중심으로. 다문화 사회연구, 3(2), 33-70.

기준성(2018). 결혼이민자 대상 한국어교재의 부부간 담화 속 성차별적 요소 분석:「결혼이민자와 함께하는 한국어」를 중심으로. 한국언어문화학, 15(3), 27-47.

김경옥(2014). 유아기 자녀를 둔 결혼이민자 가정 어머니의 부모교육 요구에 관한 연구. 한국유아교육연구, 16(1), 175-205.

김경원 · 백성희 · 정금희(2014). 이주여성의 임신적응증진을 위한 다국어 교육자료 개발과 평가.

여성건강간호학회지, 20(4), 235-245.

김경주(2010). 이주의 여성화와 국제결혼 이주여성 정책 방향. 한국자치행정학보, 24(2), 135-156.

김경학 · 윤밀알(2017). 국내 네팔 결혼이주여성의 본국 가족에 대한 초국적 돌봄 연구. 한국지역지리학회지, 23(3), 514-528.

김경회(2009). 문학을 활용한 여성 결혼이민자를 위한 한국어 문화 교재 개발 연구. 외국어교육연구, 23(1), 1-26.

김경희 · 허영숙(2014). 결혼이주여성 통 · 번역사를 중심으로 본 한국의 에스닉(ethnic) 노동에 관한 연구. 아시아여성연구, 53(2), 75-110.

김기현(2010). 다문화가정 이주여성의 서비스기관 이용률에 관한 연구: 전남 고흥군에 거주한 이주여성을 중심으로. 교정복지연구, 18, 1-35.

김남진(2017). 결혼이민자의 제한적 복수국적에 대한 소고. 법이론실무연구, 5(2), 113-136.

김도헌(2016). 전환학습의 관점에서 바라본 결혼이주여성들의 이중언어 강사 양성과정 참여경험에 관한 사례연구. Andragogy Today: Interdisciplinary Journal of Adult & Continuing Education (IJACE), 19(1), 59-88.

김도희(2008). 결혼이민여성의 양육효능감에 관한 연구: 문화적응의 매개효과 중심으로. 이화여자대학교 대학원 박사학위 논문.

김도희 · 이경은(2010). 결혼이민 여성의 우울에 영향을 미치는 요인들의 경로연구. 한국가족복지학, 15(2), 5-25.

김두섭 · 이지원(2015). 거주지역의 민족구성 특성이 혼인이주여성의 삶 만족도에 미치는 영향. 가족과 문화, 27(2), 130-156.

김렬(2011). 결혼이주여성의 문화 접변에 대한 정책지원의 효과. 한국정책과학학회보, 15(4), 285-308.

김미경 · 안재현 · 박창희 · 정희경(2009). 국내 거주 외국인의 커뮤니케이션 격차에 대한 연구. 한국방송학보, 23(2), 102-140.

김미영(2017). 결혼이주여성의 삶의 질, 자기효능감, 생활만족도를 위한 가정생활 교육프로그램 개발. 한국복지실천학회지, 9(1), 79-103.

김미정 · 이명현 · 이경은(2013). 결혼이민자의 국적취득 경험에 관한 질적연구. 여성학논집, 30(1), 161-196.

김민정 · 유명기 · 이혜경 · 정기선(2006). 국제결혼 이주여성의 딜레마와 선택: 베트남과 필리핀 아내의 사례를 중심으로. 한국문화인류학, 39(1), 159-176.

김민지(2019). 국제결혼에 대한 국가 통제의 원인 고찰: 캄보디아 국제결혼이주에 대한 규제를 중심으로. 탈경계인문학, 12(1), 65-100.

김병숙 · 안윤정 · 송혜령(2010). 결혼이주여성의 직업적응 프로그램 개발 및 효과. 한국심리학회지:

여성, 15(2), 235-258.

김선정(2007). 결혼 이주여성을 위한 한국어 교육. 이중언어학, 33, 423-446.

______(2009). 설문조사를 통해 본 여성 결혼이민자 대상 한국어교재 개발의 방향. 언어과학연구, 49, 1-22.

______(2018). 결혼이민자 대상 한국어교육 프로그램 개선 방안: 프로그램 구성과 운영 방안을 중심으로. 언어와 문화, 14(4), 33-54.

김선희(2015). 베트남 결혼이주여성의 임신, 분만, 산욕기 건강관리 경험. 한국보건간호학회지, 29(2), 325-343.

김성수 · 이상경 · 안효자(2011). 자발화 표본 분석을 통한 필리핀 결혼 여성 이민자의 한국어 어휘, 구문 특성. 특수교육저널: 이론과 실천, 12(1), 69-88.

김세현 · 이혜수(2019). 결혼이주여성의 디지털 기기 사용과 한국사회 적응: 사회적 지지와 한국생활만족도의 매개효과를 중심으로. 정보사회와 미디어, 20(1), 19-43.

김소영 · 최소영(2010). 결혼이민여성의 자궁경부 세포진 검사 참여행위와 관련요인에 관한 연구. 여성건강간호학회지, 16(3), 255-265.

김숙현 · 김평희 · 박기순 외(2001). 한국인과 문화간 커뮤니케이션. 서울: 커뮤니케이션북스.

김순규 · 이주재(2010). 국제결혼 이주여성의 한국어 능력과 사회적 지지가 한국생활 적응에 미치는 영향. 한국가족복지학, 15(1), 5-20.

김순임 · 민춘기(2014). '상호문화 능력' 학습을 위한 교양 교과목 개발을 위하여. 교양교육연구, 8(5), 517-555.

김안나 · 최승아(2012). 결혼이주여성의 서비스 이용에 관한 영향요인 연구. 보건사회연구, 32(2), 295-334.

김영경(2015). 한국사회 이주민의 생활세계: 결혼이주여성의 사이버 공동체 사회자본에 관한 연구. 민족연구, 62, 4-26.

김영순 · 김선정 외(2020). 한국 다문화 사회의 교육과 복지 실천. 파주: 집문당.

김영순(2017). 다문화교육의 이론과 이론가들. 성남: 북코리아.

______(2018). 오래된 미래 만들기: 지속가능발전교육과 세계시민교육. 서울: 한국문화사.

김영순 · 오영훈 외(2016). 처음 만나는 다문화교육. 성남: 북코리아.

김영순 · 이미정 · 최승은(2013). 제주 지역 결혼이민여성의 다문화 정책 실태에 관한 연구. 탐라문화, 44, 239-271.

김영순 · 임지혜 · 정경희 · 박봉수(2014). 결혼이주여성의 초국적 유대관계에 나타난 정체성 협상의 커뮤니케이션. 커뮤니케이션 이론, 10(3), 36-96.

김영순 · 조영철 · 김정희 외(2019a). 다문화 생활세계와 사회통합 연구. 성남: 북코리아.

김영순 · 조영철 · 김정희 외(2019b). 중국계 이주민의 다문화 생활세계 연구. 성남: 북코리아.

김영순 · 최승은 · 황해영 외(2019c). 결혼이주여성의 주체적 삶에 관한 생애담 연구. 성남: 북코리아.

김영옥(2010). 인정투쟁 공간/장소로서의 결혼이주여성 다문화공동체: '아이다'마을을 중심으로. 한국여성철학, 14, 31-64.

______(2014). 결혼이주여성의 경험쓰기: 새로운 재현 방법으로서의 민족지적 이야기 생산. 여성학논집, 31(1), 117-143.

김영천(2014). 질적연구방법론 Ⅰ: Bricoleur, 2판. 파주: 아카데미프레스.

김영필(2013). 하버마스 의사소통행위이론의 상호문화주의적 함의. 철학논총, 71, 3-27.

김오남(2007). 농촌 지역 결혼이민 여성의 정신건강에 관한 연구. 한국가족복지학, 12(3), 47-73.

김우찬(2015). 결혼이주여성의 서비스 이용실태 및 가족관계에 관한 연구. 복지행정논총, 25(1), 49-75.

김윤영 · 조일동(2016). 결혼이주여성들의 문화 차이에 따른 의료경험: 경기도 안산시 원곡동 주민들의 사례를 중심으로. 다문화와 평화, 10(2), 69-94.

김은경(2010). 경남지역 여성 결혼이민자의 부부 상호작용이 결혼불안정성에 미치는 영향에 관한 연구. 한국가정관리학회지, 28(3), 1-12.

______(2012). 결혼이민자를 위한 한국문화 사전 편찬에 관한 요구 조사. 외국어로서의 한국어교육, 37, 65-96.

김은정(2019). 여성 결혼이민자의 공동체 참여경험 및 적응과정 연구. 인문사회 21, 10(2), 113-128.

김은희 · 노병일(2013). 결혼이민 여성의 아동 양육 관련 지역사회 지지가 자아존중감에 미치는 영향. 한국케어매니지먼트 연구, 8, 23-42.

김재은(2019). 결혼이주여성의 한국무용 참여와 문화변용. 한국무용학회지, 19(2), 75-85.

김정선(2006). 초국적 공동체 만들기, 한국남성과 결혼한 필리핀 여성들의 re-homing. 이화여자대학교 아시아여성학센터 학술대회자료집, 2006(7), 131-158.

______(2010). 아래로부터의 초국적 귀속의 정치학: 필리핀 결혼이주여성의 경험을 중심으로. 한국여성학, 26(2), 1-39.

김정현 · 이명희(2016). 다문화가정 결혼이주여성의 출신 국가에 따른 식생활행동 조사. 대한지역사회영양학회지, 21(1), 53-64.

김종숙 · 김현기 · 신효근(2014). 결혼이주여성과 그 자녀의 한국어 모음 음향학적 특성 비교: 일본 및 베트남 화자를 중심으로. 다문화의사소통, 3, 41-56.

김주연(2019). 자화상을 활용한 미술 집단상담이 결혼이주여성의 자아존중감과 효능감 향상에 미치는 효과. 교육문화연구, 25(5), 991-1005.

김지명 · 이희승 · 김민화(2012). 결혼이주여성의 식생활 적응 및 영양소 섭취실태. Journal of Nutrition and Health, 45(2), 159-169.

김지욱 · 전미경(2014). 가정교과를 적용한 결혼이주여성 대상 가정생활문화교육 프로그램 개발과 효과. 한국가정과교육학회지, 26(4), 51-73.

김지은 · 서선희 · 김지명(2011). 다문화 시각에서 접근한 다문화가정의 결혼이주여성을 위한 영양교육 방안: 결혼이주여성 및 영양교육 전문가를 대상으로 한 심층 인터뷰. Journal of Nutrition and Health, 44(4), 312-325.

김진 · 이종운 · 김영숙(2015). 결혼이주여성의 사회적 지지와 자기효능감이 임파워먼트에 미치는 영향. 사회과학연구, 41(2), 79-103.

김진욱(2007). 국제결혼 이주여성의 생활실태 분석: 홍성군의 베트남 출신 부인들올 중심으로. 한국인간관계학보, 12(1), 1-17.

김창근(2015). 상호문화주의의 원리와 과제: 다문화주의의 대체인가 보완인가?. 한국윤리학회, 103, 183-214.

김춘미 · 박명숙 · 김은만(2011). 여성 결혼이민자의 보건의료이용실태와 보건의료요구도 조사. 지역사회간호학회지, 22(3), 333-341.

김태량(2019). 결혼이주여성의 이혼 경험에 관한 질적 사례연구. 한국케어매니지먼트 연구, 30, 5-38.

김태원(2012). 다문화 사회의 통합을 위한 패러다임으로서의 유럽 상호문화주의에 대한 이론적 탐색. 유럽사회문화, 9, 179-213.

______(2014). 생애구술사를 통해 본 결혼이주여성의 가족갈등 경험 분석: 네팔 결혼이주여성의 사례를 중심으로. 인문과학연구, 21, 143-171.

김현미 · 한경수(2015). 결혼이주여성의 음식문화 적응 유형에 따른 한식 확산 단계 분석. 관광학연구, 39(10), 13-32.

김현숙 · 김희재(2016). 부산지역 여성결혼이민자의 적합 직종 개발에 관한 연구. 여성학연구, 26(1), 55-91.

김현숙 · 이진석(2019). 여성결혼이민자의 고용가능성에 관한 탐색적 연구. 인문사회 21, 10(4), 127-142.

김현실(2011). 결혼이주여성의 사회적 지지, 생활만족도가 우울에 미치는 영향: 대구, 경북 지역을 중심으로. 정신간호학회지, 20(2), 188-198.

김혜련(2009). 이주여성의 보건에 관련된 문제점 및 개선방안. 한국모자보건학회 학술대회 연제집, 2009(1), 59-75.

김혜선(2012). 초국가적 가족의 형성과 가족유대: 베트남 결혼이주여성을 중심으로. 이화여자대학교 대학원 박사학위논문.

______(2014). 글로벌 이주와 초국가적 가족유대. 파주: 한국학술정보.

김혜순 · 주은우(2006). 한국의 '다문화 사회' 담론과 결혼이주여성: 적응과 통합의 정책마련을 위한 기본 전제들. 한국사회학회 기타간행물, 2006, 47-78.

김혜원 · 김민화 · 김지명(2018). 동두천시 일부 결혼이주여성의 문화적응유형에 따른 식생활적응 및 식행동 분석. 디지털융복합연구, 16(4), 205-219.

나영이 · 홍용희(2016). 한국 내 베트남 결혼이민여성의 부모역할에 대한 인식과 실제. 유아교육연구, 36(2), 213-241.

난딩체첵 반츠락츠(2011). 한국 내 몽골결혼이주여성의 다원주의적 인정투쟁. 몽골학, 30, 1-36.

남순현(2010). 한국 다문화공동체 구현을 위한 문화적응 모형 탐색: 광주 · 전남지역 일본, 중국, 조선족, 베트남, 필리핀 여성결혼이민자들을 중심으로. 인간발달연구, 17(4), 19-51.

남지민(2012). 시민권의 관점에서 본 결혼이주여성 정책 방안 연구. 한국정치연구, 21(1), 255-278.

남혜경 · 이미정(2014). 자녀에게 모국어를 가르치는 결혼이주여성의 경험. 지역과문화, 1(2), 53-74.

남혜경 · 이미정(2016). 결혼이주여성들의 진로목표와 그 의미에 관한 연구. 예술인문사회 융합 멀티미디어 논문지, 6(10), 425-432.

노태구(2002). 민족주의와 국제정치. 서울: 백산서당.

문상정(2017). 결혼이주여성의 문화적응 스트레스와 우울, 가족 레질리언스의 관계: 문화관광경험은 스트레스 대처 효과가 있는가. 관광경영연구, 74, 21-50.

문석우(2010). 다문화가정의 한국어교육 및 한국문화적응 실태조사: 광주, 전라도지역의 러시아 및 CIS국가 출신 이주여성을 중심으로. 중소연구, 34(1), 233-265.

문순영(2007). 현행법(안)을 통해 본 국제결혼 여성이주민을 위한 사회적 지원체계에 대한 탐색적 연구. 여성연구, 1(72), 107-140.

민가영(2011). 결혼이주여성의 다문화정책 수용과정과 그 효과에 관한 연구. 사회과학연구, 22(1), 83-104.

민춘기(2015). 외국어교육에서의 문화학습에 대한 대학생들의 인식과 요구 평가. 한국연구재단 연구보고서.

박광성(2010). 초국적인 인구이동과 중국조선족의 글로벌 네트워크. 재외한인연구, 21, 357-374.

박기태 · 김두섭(2019). 차별 경험과 사회적 지지의 근원에 따른 혼인 이주여성의 정신 건강. 한국사회, 20(1), 93-122.

박미숙 · 김영순 · 이진영(2015). 결혼이주여성의 한국 국적 불취득에 관한 연구. 다문화와 평화, 9(2), 138-159.

박봉수 · 박덕유(2015). 결혼이주여성의 작문에 나타난 띄어쓰기 오류 실태 및 지도 방향. 교육문화연구, 21(3), 149-178.

박상훈 · 문상정(2012). 축제참여경험이 심리적 안녕감과 문화적 인식에 미치는 영향: 다문화 축제 참여 이주여성을 대상으로. 관광경영연구, 16(3), 121-140.

박세희(2016). 결혼 이민자 가정의 계승어 교육: M-GTA를 이용한 실패프로세스의 해석을 중심으로. 이중언어학, 62, 1-28.

박수정 · 윤채빈 · 김민규(2011). 도서지역 결혼이주여성의 여가 참여 실태에 관한 연구. 교육문화연구, 17(2), 113-147.

박순희(2011). 결혼이주여성의 사회적 지원이 결혼생활안정에 미치는 영향: 문화적응태도의 매개효과를 중심으로. 한국가족복지학, 16(1), 89-109.

박순희 · 이주희 · 안효자 · 조원탁(2010). 국제결혼이주가정 부모의 사회적 관계망이 아동의 심리사회적 적응에 미치는 영향. 한국지역사회복지학, 33, 185-217.

박아청(1998). 자기의 탐색. 서울: 교육과학사.

박연희(2014). 결혼이주여성의 가족건강성에 미치는 요인 연구. 한국복지실천학회지, 5(1), 87-110.

박영민(2015). 농촌지역 결혼이주여성들을 위한 정책의 효율적 추진 전략: 정보화마을사업 화상상봉서비스의 이용실태와 향후 추진방안을 중심으로. 다문화와 평화, 9(2), 30-58.

박은민 · 김성수 · 박순희(2011). 필리핀 결혼이주여성과 한국인 결혼여성의 자녀 양육 경험: 농촌을 중심으로. 인간발달연구, 18(4), 147-167.

박은정(2013). 여성 결혼이민자의 중간언어 연구: 필리핀어 모어 화자와 일본어 모어 화자를 중심으로. 언어와 문화, 9(1), 107-128.

박인옥 · 박응임 · 이은경(2019). 농촌지역 베트남 출신 결혼이주여성의 가족지지와 양육효능감 사이에서 사회활동참여와 심리적 안녕감의 직렬매개 효과. 아동학회지, 40(3), 53-67.

박인철(2015). 현상학과 상호문화성. 서울: 아카넷.

박지경(2014). 결혼이민자 · 귀화자의 의료기관 이용실태에 관한 연구. 디지털융복합연구, 12(1), 491-500.

박현식 · 최미영 · 이옥진(2018). 결혼이주여성의 사회적 지지가 결혼만족도에 미치는 영향: 자기효능감의 매개효과를 중심으로. 한국가족자원경영학회지, 22(4), 61-74.

배경임(2018). 이주민 봉사 기관 재직 개신교 성직자의 타자성 실천에 관한 생애사 연구. 인하대학교 대학원 박사학위논문.

배지현 · 박정숙(2018). 결혼이주여성의 임신 · 출산에 관한 국내 연구 동향. 한국산학기술학회논문지, 19(3), 278-290.

법무부(2019). 출입국 · 외국인정책본부 통계월보 2019년 6월호. 법무부 출입국 · 외국인정책본부.

변성원(2013). 결혼이주여성의 건강 행위 어려움. 디지털융복합연구, 11(12), 631-637.

보건복지가족부(2008). 다문화가족 생애주기별 맞춤형 지원 강화. 보도자료.

보건복지부 · 미래인력연구원(2005). 국제결혼 이주여성 실태조사 및 보건, 복지 지원정책 방안. 보건복지부.

서덕희(2010). 한국 다문화 연구의 특징과 한계: 국제결혼이주여성, 그리고 그 자녀에 관한 질적 연구를 중심으로. 다문화 사회연구, 3(2), 5-32.

______(2012). 사회적 소수자 연구 윤리로서의 "초월": 국제결혼이주여성과 그 자녀들을 "직면(直面)"해야 하는 한 연구자의 성찰일지. 교육인류학연구, 15(1), 93-120.

서선숙 · 백진아(2017). 결혼이주여성의 문화적응 스트레스, 자아 탄력성, 성역할 태도가 결혼만족도에 미치는 영향. 디지털융복합연구, 15(8), 301-310.

서성민 · 강희양 · 김태호(2013). 결혼이민 여성의 문화적 정체감 태도발달과 정서적 안정감의 관계. 한국기독교상담학회지, 24(1), 69-95.

서승현(2015). 성인지적 관점에서 본 러시아 이주여성의 문제와 정책과제. 슬라브학보, 30(2), 157-204.

______(2019). 러시아 · CIS국가, 몽골 출신 이주여성의 사회문화적 적응 및 인권 실태에 관한 질적 연구. 러시아어문학연구논집, 66, 181-217.

서영지(2016). 고등학교 프랑스어 교육에서의 상호문화접근법 적용 방안 연구. 서울대학교 대학원 박사학위논문.

서종남(2012). 청소년의 다문화인식을 통한 다문화교육의 방향 연구: 초 · 중 · 고 학생의 설문조사를 중심으로. 교육문화연구, 18(1), 83-110.

석주연(2012). 다문화 교육 현장에서의 비언어적 신체 한국어의 습득 양상 연구: 결혼이민자 여성의 경우를 중심으로. 한국언어문화학, 9(1), 79-99.

설동훈(2005). 외국국적 동포의 노동시장 분석. 재외한인연구, 17, 5-39.

설진배 · 김소희 · 송은희(2013). 결혼이주여성의 사회적 연결망과 초국가적 정체성: 한국생활 적응과정을 중심으로. 아태연구, 20(3), 229-260.

성용구 · 김근이(2014). 결혼이주여성 가정의 부모교육. 학부모연구, 1(1), 89-111.

성창환(2014). 한국 내 여성결혼이민자의 현황과 문제에 대한 기독교 교육적방안 연구. 기독교교육정보, 43, 125-151.

성향숙(2010). 결혼이민여성의 사회복지서비스 이용경험에 관한 현상학적 연구: 사회복지관을 중심으로. 사회과학연구, 26(4), 25-43.

소병숙(2009). 결혼이민여성의 부부관계 향상 프로그램의 개발과 효과 검증: 해결중심단기가족치료 이론을 기초로. 가족과 가족치료, 17(2), 131-151.

손기영(2010). 여성결혼이민자 인적자본의 특성 및 취 · 창업 지원 방안 연구. 한국가족자원경영학회지, 14(1), 19-36.

손영기(2011). 다문화 사회의 문제와 대응논리; 결혼이주여성의 인권보호를 위한 현행 법제도 고찰. 인문과학연구, 16, 109-131.

손의성(2012). 결혼이주여성의 문화적응 스트레스 척도 개발에 관한 연구. 한국가족복지학, 38, 169-199.

송윤선 · 이미나(2019). 결혼이주여성의 가족 상담 관련 KCI연구 동향: 1993년부터 2017년까지 게재논문 중심으로. 예술인문사회 융합 멀티미디어 논문지, 9(4), 697-706.

송재현(2018). 결혼이주여성의 배우자 사별 경험에 관한 현상학적 연구. 한국콘텐츠학회 논문지, 18(8), 379-391.

신경림 · 고명숙 · 공병혜 외(2004). 질적연구방법론. 서울: 이화여자대학교 출판부.

신기영(2009). 초국가적 이주와 다문화 사회의 시민권: 필리핀 여성의 일본이주와 국제혼외자의 국적문제를 중심으로. 일본연구논총, 30, 1-29.

신난딩(2014). 몽골결혼이주여성과 세계시민주의의 요청. 구술사연구, 5(2), 81-116.

신영진(2017). 결혼이주여성의 정보화격차해소를 위한 새로운 정책지표 개발. 한국이민정책학회보, 2(1), 1-30.

신은주(2013). 결혼이주여성 취. 창업 지원프로그램에 관한 연구: 한국여성재단 지원기관을 중심으로. 다문화가족연구, 80-105.

신주철(2012). 동화를 활용한 여성 결혼이민자와 유아 자녀의 동시적 한국어 교육 설계 시론. 한민족어문학(구 영남어문학), 62, 135-158.

심영희(2011). 다문화 사회와 이주민의 정체성: 국제결혼이주여성의 초국적 장의 경험과 정체성 연구. 비교한국학, 19(1), 7-44.

심혜령 · 조옥이(2017). 생애주기적 관점을 통한 여성 결혼이민자 대상 한국어 교재 개발 방안 연구. 새국어교육, 113, 97-117.

아사노가나 · 윤지현 · 류시현(2015). 수도권에 거주하는 중국인 여성결혼이민자의 한국 식생활적응 관련 요인. 동아시아식생활학회지, 25(2), 234-245.

아지조바피루자 · 정지현 · 오영섭(2016). 우즈벡 결혼이주여성의 생애사 연구. 인문사회 21, 7(5), 543-564.

안순태 · 이하나(2016). 결혼이주여성의 초국적 정체성과 사회적지지. 미디어, 젠더&문화, 31(4), 49-80.

안현미 · 김미옥(2016). 결혼이주여성의 건강 관련 중재 연구 동향 분석. 디지털융복합연구, 14(12), 245-256.

알기르마 · 김영순 · 박미숙(2015). 몽골출신 결혼이주여성의 진로경험에 관한 연구. 進路教育硏究,

28(1), 101-115.

양미진 · 이동훈 · 고홍월 · 김영하 · 남현주(2012). 현장전문가가 지각한 다문화 청소년 상담의 특성에 대한 질적분석. 상담학연구, 13(3), 1181-1209.

양민정(2010). 결혼이주여성 교육을 위한 한국설화의 여성성 연구. 세계문학비교연구, 33, 5-27.

양순미(2011). 농촌 여성결혼이민자의 공동체 의식 특성과 변인들의 효과 연구. 농촌지도와 개발, 18(3), 385-408.

양옥경 · 김연수 · 이방현(2007). 서울거주 국제결혼이주여성의 문화적응과 사회적 지원서비스에 관한 조사연구. 서울도시연구, 8(2), 229-251.

양은주(2016). 광주지역에 거주하는 결혼이주여성의 식생활 조사. Journal of Nutrition and Health, 49(3), 179-188.

양은주 · 길진모(2016). 광주지역 결혼이주여성의 식품 및 영양소 섭취 실태. Journal of Nutrition and Health, 49(5), 358-366.

여성가족부(2013). 전국다문화가족실태조사: 2013년 다문화가족의 결혼이민자. 귀화자 등의 성별 및 출신국적 분포

여성가족부(2016). 2015년 전국 다문화가족실태조사 분석.

______(2019). 다문화가족지원포털 홍보자료, 다문화가족지원 정책안내.

염지숙(2017). 영아기 자녀를 둔 농촌지역 결혼이주여성의 취업경험을 통한 정체성 형성. 유아교육학논집, 21(2), 307-327.

오수정 · 강수경(2014). 일부 지역 이주여성의 신체적, 심리적 스트레스와 피부상태. 한국미용학회지, 20(2), 345-353.

오영훈 · 김성영(2012). 도서지역 결혼이주여성의 종교생활 실태조사 연구: 강화도와 대부도를 중심으로. 종교연구, 67, 57-82.

오종진(2008). 한국 이주 중앙아시아 무슬림의 현황과 조직화: 우즈베키스탄, 카자흐스탄, 키르기스스탄, 투르크메니스탄, 아제르바이잔, 타지키스탄 출신 무슬림들을 중심으로. 한국이슬람학회논총, 18(3), 65-104.

오태곤(2018). 결혼이주여성의 참정권 강화를 위한 법사회학적 기초 연구: 정치참여변수 간의 관계성 분석을 중심으로. 인문사회 21, 9(6), 711-722.

오혜정(2017). 한부모 이주여성의 삶에 관한 현상학적 연구: 자녀양육 경험을 중심으로. 한국가족복지학, 57, 39-67.

왕한석(2006). 국제결혼 이주여성의 언어 적응의 제 양상. 담화 · 인지언어학회 학술대회 발표논문집, 2006, 3-17.

우명숙 · 이나영(2013). '조선족' 기혼여성의 초국적 이주와 생애과정 변동: 시간성과 공간성의 교차 지점에서. 한국사회학, 47(5), 139-169.

유수연(2012). 상호문화 의사소통능력 개발을 위한 이론과 실제. 외국어로서의 독일어, 30, 81-101.

윤수현(2015). 일본 출신 결혼이주여성이 인지하는 자녀에 대한 민족사회화 수행: 만 7-18세 자녀를 중심으로. 한국가정관리학회지, 33(3), 15-29.

윤은주(2017). 결혼이주여성의 사회문화적 요구를 반영한 한국어 문화교육의 효과: 아시아권 출신 이주여성을 중심으로. 한국어문화교육, 11(1), 69-118.

윤정숙 · 임유경(2004). 성별화된 이주방식으로서의 국제결혼과 여성에 대한 폭력: 필리핀 여성과 한국 남성의 결혼을 중심으로. 한국여성학회 창립20주년 추계학술대회 자료집.

윤현희(2019). 초등교사의 탈북학생 교육 경험에 관한 상호문화교육적 의미 탐구. 인하대학교 대학원 박사학위논문.

윤형숙(2003). 국제결혼 배우자의 갈등과 적응. 한국사회학회/한국문화인류학회 공동 심포지움 자료집.

윤형숙(2005). 지구화, 여성이주, 한국사회의 성적, 인종적 위계 만들기. 한국여성학회 2005 제21차 춘계학술대회 자료집.

윤황 · 이영호(2010). 베트남 결혼이민 여성의 정신건강에 관한 연구. Korean Journal of Clinical Psychology, 29(3), 659-684.

이경순 · 연영란(2012). 결혼이주여성의 문화적응 스트레스에 대한 체계적인 문헌고찰. 한국심리학회지: 건강, 17(3), 697-709.

이경애(2009). 이주여성의 한국어교육을 위한 컴퓨터 및 휴대폰 활용방안. 국제한국어교육학회 학술대회논문집, 2009, 391-401.

이경혜 · 김경원(2011). 결혼이주여성의 사회문화적 적응과 정서 상태 및 건강 관련 삶의 질과의 관계. 한국모자보건학회지, 15(2), 121-131.

이금연(2003). 국내 국제결혼과 그 이해: 실태와 문제점을 중심으로. 국제결혼과 여성폭력에 관한 정책제안을 위한 원탁토론회 자료집.

이기연(2015). 네팔여성의 한국이주와 임금노동에 관한 사례연구: 광주광역시 결혼이주여성을 중심으로. 디아스포라연구, 9(2), 121-149.

이명선(2019). 이주여성과 신체활동. 한국여성체육학회 학술세미나자료집, 2019(4), 35-50.

이미경 · 안상근(2018). 결혼이주여성 배우자의 문화적응 스트레스가 가족 건강성에 미치는 영향. 농업교육과 인적자원개발, 50(3), 155-181.

이미정 · 강현민(2011). 도서지역 결혼이주여성의 문화적응 실태 조사 연구: 강화도, 대부도, 영종도, 영흥도를 중심으로. 교육문화연구, 17(2), 77-112.

이민경 · 김경근(2012). 미등록 이주 노동자들의 초국적 가족 형성과 경계적 정체성. 교육사회학연구, 22(2), 179-209.

이민아(2010). 이민 전 · 후의 연결망이 결혼이민자 여성의 심리적 안녕감에 미치는 영향: 우울도와 삶의 만족도를 중심으로. 보건과 사회과학, 27, 31-60.

이병렬 · 김희자(2017). 예술흥행비자(E-6) 소지 이주여성에 대한 인신매매행위 대응정책의 문제점과 개선방안. 동북아시아문화학회. 동북아 문화연구, 1(50), 177-204.

이병준 · 한현우(2016). 상호문화역량의 개념 및 구성요소에 관한 연구. 문화예술교육연구, 11(6), 1-24.

이복희 · 이잠숙 · 안현숙 · 변상해(2009). 한국여성과 국제결혼 이주 베트남 여성의 결혼만족도 비교 연구. 벤처창업연구, 4(4), 115-130.

이선(2008). 문화 간의 철학적 대화를 위한 문화적 패러다임. 哲學研究, 108, 161-182.

이성순(2009). 이주여성과 자녀의 한국어 교육 현황과 과제: 대전지역 한국어교실 운영사례를 중심으로. 우리어문연구, 35, 247-276.

______(2017). 법무부 결혼이민자 조기 적응 프로그램의 운영 현황과 과제. 다문화콘텐츠연구, 24, 7-38.

이성순 · 이종복(2013). 여성 결혼이민자의 정신보건정책 현황과 개선방안. 다문화콘텐츠연구, 14, 79-113.

이성희 · 김현수 · 조성경(2012). 결혼이주여성의 개인 배경특성, 원가족 건강성, 정신 건강이 결혼 안정성에 미치는 영향. 한국가족복지학, 17(3), 167-189.

이소영(2015). 한국 여성결혼이민자의 네트워크 분석: 광주, 전남지역을 중심으로. 다문화와 평화, 9(1), 42-65.

이수범(2004). 문화 간 대화의 이면: 비영어권 화자의 상호작용에 대한 탐색적 연구. 커뮤니케이션학연구, 12(5), 123-138.

이수자(2004). 이주여성 디아스포라: 국제성별분업, 문화혼성성, 타자화와 섹슈얼리티. 한국 사회학, 38(2), 189-219.

이숙경 · 김민(2018). 색채 심리치료가 한부모 결혼이주여성 자녀들의 가족응집력 및 자아존중감에 미치는 영향. 순천향 인문과학논총, 37(4), 121-151.

이승숙(2015). 중국 결혼이민자가정 유아의 초기 이중언어 경험에 관한 연구. 유아교육연구, 39(2), 153-178.

이승숙 · 배지희(2015). 이중언어 교육지원 과정에 참여한 중국 결혼이민자가정 어머니와 자녀의 어려움 및 변화 과정. 육아지원연구, 10(3), 53-84.

이승우(2008). 혼인이주여성의 지위와 법적 문제. 서울법학, 16(1), 125-158.

이연옥 · 장덕현(2015). 결혼이주여성의 건강 관련 정보에 대한 접근. 한국도서관 · 정보학회지, 46(3), 171-199.

이용재 · 배화숙(2008). 결혼이민자의 사회서비스 및 정보의 접근성에 관한 연구. 한국도서관 · 정보학회지, 39(4), 479-504.

이재현(2013). 디지털문화. 서울: 커뮤니케이션북스.

이재홍 · 박영주 · 김원진(2012). 결혼이주여성의 국적취득 애로요인 분석. 정책분석평가학회보, 22(3), 231-258.

이정 · 김홍범(2019). 다문화가정 이주여성의 여가 만족이 생활만족과 심리적 안녕감에 미치는 영향. 관광경영연구, 23(1), 463-484.

이정선(2018). '내선결혼'한 일본인 여성의 조선 이주와 가족생활: 일제시기의 경험을 중심으로. 여성과 역사, 28, 27-53.

이정숙(2016). 결혼이주여성을 위한 한국 식문화 교육용 교재 개발. 대한지역사회영양학회지, 21(5), 415-425.

______(2017). 결혼이주여성의 한국음식문화 적응 경험 분석. 대한지역사회영양학회지, 22(2), 103-114.

이정향(2013). 결혼이민여성의 인권행위에 관한 탐색적 연구. 민족연구, 53, 169-188.

이정희 · 이수분(2013). 여성결혼이민자의 직업적응과정에 관한 질적연구. 인적자원관리연구, 20(1), 141-160.

이주리 · 박현남(2012). 배우자 부모와의 관계와 부부의 결혼 안정성. 다문화콘텐츠연구, 13, 105-122.

이주재 · 김순규(2010). 결혼이주여성의 사회관계망이 심리적 적응에 미치는 영향. 한국가족복지학. 15(4), 73-91.

이지민 · 최연희(2012). 신생아 돌보기 프로그램이 결혼이주여성 임산부의 양육지식, 양육스트레스 및 양육효능감에 미치는 효과. 한국보건간호학회지, 26(3), 561-571.

이지석 · 박혜경 · 박정래 · 강진욱 · 김윤성 · 이민기 · 박순규(2002). 베트남에서 이주한 여성에서 발생한 경부임파선염을 동반한 원발성 비인강결핵 1예. 대한내과학회지, 63(6), 15-719.

이지선 · 이솔지 · 류보경(2015). 결혼이민 여성의 한국 음식 문화변용 현상과 자녀 식생활에 미치는영향. 한국식생활문화학회지, 30(5), 545-551.

이지은(2014). 이주여성 경찰통역요원들의 경찰통역에 대한 인식: 사례조사를 중심으로. 통번역교육연구, 12(1), 157-186.

이진석(2018). 해체 다문화가족의 안정적 정착을 위한 정책방안에 관한 연구: 부산지역 이혼 베트남 여성결혼이민자 심층면접을 중심으로. 인문사회 21, 9(3), 771-784.

이진형(2019). 결혼이주여성 여가연구 10년: 성과와 향후 방향. 관광학연구, 43(1), 205-229.

이춘양 · 박미숙(2018). 중국계 결혼이주여성의 자녀 모어 교육에 관한 연구. 예술인문사회 융합 멀티미디어 논문지, 8(3), 367-375.

이춘양 · 조지형(2019). 결혼이주여성 대상 교육용 한자성어 목록 선정 방안. 한국콘텐츠학회 논문지, 19(5), 381-388.

이혜경(2008). 한국 이민정책의 수렴현상: 확대와 포섭의 방향으로, 한국사회학, 42(2), 104-137.

______(2010). 이주여성들의 다중정체성: 국가 · 가족 · 계급 · 이주민공동체. 로컬리티 인문학, 3, 351-360.

이혜영 · 박기철 · 김미경 · 이오경(2013). 아시아계 결혼 이주자 산모에서 주산기 예후에 영향을 주는 인자: 단일기관에서 10년간 연구. Perinatology, 24(3), 168-179.

이혜진(2018). 결혼이주여성 자녀양육 실태 연구: 울산지역을 중심으로. 한국이민정책학회 학술대회, 2018(7), 197-211.

이호경(2010). 정부의 '여성결혼이민자 가족' 지원대책 현황과 문제점: 여성이민자가족의 사회통합지원 대책을 중심으로. 다문화콘텐츠연구, 4, 187-208.

이홍성 · 이연숙(2013). 다문화가정의 국적별 주거요구 비교분석: 전주시 중국, 베트남, 캄보디아 결혼이주여성을 중심으로. 한국주거학회논문집, 24(4), 1-8.

이홍자 · 김춘미 · 박명숙(2015). 베트남 결혼이주여성의 삶의 질에 미치는 영향요인 분석. 지역사회간호학회지, 26(3), 268-277.

이화선 · 이소영(2018). 결혼이주여성 관련 정책의 문제화: WPR 접근을 사용한 한국 다문화 정책의 분석. 사회적질연구, 2(3), 47-65.

임선우 · 윤황(2017). 베트남 결혼이주여성의 통번역 자조모임 특성에 관한 연구: 대구광역시 사례를 중심으로. 인문사회 21, 8(3), 639-660.

임은미 · 김종운(2014). 다문화 부모교육 프로그램이 국제결혼 이주여성의 자아존중감과 양육 태도 및 사회적 유능감에 미치는 효과. 동북아 문화연구, 1(39), 61-82.

임혁(2010). 여성 결혼이민자의 정신 건강 영향요인에 관한 연구. 정신건강과 사회복지, 34, 189-221.

임현숙(2017). 사춘기 자녀를 둔 결혼이주여성의 부모교육 요구도에 양육 태도와 양육효능감이 미치는 영향력. 한국콘텐츠학회 논문지, 17(12), 202-214.

임희경 · 안주아 · 신명희 · 황경아(2012). 사회적 소수인으로서 여성결혼이민자의 미디어 접근과 이용에 대한 탐색적 연구. 커뮤니케이션학 연구, 20(2), 5-27.

장명선(2009). 폭력피해 이주여성 자활 지원센터 타당성 검토 및 운영 방안 연구. 서울특별시 여성가족재단 연구사업보고서[2009-정책개발-027], 1-213.

장명선 · 김선욱(2017). 이주여성의 취업지원정책 개선방안 연구. 공공사회연구, 7(1), 164-204.

장승심(2009). 결혼이주여성의 언어사용 실태와 그 함의. 교육과학연구, 11(2), 241-268.

장은애 · 최영(2010). 결혼이민 여성의 문화 정체성 유형과 생활만족도. 사회과학연구, 26(3), 1-25.

장한업(2014). 이제는 상호문화교육이다: 다문화 사회의 교육적 대안. 서울: 교육과학사.

______(2015). 외국어교육과 상호문화교육: 상보적 관계를 중심으로. 한국프랑스어문교육학회

학술대회자료집, 69-73.

______(2016). 상호문화교육의 철학적 기반에 대한 고찰: 상호주관성과 상호문화성을 중심으로. 교육의 이론과 실천, 21(2), 33-54.

장현미(2014). 고프먼 관점에 따른 자아의 유형화와 커뮤니케이션적 함의: 인터넷 커뮤니케이션 환경에서 자아에의 적용. 커뮤니케이션 이론, 10(2), 325-370.

전경숙(2017). 결혼이주여성의 우울 관련 요인. 정신간호학회지, 26(4), 402-411.

전리상 · 조홍중(2017). 결혼이주여성의 사회적 지지와 삶의 만족도에 관한 융합적 연구. 한국융합학회논문지, 8(6), 359-368.

전영옥(2010). 여성 결혼이민자의 한국어 어휘 오류 분석. 한말연구, 27, 213-243.

정경자 · 양의주 · 김인규(2016). 이주여성상담원의 직업석응에 관한 연구. 다문화와 평화, 10(3), 85-105.

정금희 · 김경원 · 백성희(2019). 중국과 베트남 결혼이주여성의 임신과 산후적응 요구 비교. 여성건강간호학회지, 25(1), 19-30.

정기섭(2011). 지속가능발전교육의 관점에서 본 상호문화역량. 교육의 이론과 실천, 16(3), 133-149.

정미정 · 정은경 · 김애정(2012). 경북 지역 결혼이주여성의 영양 지식 및 식생활 교육프로그램 요구도 조사. 대한영양사협회 학술지, 18(1), 30-42.

정상우 · 최보선(2014). 결혼이주여성 법교육의 현황과 과제. 법과인권교육연구, 7(3), 101-124.

정선영 · 정현숙(2012). 결혼 이주 어머니와 선주민 어머니의 양육 행동 비교. 한국아동복지학, 38, 39-65.

정선주(2018). 일본 결혼이주여성들의 배우자 가족갈등에 관한 현상학적 연구. 다문화 사회연구, 11(2), 211-254.

정성미(2009). 자조모임을 통해서 본 여성결혼이민자의 적응 양상, 전북대학교 다문화연구소, 105-124.

______(2011). 여성 결혼 이민자의 치유의 글쓰기: 인문 치료사례연구. 다문화콘텐츠연구, 10, 75-116.

정소민(2014). 시민적 '프락시스'로서의 대학생 봉사활동 경험에 관한 문화연구적 해석. 인하대학교 대학원 박사학위논문.

정영근(2011). 독일 초등학교의 상호문화교육: 교육내용, 교수방법 및 교육프로그램을 중심으로. 교육의 이론과 실천, 16(2), 55-77.

정유리(2014). 결혼이주자의 정착지원 프로그램 참여특성과 지역사회 적응에 관한 연구. 현대사회와 다문화, 4(1), 55-82.

정의용 · 문지영(2019). 긍정심리학에 근거한 노래 중심 음악치료 프로그램이 다문화가정 이주여성의 주관적 안녕감 및 낙관성에 미치는 영향. 한국음악치료학회지, 21(1), 167-196.

정정애 · 박영숙(2009). 한국여성과 결혼이민 여성의 효의식과 자기효능감에 관한 연구: 영동 지역을 중심으로. 효학연구, 10, 115-141.

정지은(2014). 베트남 여성 결혼이민자의 언어 학습 신념 연구. 이중언어학, 55, 353-380.

정지현(2012). 생산직 이주근로자 고용 한국 회사 내 한국인 근로자의 다문화 감수성에 관한 연구. 교육문화연구, 18(4), 139-162.

정지현(2015a). 다문화 리터러시 교육 참여 고등학생의 '세계시민 되기', 학습자중심교과교육학회. 15(5), 323-350.

______(2015b). 다문화 리터러시 교육 참여 고등학생의 학습 경험에 나타난 프락시스의 의미. 인하대학교 대학원 박사학위논문.

정지현 · 김영순(2018). 중국계 결혼이주민의 진로개발 경험에 나타난 전환학습 탐색. 교육문화연구, 24(2), 727-744.

정진경 · 양계민(2004). 문화적응이론의 전개와 현황. 한국심리학회, 23(1), 101-136.

정창호(2011). 독일의 상호문화교육과 타자의 문제. 교육의 이론과 실천, 16(1), 75-102.

정현미(2010). 서울시 결혼이민 여성 가정 폭력 피해 현황과 지원체계 개선방안. 서울시 여성가족재단 연구사업보고서, 2009, 19-47.

정현주(2008). 이주, 젠더, 스케일: 페미니스트 이주 연구의 새로운 지형과 쟁점. 대한지리학회지, 43(6), 894-913.

정혜숙 · 최소영(2013). 여성결혼이민자의 자궁경부암 지식과 태도. Journal of The Korean Data Analysis Society, 15(6), 3279-3292.

조규철(2011). 국제결혼 이주여성의 인권침해 예방을 위한 경찰활동에 관한 연구. 자치경찰연구, 4(1), 204-227.

조용환(1999). 질적연구: 방법과 사례. 서울: 교육과학사.

조원탁(2011). 결혼이주여성의 사회적 지원이 결혼생활안정에 미치는 영향. 한국가족복지학, 16(1), 89-109.

조일준(2016). 이주하는 인간, 호모 미그란스. 서울: 푸른역사.

조진경(2016). 중국계 중도입국청소년의 방과후 영어수업 참여경험에 나타난 정체성 협상. 인하대학교 대학원 박사학위논문.

조창연(2012). 협상 커뮤니케이션의 이론적 토대와 함의: 80년대와 90년대의 협상이론을 중심으로. 커뮤니케이션학 연구, 20(3), 27-44.

조항록(2015). 결혼이민자와 이주노동자의 입국 사증 취득을 위한 한국어능력 평가 체계 연구.

언어와 문화, 11(1), 163-188.

주광순(2016). 상호문화철학의 비전. 大同哲學, 76, 268-289.

주미연 · 정명혜(2018). 광주 · 전남 국제결혼 이주여성의 한국어 능력이 결혼 안정성에 미치는 영향 연구: 구조방정식 모형을 통한 여가 활동 매개효과 검증. 지역사회연구, 26(2), 25-43.

주미연 · 정성배(2014). 국제결혼 이주여성의 한국어 능력과 문화 적응력의 관계에서 사회적 지지의 매개효과에 관한 연구. 지역사회연구, 22(3), 161-179.

주소희(2014). 결혼이주여성의 정신 건강에 영향을 미치는 요인 연구. 복음과 실천, 51(1), 337-361.

주월랑(2017). 여성 결혼이민자들의 중간언어 연구: 통사 복잡성을 중심으로. 한국언이문화학, 14(3), 313-345.

차승은 · 김두섭(2008). 혼인이주여성의 출산 및 경제활동과 우울증: 일본, 중국, 베트남 아내의 비교. 한국인구학, 31(3), 131-158.

차윤정(2015). 한국 생활의 경험과 결혼이주여성의 언어 의식 변화. 코기토, 77, 223-251.

채옥희 · 한은진 · 송복희(2012). 캄보디아 결혼이주여성 부부의 결혼동기와 한국가정생활 경험 및 지원에 관한 사례연구. 한국가족자원경영학회지, 16(4), 111-129.

천지아 · 이영선 · 김영순(2017). 결혼이주여성 계승어 교육에 나타난 어려운 점에 대한 연구. 예술인문사회 융합 멀티미디어 논문지, 7(4), 693-702.

최권진 · 송경옥(2014). 여성 결혼이민자 대상 한국어 교육의 현황 및 발전 방향: 다문화가정지원센터에서의 한국어 교재와 쓰기 교육을 중심으로. 한국언어문화학, 11(3), 247-269.

최나연 · 이병숙 (2015). 여성 결혼이민자의 유방암과 자궁경부암 검진행위에 영향을 미치는 요인. 한국콘텐츠학회 논문지, 15(6), 326-336.

최병두(2017). 초국적 결혼이주 가정의 음식. 한국지역지리학회지, 23(1), 1-22.

______(2018). 초국적 이주와 환대의 지리학. 서울: 푸른길.

최병두 · 정유리(2015). 결혼이주자의 이주 및 정착과정에서 나타나는 사회적 네트워크 변화에 관한 연구. 현대사회와 다문화, 5(1), 20-57.

최승범 · 김춘미 · 이홍자(2018). 결혼이민여성의 취업을 위한맞춤형 사회적 지원 방안 모색: 취업과정에 대한 근거이론 질적 분석방법의 적용. 한국정책연구, 18(2), 107-125.

최승은(2015). 상호문화교육의 관점에서 본 초등교사의 음악교육 경험에 관한 연구. 인하대학교 대학원 박사학위논문.

최윤희 · 김숙현(1997). 문화간 커뮤니케이션의 이해. 파주: 범우사.

최은정 · 최신인(2015). 결혼이주여성의 언어에 대한 신문기사 프레임 변화 양상 분석.

다문화교육연구, 8(1), 77-105.

최인이(2016). 결혼이주여성의 경제활동을 통한 정체성형성: 대전지역 결혼이주여성의 직업활동 경험을 중심으로. 한국사회역사학회. 담론201, 19(1), 5-43.

최재식(2006). 상호문화성의 현상학: 문화중심주의를 넘어 상호문화성으로. 현상학과 현대철학, 30, 1-30.

최현덕(2009). 경계와 상호문화성: 상호문화 철학의 기본 과제. 코기토, 66, 301-329.

최현욱 · 황보명(2009). 다문화가정 이주여성의 한국어능력이 자녀의 한국어능력 발달에 미치는 영향. 특수교육저널: 이론과 실천, 10(4), 315-329.

최희(2018). 북한이주여성의 한국사회 문화적응에 나타난 정체성 협상에 관한 연구. 인하대학교 대학원 박사학위논문.

충북일보(2013. 05. 29). "아내 참아주세요"…위기의 다문화 가정. http://www.inews365.com/news/article.html?no=289238

통계청(2019a). 인구동태통계연보.

______(2019b). 2018년 다문화 인구동태 통계.

하주영 · 김윤지(2013). 결혼이주여성의 우울에 미치는 영향요인. 여성건강간호학회지, 19(4), 254-264.

한지현(2013). 여성결혼이민자 교육을 위한 전남 방언 어휘의 선정: 초급 어휘를 중심으로. 남도문화연구, 25, 429-49.

함정현 · 이상엽(2010). 결혼이주여성의 삶의 질 결정요인에 관한 연구. 한국비교정부학보, 14(2), 305-330.

함정현 · 정혜경 · 권명희(2009). 여성 결혼이민자의 자아존중감과 사회적 지지가 심리적 안정감에 미치는 영향. 한국자치행정학보, 23(2), 329-348.

허라금(2012). 여성의 행위성과 가족 관념의 재구성. 철학논총, 67, 297-316.

허영식(2015). 문화적 차이, 다양성에 관한 담론과 함의: 독일과 유럽의 동향을 중심으로. 한국사회과학논총, 25(3), 169-194.

홍기혜(2000). 중국 조선족 여성과 한국 남성간의 결혼을 통해 본 이주의 성별 정치. 이화여자대학교 대학원 석사학위 청구논문 미간행.

홍달아기 · 채옥희 · 한은진 · 송복희(2012). 결혼이주여성의 한국가정생활 문화적응 단계별 특성: 필리핀 결혼이주여성을 중심으로. 한국가족자원경영학회지, 16(4), 1-22.

홍영숙(2019). 필리핀 결혼이주여성 두 명의 언어 정체성 형성에 관한 내러티브 탐구. 언어학연구, 24(1), 299-325.

홍은미 · 신승연(2015). 결혼이주여성의 사회적 지지와 양육스트레스에 관한 연구. 다문화와 평화,

9(3), 101-121.

황미혜(2017a). 결혼여성이민자와 외국인근로자의 정체성 차이에 기반을 둔 사회통합정책 방안 연구. 지역과문화, 4(1), 91-112.

______(2017b). 다문화 시대의 결혼 여성 이민자 이중언어사용에 관한 연구. 동북아 문화연구, 1(50), 79-96.

______(2018). 대만의 결혼이민자 자녀를 위한 모어 전승 교육 연구. 아시아연구, 21(4), 145-172.

황민철(2016). 결혼이주여성의 한국어 능력 영향 요인에 대한 연구. 다문화콘텐츠연구, 21, 43-81.

황민철 · 장익현(2017). 결혼이민 여성의 보건의료서비스 이용 영향요인 연구: Andersen 모델을 이용한 차이 분석을 중심으로. 국정관리연구, 12(1), 31-56.

황인교(2008). 여성 결혼이민자를 위한 한국문화교육 연구. 언어와 문화, 4(3), 265-287.

황정미(2009). '이주의 여성화' 현상과 한국 내 결혼이주에 대한 이론적 고찰. 페미니즘 연구, 9(2), 1-37.

황정은 · 다와수랭(2018). 결혼이주여성 고용에 대한 사회적 기업 운영자의 인식유형에 관한 연구. 사회적기업연구, 11(1), 95-120.

황해영(2018). 재한 중국동포 결혼이주여성의 생애경험 탐구: 인정투쟁의 내러티브를 중심으로, 인하대학교 대학원 박사학위논문.

황해영 · 김영순(2019). 재한 중국동포 출신 결혼이주여성의 취업 경험에 대한 질적 연구. 학습자중심교과교육연구, 19(10), 101-120.

황해영 · 이미정(2015). 중 · 고등학생 자녀를 양육하는 결혼이주여성의 양육스트레스와 대처방안에 대한 연구. 예술인문사회 융합 멀티미디어 논문지, 5(4), 415-425.

Abdallah-Pretceille, M. (1999). Diagonales de la communickation interkulturelle. Sankt Augustin, Germany: Anthropos Research & Publications.

Abrams, D., & Hogg, M. A. (1988). Comments on the motivational status of self-esteem in social identity and intergroup discrimination. European Journal of Social Psychology, 18(4), 317-334.

Aguilar, Filomeno V. Jr. (2002). Ritual Passage and the Reconstruction of Selfhood in International Labor Migration, In Filipinos in Global Migrations: At Home in the World?. Filomeno V. Aguilar, Jr. (ed.), Quezon City, Philippines: Philippine Migration Research Network and Philippine Social Science Council. 413-451.

Ahmed, Sarah (1999). Home and away: Narratives of migration and estrangement, International Journal of Cultural Studies. 2(3), 329-347.

Anderson B. (2000). Doing the Dirty Work?: The Global Politics of Domestic Labour. London and New York: Zedbooks.

Antor, H. (2006). Multikulturalismus, Interkulturalität und Transkulturalität: Perspektiven für interdisziplinäre Forschung und Lehre. Inter-und Transkulturelle Studien. Theoretische Grundlagen und interdisziplinäre Praxis. Heidelberg: Carl Winter, 25-39.

Arasaratnam, L. A. (2004). Intercultural communication competence: Development and empirical validation of a new model. Paper presented at the annual meeting of the International Communication Association.

______ (2006). Further testing of a new model of intercultural communication competence. Communication Research Reports, 23(2), 93-99.

Arasaratnam, L. A., & Banerjee, S. C. (2007). Ethnocentrism and sensation seeking as variables that influence intercultural contact-seeking behavior: A path analysis. Communication Research Reports, 24(4), 303-310.

______ (2010). Sensation seeking and intercultural communication competence: A model test. International Journal of Intercultural Relations, 35(2), 226-233.

Arasaratnam, L. A., & Doerfel, M. L. (2005). Intercultural communication competence: Identifying key components from multicultural perspectives. International Journal of Intercultural Relations, 29(2), 137-163.

Arasaratnam, L. A., Banerjee, S. C., & Dembek, K. (2010a). Sensation seeking and the integrated model of intercultural communication competence. Journal of Intercultural Communication Research, 39(2), 69-79.

______ (2010b). The integrated model of intercultural communication competence (IMICC): Model test. Australian Journal of Communication, 37(3), 103.

Argyle, M. (1969). Social Interaction. London: Methuen young books.

Baker, C. (2006). Foundations of bilingualism. London: Mulilingual Matters.

______ (2011). Foundations of Bilingual Education and Bilingualism(5th edition). 연준흠, 김주은 역(2014). 이중언어의 기초와 교육. 서울: 박이정.

Basch, Linda, Nina Glick-Schiller and Cristina Szanton Blanc (1994). Nations Unbound: Transnational Projects Postcolonial Predicaments and Deterritorialized Nation-States. London: Routledge.

Becker, H. S. (1958). Problems of inference and proof in participant observation. American Sociological Review, 23, 652-669.

______ (1998). Tricks of the trade: How to think about your research while you're doing it. Chicago: University of Chicago Press.

Bennett, J. (2008). Transformative training: Designing Programs for Culture Learning. In M. A. Moodian, (Ed.), Comtemporary Leadership and intercultural Competence: Understanding and Utilizing Cultural Diversity to build successful Organization(pp. 95-110). Thousand Oaks. CA: Sage.

Bennett, M. J. (1986). A developmental approach to training for intercultural sensitivity. International journal of intercultural relations, 10(2), 179-196.

______ (2008). Education and Advancement. Fifteenth-Century Attitudes: Perceptions of Society in Late Medieval England. (Horrox, R. edited) Cambridge: Cambridge University Press.

Berry, J. W. (1990). Psychology of acculturation. In J. Berman (Ed.), Cross-Cultural Perspectives: Nebraska Symposium on Motivation (pp. 201-234). Lincoln, Nebraska: University of Nebraska Press.

______ (1997). Immigration, acculturation, and adaptation. Applied Psychology, 46(1), 5-34.

Berry, J. W., Kim, U., Minde, T., & Mok, D. (1987). Comparative studies of acculturative stress. International Migration Review, 21(3), 491-511.

Boccagni, P., & Decimo, F. (2013). Mapping social remittances. Migration Letters, 10(1), 1-10.

Bochner, S. (Ed.). (1981). The mediating person: Bridges between cultures. Boston: Schenkman Publishing Company.

Bogardus, E. S. (1949). Cultural Pluralism and Acculturation. Sociology and Social Research, 34(2), 125-129.

Bolten, J. (2007). Was heißt Interkulturelle Kompetenz? Perspektiven für die internationale Personalentwicklung. Wirtschaft als interkulturelle Herausforderung, 21-42.

Bosher, S. (1997). Language and cultural identity: A study of Hmong students at the postsecondary level. Tesol Quarterly, 31(3), 593-603.

Byram (1997). Teaching and assessing intercultural communicativie competence. Clevedon, UK: Multilingual Matters.

Carlo, M. de (1998). L'interculturel, 장한업 역(2011), 상호문화 이해하기: 개념과 활용, 파주: 한울.

Casmir, F. L. (1984). Perception, cognition, and intercultural communication. Communication, 13(1), 1-16.

Castles, S. & Miller, M. J. (2009). The Age of Migration: International Population Movements in the Modern World. 한국이민학회 역(2013), 『이주의 시대』. 서울: 일조각.

Chen, G. M., & Starosta, W. J. (1996). Intercultural communication competence: A synthesis. Communication Yearbook, 19, 353-383.

_____ (1999). A Review of the Concept of Intercultural Awareness. Human Communication, 2. 27-54.

Clement, M. C. (2001). Finding and keeping high-quality teachers. Educational Research Service.

Coffey, A., and Atkinson, P. (1996). Making Sense of Qualitative Date. Thousand Oaks, CA.: Sage.

Council of Europe (2012). Intercultural Competence for all. Preparation for living in a Heterogeneous World. Council of Europe Pestalozzi. No.2. Council of Europe Publishing.

_____ (1995). Education pack. Ideas, resources, methods and activities for informal intercultural education with young people and adults. European Youth Centre.

Creswell, J. W. (1997). Qualitative Inquiry and Research Design: Choosing Among Five Traditions. 조흥식 · 정선욱 · 김진숙 · 권지성 역(2002). 『질적연구방법론: 다섯 가지 전통』. 서울: 학지사.

_____ (1998). Qualitative inquiry and research design. Sage Publications Inc.

_____ (2005). Educational research: Planning, conducting, and evaluating quantitative and qualitative research. (2nd.). Upper Saddle River, NJ: Pearson Education.

_____ (2007). Qualitative inquiry and research design. Sage.

_____ (2011). Qualitative inquiry and research design(2nd ed.). 조흥식 · 정선욱 · 김진숙 · 권지성 역. 『질적 연구방법론: 다섯 가지 접근』. 서울: 학지사.

Crotty, M. (1996). Phenomenology and nursing research. 신경림 · 공병혜 역(2001). 『현상학적 연구』. 서울: 현문사.

Cummins, J. (2008). BICS and CALP: Empirical and theoretical status of the distinction. Encyclopedia of language and education, 2(2), 71-83.

Deardorff, D. K. (2004). The identification and assessment of intercultural competence as a student outcome of international education at institutions of higher education in the United States. Unpublished dissertation, North Carolina State University, Raleigh, 8.

_____ (2006). Identification and assessment of intercultural competence as a student of internationalization. Journal Studies in Intercultural Education, 10(3), 241-266.

______ (2009). The Sage Handbook of Intercultural Competence. Sage Publications.

Devereux, G., & Loeb, E. M. (1943). Antagonistic Acculturation. American Sociological Review, 8, 133-147.

Dey, I. (1993). Qualitative Date Analysis. London: Routledge.

Dohrenwend, B. P., & Smith, R. J. (1962). Toward a Theory of Acculturation. Southwestern Journal of Anthropology, 18(1), 30-39.

Duncan, H. G. (1929). A study of the process of assimilation. American Sociological Society, 23, 184-187.

Eaton, J. W. (1952). Controlled acculturation: A survival technique of the Hutterites. American Sociological Review, 17(3), 331-340.

Ely, M. (1991). Doing Qualitative Research: Circles within Circles. London: The Falmer Press.

Erll, A., & Gymnich, M. (2010). Interkulturelle Kompetenzen: erfolgreich Kommunizieren zwischen den Kulturen. Stuttgart, Germany: Klett Lerntraining. Erwägen, Wissen Ethik, 14(1), 137-221.

Esping-Andersen, G. (2000). The sustainability of welfare states into the twenty-first century. International Journal of Health Services, 30(1), 1-12.

Fantini, A. E. (2000). A central concern: Developing intercultural competence. SIT occasional papers series, 1, 25-42.

______ (2005). About intercultural communicative competence: A construct. SIT Occasional Papers Series, 1-4.

______ (2006). Assessment tools of intercultural communicative competence. Retrieved on, 12, 2015.

______ (2009). Assessing intercultural competence: Issues and Tools. In D.K. Deardorff (Ed.), The Handbook of Intercultural Competence (pp.456-476). Thousand Oaks, CA: SAGE.

Fisher, R., Ury. W., & Patten, B. (1981). Getting to Yes. 박영환 역(2002). 『Yes를 이끌어내는 협상법』. 성남: 장락.

Fornet-Betancourt, R. (2002). Modelle befreiender Theorie in der europäischen Philosophiegeschichte. Frankfurt am Main/London.: Iko-Verlag Berlin.

______ (2009). Intercultural Philosophy from a Latin American Perspective. In N, Note, Fornet-Betancout, R., Estermann, J., Aerts, D.(Eds.). Worldviews and Cultures (pp.149-161). Germany: Springer.

Frenk, J. V. (2011). Negotiating Identities: Developing Adaptative Strategies in an Ever Changing Social Reality. Saarbrücken, Germany: Lambert Academic Publishing.

Gee, J. P. (2001). A sociocultural perspective on early literacy development. Handbook of early literacy research, 1, 30-42.

Gibson, M. A. (2001). Immigrant Adaptation and Patterns of. Human Development, 44, 19-23.

Gillin, J., & Raimy, V. (1940). Acculturation and personality. American Sociological Review, 5(3), 371-380.

Giorgi, A. (1985). Phenomenology and Psychological Research. Pittsburgh. PA: Duquesne University Press.

Girardet, R. (1996). Nationalismes et nation (Vol. 84). Paris, France: Éditions complexe.

Glaser. B. G. and Strauss, A. L. (1967). The Discovery of Groundrd Theory: Strategies for Qualitative Research. New York: Aldine.

Glick-Schiller, N & Linda Basch et al., (1995). From immigrant to transmigrant: theorizing transnational migration. Anthropological Quarterly, 68(1), 48-63.

Goffman, E. (1959). The Presentation of Self in Everyday L fe. Garden City, NY: DoubledayAnchor.

_____ (1959). The Presentation of Self in Everyday Life. New York: Adoubleday Anchor Original.

_____ (1961). Encounters: Two studies in the sociology of interaction. Boston: Ravenio Books.

Graves, T. (1967). Psychological acculturation in a tri-ethnic community. South-Western Journal of Anthropology, 23(4), 337-350.

Guba, E. G., and Lincoln, Y. S. (1981). Effective Evalustion. San Francisco: Jossey Bass. & Lincoln.

Gudykunst, W. B. (1986). Intergroup Communication. California: Sage

_____ (1993). Toward a theory of effective interpersonal and intergroup communication: an anxiety/uncertainty management (AUM) perspective. In R. L. Wiseman, and J. Koester (Eds.), Intercultural communication theory (pp. 72-111). interkulturelle Herausforderung. Frankfurt am Main: IKO.

Gudykunst, W. B. (1995). Building bridges: Interpersonal skills for a changing world. Houghton Mifflin.

Gudykunst, W. B. (2002). Intercultural communication theories. Handbook of

International and Intercultural Communication, 2, 179-182.

Guilherme, M. (2000). Intercultural competence. In, M. S. Byram (Ed.), M. Routledge Encyclopedia of Language Teaching and Learning (pp. 298-300). London and New York: Routledge Taylor and Francis Group.

Habermas, J. (1986) On Hermeneutics' Claim to Universality. In K. Mueller-Vollmer. (Ed.), The Hermeneutics Reader(pp. 294 - 319). Oxford, England: Basil Blackwell.

Hall, E. T. (1959). The Silent Language. New York: Doubleday.

Hannigan, J. A. (1990). Apples and oranges or varieties of the same fruit? The new religious movements and the new social movements compared. Review of Religious Research, 246-258.

Herskovits, M. J. (1937). The significance of the study of acculturation for anthropology. American Anthropologist, 39(2), 259-264.

Hochschild, A. R. (2000). Global Care Chains and Emotion Surplus Value,(w:) W. Hutton, A. Giddens (red.). On the Edge: Living with Global Capitalism.

Hogg, M. A., & Abrams, D. (1988). Social identifications: A social psychology of intergroup relations and group processes. Taylor & Frances/Routledge.

Hogg, M. A., & Terry, D. J., (1995). A Tale of Two Theories- A Critical Comparison of Identity Theory with Social Identity Theory. Social Psychology Quarterly, 58(4), 255-269.

Holzbrecher (2004). interkulturelle pädagogik, 정기섭 · 오영훈 · 김영순 · 이문기 · 변경원 역(2014), 『상호문화교육의 이해: 교사를 위한 교수-학습 방법』. 성남: 북코리아.

Honneth, A. (1992). Kampf um Anerkennung. Germany :Suhrkamp taschenbuch wissenschaft

Hugo, G. (2005). The New International Migration in Asia. Asian Population Studies. 1(1), 93-120.

Hunter, B., White, G. P., & Godbey, G. C. (2006). What does it mean to be globally competent?. Journal of Studies in International Education, 10(3), 267-285.

IOM(2019). IOM Handbook on Protection and Assistance to Migrants Vulnerable to Violence, Exploitation and Abuse.

Johnson, D. W., & Johnson, R. T. (2009). Multicultural Education and Human Relations. 김영순 · 이미정 외 역(2010). 『다문화 교육과 인간관계』. 파주: 교육과학사.

Jüttemann, G.(ed). (1985). Qualitative Forschung in der Psychologie. Weinheim: Beltz.

Kamiske, G. F. and Brauer, J. P. (1995). Qualitätsmanagment von A bis Z: Erläuterungen moderner Begriffe des Qualitätsmanagment. Munich: Carl Hanser Verlag. 2nd edn.

Kerzil, J., & Vinsonneau, G. (2004). L'interculturel: principes et réalités à l'école. Sides.

King, K. & Fogle, L. (2006). Bilingual Parenting as Good Parenting: Parents' Perspectives on Family Language Policy for Additive Bilingualism. International Journal of Bilingual Education and Bilingualism, 9(6), 695-712.

Kvale, S. (1996). Interviews : an introduction to qualitative research interviewing. 신경림 역(1998). 『인터뷰: 내면을 보는 눈』. 서울: 하나의학사.

Kymlicka, W. (2002). Contemporary political philosophy: An introduction. Oxford: Oxford University Press.

Leplay, F. (1924). Norwegian Studies: being notes, and records of observations made in connection with the Leplay House visit to Norway. Westminster: Leplay House Press.

Levinas, E. (1996). Paul Celan: From being to the other. Proper Names, 40-46.

______ (2002). Diachrony and representation. In J. D. Caputo (Ed.), The Religious(pp. 76-82). Oxford, England: Blackwell.

Levitt, P. (1998). Social remittances: Migration driven local-level forms of cultural diffusion. International Migration Review, 32(4), 926-948.

Levitt, Peggy and Glick Schiller, Nina (2004). Conceptualizing Simultaneity: A Transnational Social Field Perspective on Society. The International Migration Review, 38(3), 1002-1039.

Lewicki, R. J. (2004). Essentials of Negotiation. 김성형 역(2005). 『최고의 협상』 서울: 스마트비즈니스.

Lincoln, Y. S., & Guba, E. G. (1985). Establishing trustworthiness. Naturalistic Inquiry, 289-331.

Lincoln, Y., and Guba, E., (1985). Naturalistic Inquiry. CA: Sage Publications,

Linton, R. (1940). The Distinctive Aspects of Acculturation. In Acculturation in Seven American Indian Tribes. New York: Appleton Century.

Lustig, M. & Koester, J. (2013). Intercultural Competence Interpersonal Communication across Cultures (7th Eds.). New York: Pearson.

Maddalena, D. C. (1998). L'interculturel. Paris, France: Clé international.

Malinowski, B. (1922). Argonauts of the western Pacific. 최협 역(2013), 『서태평양의

항해자들』. 광주: 전남대학교 출판부.

Mall, R. A. (1996a). Time Arrow Within the Bounds of Cyclic Time. Time and Temporality in Intercultural Perspective, 4, 65.

______ (1996b). "Was heisst 'aus interkultureller Sicht'?", The Logic and Practice of intercultural Philosophy, 주광순 · 박종식 외 역(2010). 『상호문화 철학의 논리와 실천』. 서울: 시와 진실.

Mall, R. A. (1999). Towards a Theory and Practice of an 'Analogous' Intercultural Hermeneutics. University of Munich: Gesellschaft für Interkulturelle Philosophie.

Marshall C., & Rossman G. B. (1995). Designing qualitative research(2nd ed.). California: Sage.

Marshall, C., and Rossman, G. B. (1989). Designing qualitative research. Newbury Park, CA: Sage.

Martineau, J. A., Paek, P., Keene, J., & Hirsch, T. (2007). Integrated, comprehensive alignment as a foundation for measuring student progress. Educational Measurement: Issues & Practice, 26(1), 28-35.

McCall, G. J., & Simmons, J. L. (1966). Identities and interactions. Washington, D.C.: Free Press.

Merriam, S. B. (1988). Case Study Research in Education: A Qualitative Approach. San Francisco: Jossey-Bass.

Meunier, O. (2007). Approches interculturelles en éducation. Paris, Institut National de Recherche Pédagogique. Newbury Park, CA: Sage.

Miles, M. B., and Huberman, A. M. (1994). Qualitative Data Analysis: An Expanded Sourcebook. (2nd ed.) Thousand Oaks, Calif.: Sage.

Moloney, R., & Harbon, L. (2010). Making intercultural language learning visible and assessable. Proceedings of Intercultural Competence Conference, 1, 281-303.

Moore, A., & Barker, G. (2012). Confused or multicultural: Third culture individuals' cultural identity. International Journal of Intercultural Relations, 36, 553-562.

Müller, W., & Haun, D. (1993) Bildungsexpansion und Bildungsungleichheit. S. 225-268 in: Wolfgang Glatzer (Hg.): Einstellungen und Lebensbedingungen in Europa. Frankfurt a.M./New York: Campus.

Nathan, T. (2006). Mon patient Sigmund Freud, PERRIN, Paris: Contemporary French Fiction.

Nieto, S. (2002). Profoundly multicultural questions. Educational Leadership, 60(4), 6-10.

______ (2009). Language, culture, and teaching: Critical perspectives. 김영순 외 역(2016). 『언어, 문화 그리고 비판적 다문화교육』. 성남: 북코리아.

Oishi, N. (2018). Women in motion: globalization, state policies, and labor migration in Asia. 이안지영 · 차미경 외 역(2018). 『여성들 이주하다: 지구화, 국가정책, 아시아 노동이주』. 서울: 박영스토리.

Okin, S. M. (1999). Is Multiculturalism Bad for Women? Woodstock, England: Princeton University Press.

Padgett, D. K. (1998). Qualitative methods in social work research: challenges and rewards. London: Sage.

Paige, R. M., Jacobs-Cassuto, M., Yershova, Y., & DeJaeghere, J. (1999). Assessing intercultural sensitivity: A validation study of the Hammer and Bennett (1998) Intercultural Development Inventory.

Paper presentedat the International Academy of Intercultural Research conference, Kent State.

Parreñas, R. S. (2001). Women, migration and domestic work. Región Y Sociedad, 15(28.2003), 239-245.

Partoune, C. (1999). Comment commencer un module pédagogique. Personalentwicklung. In: Künzer, J. & Berninghausen, J.(Hg.)(2007). Wirtschaft als.

Patton, M. Q. (2002). Qualitative research and evaluation methods (3rd ed.). Thousand Oaks, CA: Sage.

Pedersen, P. B. (1994). Multicultural training in schools. Multicultural Counseling in Schools, 225-249.

Philliber, S. G., Schwab, M. R., and Samsloss, G. (1980). Social research: Guides to a decision making process. Itasca, IL: Peacock.

Phizacklea, A. (1983). One way ticket: migration and female labour. London: Routledge & Kegan Paul.

______ (1998). Migration and globalization: A feminist perspective. The New Migration in Europe (pp. 21-38). Palgrave Macmillan, London.

Pollock, D. C & VanReken, R. E(2009). The Third Culture: Growing Up the Among the World. Boston & London: Nicolas Brealey Pub.

Radhakrishnan, R. (1996). Diasporic Medications: Between Home and Location. Minneapolis and London: University of Minnesota Press.

Raul Fornet-Betancourt (2001). Transformacion Intercultural de La Filosofia (Spanish

Edition). Spain: Desclee de Brower.

Redfield, R., Linton, R., & Herskovits, M. J. (1936). Memorandum for the study of acculturation. American Anthropologist, 38(1), 149-152.

Renan, E., & Girardet, R. (1996). Qu'est-ce qu'une nation?: et autres écrits politiques. Imprimerie nationale. 신행선 역(2002). 『민족이란 무엇인가』. 서울: 책세상.

______ (1996). Qu'est-ce qu'une Nation?: et autres écrits politiques. Paris, France: Imprimerie nationale.

Reuter, E. B. (1917). The superiority of the mulatto. American Journal of Sociology, 23(1), 83-106.

Rorty, R. (1989). Kontingenz, Ironie und Solidarität. Christa Krüger, Frankfurt a.M.: Suhrkamp.

Rubin, H. J., and Rubin, I. S. (1995). Qualitative interviewing: The art of hearing data. Thousand Oaks, CA: Sage.

Schlenker, B. R. (1985). Identity and self-identification. The Self and Social Life, 65, 99.

Schramm, W. (1971, December). Notes on case studies of instructional media projects. Working paper for the Academy for Educational Development, Washington, DC.

Schugk, M. (2004). Interkulturelle Kommunikation: Kulturbedingte Unterschiede in Verkauf und Werbung. München, Germany: Vahlen.

Seidel, J., and Kelle, U. (1995). Different Functions of Coding in the Analysis of Textual Data. In U. Kelle (ed.), Computer-Aided Qualitative Data Analysis: Theory, Methods, Methods, and Practice. London: Sage.

Seidman, I. (2006). Interviewing as qualitative research: a guide for researchers in education and the social sciences (3rd ed.). 박혜준 · 이승연 역(2012). 『질적 연구 방법으로서의 면담: 교육학과 사회과학 분야의 연구자들을 위한 안내서』. 서울: 학지사.

Serres, et. al. (2006). L'identite: 'Qui suis-je?'. 이효숙 역(2013). 『정체성: 나는 누구인가』. 파주: 알마.

Shaw, K. E. (1978). Understanding the Curriculum: The Approach Thtough Case Studies. Journal of Curriculum Studies. 10(1), 1-17.

Simmel, G. (1992). Exkurs über die Soziologie der Sinne. Ders. 645-665. Soziologie: Untersuchungen über die Formen der Vergesellschaftung. Hamburg: Suhrkamp.

Simons, S. E. (1901). Social assimilation. American Journal of Sociology, 6(6), 790-822.

Sinicrope, C. & Norris, J., & Watanabe, Y. (2007). Understanding and assessing intercultural competence: A summary of theory, research, and practice(technical report for the foreign language program evaluation project).

Smith, L. M. (1978). An Evolving Logic of Participant Observation, Educational Ethnography and Other Case Studies. In L. Shulman (ed.), Review of Research in Education. Itasca, Ill.: Peacock.

Spiegel, L. (2001). Media Homes: Then and Now. International Journal of Cultural Studies, 4(4), 385-411.

Spiro, M. E. (1955). The acculturation of American ethnic groups. American Anthropologist, 57(6), 1240-1252.

Spitzberg, B. H. (1997). A model of intercultural communication competence. Intercultural communication: A reader, 9, 375-387.

Stake, R. E. (1981). Case Study Methodology: An Epistemological Advocacy. In W. W. Welsh (ed.), Case Study Methodology in Educational Evaluation. Proceedings of the 1981 Minnesota Evaluation Conference. Minneapolis: Minnesota Research and Evaluation Center.

______ (1995). The art of case study research. Thousand Oaks, CA: Sage.

______ (2005). Qualitative case studies. In N. K. Denzin & Y. S. Lincoln (eds). The Sage Handbook of Qualitative Research. Sage.

Stephan, W. G., Stephan, C. W., & Gudykunst, W. B. (1999). Anxiety in intergroup relations: A comparison of anxiety/uncertainty management theory and integrated threat theory. International Journal of Intercultural Relations, 23(4), 613-628.

Stets, J. E., & Burke, P. J. (2000). Identity theory and social identity theory. Social Psychology Quarterly, 63(3), 224-237.

Swann, W. B. (1987). Identity negotiation: where two roads meet. Journal of Personality and Social Psychology, 53(6), 1038.

Swann, W. B., & Hill, C. A. (1982). When our identities are mistaken: Reaffirming self-conceptions through social interaction. Journal of Personality and Social Psychology, 43(1), 59.

Tajfel, H. (1972). Social categorization (English translation of 'La catégorisation sociale'). In S. Moscovici (Ed.), Intro-duction a la psychologie sociale(Vol. 1). Paris, France: Larousse.

Tajfel, H., & Turner, J. C. (1979). An Integrative Theory of Intergroup Conflict. In W. G. Austin and S. Worchel,(Eds.), The Social Psychology of Intergroup Relations(pp. 33-47). California: Brooks-Cole.

Taylor, C. (1994). Multiculturalism: Examining the politics of recognition. Oxford,

England: Princeton University Press,

Teske, R. H., & Nelson, B. H. (1974). Acuulturation and assimilation: A clarification. American Ethnologist, 1(2), 351-367.

Thomas, A. (2003). Interkulturelle Kompetenz - Grundlagen, Probleme und Konzepte. Arbeit, 2(15), 114-125.

Thomas, W. I. & Znaniecki, F. (1927). The Polish peasant in Europe and America, New York: Alfred A. Knopf.

Thurnwald, R. (1932). The psychology of acculturation. American Anthropologist, 34(4), 557-569.

Ting-Toomey, S. (1993). Communicative resourcefulness: An identity negotiation perspective. In R. L. Wiseman & J. Koester (Eds.), International and intercultural communication annual(Vol. 17), Intercultural communication competence(p. 72-111). California: Sage.

______ (1999). Communicating Across Cultures. New York: Guilford Press.

______ (2005). Identity negotiation perspective: A theoretical framework. Theorizing about Intercultural Communication, 211-234.

______ (2015). Identity negotiation theory. The International Encyclopedia of Interpersonal Communication, 1-10.

Toulmin, S. (1990). Cosmopolis: The Hidden Agenda of Modernity. New York: The Free Press.

Turner, J. C. (1982). Towards a cognitive redefinition of the social group. Social Identity and Intergroup Relations, 15-40.

______ (1985). Social Categorization and the Self-Concept: A Social Cognitive Theory of Group Behaviour. In E. J. Laeler. Greenwich, (Ed.), In Advances In Group Processes: Theory and Research(Vol. 2)(pp. 77-122). Georgia; JAI.

Turner, J. C., Hogg, M, A., Oakes, P. J., Reicher, S. D., & Wetherell, M. S. (1987). Rediscovering the Social Group: A Self-Categorization Theory. Oxford: Blackwell.

UNESCO (2006). UNESCO Guidelines on intercultural education. UNESCO.

______ (2013). Intercultural Competence. UNESCO.

______ (2015). Expanding the Role of Women in Cross-Culture Dialogue. UNESCO.

Uwe, F. (1995). Qualitative Sozialforschung. 임은미 · 최금진 · 최인호 · 허문경 · 홍경화 역(2009), 『질적 연구방법』. 파주: 한울아카데미.

Vasta, E. (1993). Multiculturalism and ethnic identity: The relationship between racism and resistance. The Australian and New Zealand Journal of Sociology, 29(2), 209-225.

Ward, et. al. (2001). The Psychology of Culture shock. Hove, UK: Routledge. 3장 p.24, 25

Ward, C., & Kennedy, A. (2001). Coping with cross-cultural transition. Journal of Cross-Cultural Psychology, 32(5), 636-642.

Weinstein, E. A., & Deutschberger, P. (1964). Tasks, bargains, and identities in social interaction. Social Forces, 42(4), 451-456.

Wilson, S. (1979). Explorations of the Usefulness of Case Study Evaluations. Evaluation Quarterly. 3, 446-459.

Wimmer, F. M. (1995). Ethnophilosophie - Ausweg oder Irrweg. In: Österreichische Zeitschrift für Politikwissenschaft, 24, 159-167.

_____ (1988). Vier Fragen zur Philosophie in Afrika, Asien und Lateinamerika, Wien, Austria: Passagen Verlag.

Wimpenny, P., & Gass, J. (2000). Interviewing in phenomenology and grounded theory: is there a difference?. Journal of Sdvanced Nursing, 31(6), 1485-1492.

Wiseman, R. (2001). Intercultural communication competence. Retrieved December 11, 2001 from http://commfaculty.cullerton.edu/rwiseman/ICCCpaper.htm

Wolcott, H. F. (1992). Posturing in Qualitative Inquiry. In M. D. LeCompte, W. L. Millroy, and J. Preissle (eds.), The Handbook of Qualitative Research in Education. Orlando, Fla.: Academic Press.

_____ (1994). Transforming Qualitative Data: Description, Analysis, and Interpretation, London: Sage.

Wood, P. & Landry, C.(2008). The Intercultural City: Planning for Diversity Advantage. Earthscan.

Wundt, W. (1928). Element of Folk Psychology. London: Allen and Unwin.

Yin, R. K. (1994). Discovering the future of the case study method in evaluation research. Evaluation Practice, 15, 283-290.

_____ (2003). Case study research: Design and method (3rd ed.). Thousand Oaks, CA: Sage.

_____ (2005). Introducing the world of education: A case study reader. Thousand Oaks, CA: Sage.

______ (2009). Case study research: Design and methods (4th ed.). Thousand Oaks, CA: Sage.

Zhou, M. (1997). Segmented assimilation: Issues, controversies, and recent research on the new second generation. International Migration Review, 31(4), 975-1008.

Znaniecki, F. (1934). The Method of Sociology. New York: Farrar and Rinehart.

연합뉴스(2012. 2. 17). 50세 이상 한국남성, 베트남신부 결혼 금지. http://www.yna.co.kr/view/AKR20120217111700372

______(2013.04 17.). 베트남어 수능과목 채택에 베트남 주부들 '기대'. http://news.naver.com/main/read.nhn?mode=LSD&mid=sec&sid1=102&oid=001&aid=0006210224

SBS 8 뉴스(2013. 10. 21). "외국인 없으면 농사 못 지어"…정책 마련 시급. http://news.sbs.co.kr/news/endPage.do?news_id=N1002037506&plink=OLDURL

찾아보기

ㅂ

ㅅ

ㅇ

ㅈ

ㅊ

저자소개

김영순(金永洵)
kimysoon@inha.ac.kr

독일 베를린공대에서 문화교육학부에서 석사를, 베를린자유대 문화철학부에서 박사학위를 취득했으며, 교육학, 화용론 등의 이론과 인류학 및 민족학의 연구방법인 현지조사를 전문적으로 수련받았다. 현재는 인하대학교 사범대학 사회교육과 교수, 대학원 다문화교육학과 학과장, 인하대 부설 다문화융합연구소 소장을 맡고 있다.

2010년도에 인하대에 다문화융합연구소를 설립하여 국가 단위의 중대형 프로젝트를 다수 수행하였다. 주요 수행 프로젝트는 ① 디지털향토문화전자대전 조사 및 집필사업, ② 도서지역 결혼이주여성 문화적응 연구, ③ ESD 활용 다문화가정 케어시스템 연구, ④ 지속 가능 다문화 사회를 위한 다문화멘토링 연구, ⑤ 에스노그래피 활용 다문화 생활세계 연구 등이 있다.

대표적인 연구업적은 공동번역서 『다문화교육과 인간관계』, 『민주주의와 다문화교육』, 『교사를 위한 다문화교육』, 『상호문화교육의 이해』, 『언어, 문화 그리고 비판적 다문화교육』이 있으며, 공동저서로는 『다문화교육용어사전』, 『베트남 문화의 오디세이』, 『처음 만나는 다문화교육』, 『이주민의 다문화생활세계 연구』가 있다. 단독저서로는 『다문화 사회와 공존의 인문학』, 『다문화교육의 이론과 이론가들』, 『다문화교육과 협동학습 경험』, 『이주여성의 상호문화 소통과 정체성 협상』 등이 있다. 또한 연구방법론 분야의 공동저술로는 『질적 연구 여행』, 『질적연구의 즐거움』이 있다.